Meine Bilderbibel

Frohe Weihnachten 2003

von Oma und Opa.

Sieglinde und Walter

Meine Bilderbibel

Das große Buch von Gott und den Menschen

Erzählt von Eleonore Beck
Illustriert von Paul König

Friedrich Bahn Verlag Konstanz
Verlag Butzon & Bercker Kevelaer

Dieser Ausgabe liegt das in niederländischer Sprache erschienene Werk „De Bijbelverhalen", Text von Sipke van der Land, © 1976 by Uitgeversmaatschappij J. H. Kok B. V., Kampen, zugrunde. Die deutschsprachige Bearbeitung erfolgte im Einvernehmen mit Uitgeversmaatschappij J. H. Kok B. V., Kampen.

Die Deutsche Bibliothek – CIP-Einheitsaufnahme

Meine Bilderbibel: das grosse Buch von Gott und den Menschen / erzählt von Eleonore Beck. Ill. von Paul König. – 5. Aufl. der Neuausg. 1983. – Konstanz: Bahn; Kevelaer: Butzon und Bercker, 1994

ISBN 3-7621-5300-0 (Bahn)
ISBN 3-7666-9320-4 (Butzon und Bercker)
NE: Beck, Eleonore; König, Paul

5. Auflage 1994 der Neuausgabe 1983

ISBN 3-7621-5300-0 Friedrich Bahn Verlag GmbH Konstanz
ISBN 3-7666-9320-4 Verlag Butzon & Bercker Kevelaer

 Umschlaggestaltung: Paul König. Herstellung: Mohndruck Graphische Betriebe GmbH, Gütersloh

Inhalt

Das Alte Testament

Das Neue Testament

DAS ALTE TESTAMENT

Gott und seine Menschen

1. Die Geschichte vom Anfang

Wir alle wollen glücklich leben.
Dazu brauchen wir nicht nur die Häuser, die Autos, die Straßen und Brücken, die die Menschen bauen.
Damit wir glücklich leben können, brauchen wir die Sterne, die Tiere, die Bäume, die Sonne – die Vielfalt des Lebens. Sieh nur, wieviel Schönes es auf der Erde gibt!
Immer wieder kannst du etwas Neues entdecken; du kommst nicht an das Ende.
Vielleicht fragst du: „Wo kommt das alles her? Wie hat das alles angefangen? Die Sterne, die Tiere, die Bäume, die Sonne ..." Kein Mensch hat sie erdacht, kein Mensch hat sie gemacht. Gott war es!
Viel Zeit ist seitdem vergangen; Millionen und Millionen Jahre. Doch die Menschen haben nicht vergessen, daß sie ihr Leben Gott verdanken. Bei allen Völkern erzählen Mütter und Väter ihren Kindern, daß Gott alles erschaffen hat. Die Welt und den Menschen. Die Geschichte, die man im Volk Israel vom Anfang der Welt und von den ersten Menschen erzählt, steht in der Bibel.
Am Anfang gab es den Himmel noch nicht und nicht die Erde; es gab nicht das Meer und das trockene Land. Da war – du kannst es dir nicht vorstellen! – nur Dunkelheit und Leere. Und da war Gott.
Gott sprach in die Dunkelheit hinein. Sein Wort macht lebendig; was er sagt, wird Wirklichkeit.
Gott sprach: „Es werde Licht!" – und das Licht strahlte auf; so wurde es Tag, und es wurde Nacht.
Gott sprach: „Oben soll der Himmel sein, unten das feste Land und die großen Meere."
So machte Gott den Himmel und die Erde, den Tag und die Nacht, die Meere und das feste Land. Alles war gut.

Gott sprach: „Am Himmel leuchte die Sonne, der Mond und die Sterne. Sie sollen den Tag und die Nacht anzeigen, die Wochen und Monate; Frühjahr, Sommer, Herbst und Winter.“
Gott sprach: „Im Wasser sollen Fische schwimmen: Wale und kleine Krebse, Forellen und Seelöwen; alles, was im Wasser leben kann. Vögel sollen über das Land fliegen: Adler und Rotkehlchen, Eulen und Schwalben; alle, die für ihre Jungen Nester bauen.“
Gott sprach: „Auf dem Land sollen Tiere leben: Löwen und Schafe, Schnecken und Ameisen, Hasen und Rehe.“
Gott sprach, und alles wurde Wirklichkeit: Die Erde ist voller Leben, und alles, was lebt, ist gut; denn Gott hat es erschaffen.
Doch das Beste von allem, was Gott erschaffen hat, ist der Mensch. Gott sprach: „Ich will den Menschen erschaffen, der mein Abbild ist. Er soll auf der Erde und für die Erde leben. Er soll sich freuen an den Fischen und Vögeln, an den Tieren und Pflanzen. Er soll für die Erde sorgen und für alles, was auf ihr lebt.“
Die Bibel erzählt von den ersten Menschen: Gott selbst nahm Erde

vom Acker und bildete den Menschen. Darum heißt er Adam, „der aus Erde Geformte“. Gott selbst hat ihm den Atem eingeblasen und ihm so das Leben geschenkt.

Adam lebte mit den Pflanzen und Tieren. Er schloß Freundschaft mit ihnen und gab ihnen Namen: dem Veilchen und der Rose, der Palme und dem Apfelbaum; dem Tiger und dem Schaf, dem Pfau und der Taube; dem Hering und dem Goldfisch. Es gab keinen Streit. Alles war gut.
Doch unter all den Tieren fand Adam niemand, mit dem er lachen und weinen, sprechen und singen konnte; er war allein. Da schuf Gott einen zweiten Menschen: die Frau. Als Adam sie sah, wußte er gleich: „Das ist sie – ein Mensch wie ich!" Und Adam gab ihr den Namen Eva; das heißt: die Lebende.
Zu zweit war das Leben noch einmal so schön. Und Gott war nahe, ganz nahe. Er freute sich am Glück seiner Menschen. Er sagte zu ihnen: „Ich gebe euch meine gute Erde mit all den Pflanzen, den Vögeln und den Fischen und den Tieren, die mit euch auf dem Land leben. Hier könnt ihr euch liebhaben. Hier könnt ihr mit euren Kindern glücklich sein."
Es war gut. Ja, alles war gut.

2. Gut und Böse

Die Bibel erzählt von Gottes guter Erde, von Gottes guten Menschen. Auf dieser Erde gab es keine Not. Die Tiere lebten miteinander; keines brauchte das andere zu fürchten. Die Menschen lebten miteinander; sie zankten sich nicht; es gab keine Krankheit. Sie brauchten keine Angst zu haben. Gott war ihnen nahe.

Wenn du nachdenkst, wirst du sagen: „Aber das ist ja gar nicht so!“ Deine Eltern haben Sorgen. Du hast dich schon gefürchtet. Du bist krank gewesen. Du weißt, daß es Kriege gibt. Du weißt, daß nicht alles gut ist in der Welt. Du fragst vielleicht: „Wie hat es angefangen mit dem Bösen in der Welt?“ Kein Mensch kann sich daran erinnern. Aber die Menschen haben trotzdem nicht vergessen, daß sie die Schuld bei sich selber suchen müssen. Die Bibel erzählt, wie die ersten Menschen schuldig geworden sind.
Adam und Eva hatten ein Stückchen Welt ganz für sich. Sie wohnten in einem wunderbaren Garten, einem Paradies. Da gab es die herrlichsten Früchte, man brauchte sie nur aufzuheben. Adam und Eva waren glücklich miteinander, mit den Tieren und mit Gott, der ihnen all das geschenkt hatte. Und es hätte für immer so bleiben können. Aber ich denke mir, daß sie nach einiger Zeit unruhig wurden. Vielleicht hatten sie gemerkt, daß sie als Menschen viele Kräfte besaßen, die sie ausprobieren wollten. Vielleicht hatten sie sich überlegt, was für ein Leben es wäre ohne das Paradies. Vielleicht hatten sie auch gedacht, daß sie als Menschen stark genug wären, ohne Gott zu leben; daß sie sich selber ein Paradies bauen könnten. Niemand weiß es genau.
Doch die Bibel erzählt, daß Eva eines Tages mitten im Paradies war. Dort stand der einzige Baum, der nicht den Menschen, sondern Gott gehörte. Gott hatte Adam verboten, von den Früchten dieses Baumes zu essen. An diesem Baum traf Eva die Schlange. Eva hatte keine Angst vor ihr, denn Menschen und Tiere waren noch Freunde.
Die Schlange zischte, teuflisch gemein: „Gott will also nicht, daß du von diesem Baum ißt. Weißt du auch, warum er das sagt? Er gönnt dir diese Früchte nicht. Denn wenn du davon ißt, dann weißt du, was Gott weiß: das Gute und das Böse. Trotzdem könntest du davon essen; du hast die Wahl.“ Da aß Eva und gab auch Adam von den Früchten dieses Baumes. Und da erlebten die beiden etwas Neues: Weil sie getan hatten, was Gott verboten hat, merkten sie, was das Böse ist. Sie spürten die Nähe Gottes nicht mehr. Sie hatten das Gefühl, sie müßten sich voreinander schämen. Darum machten sie sich Schürzen aus Blättern.

Gegen Abend hörten sie den Schritt Gottes. Es war wie das Rauschen des Windes. Die beiden bekamen zum erstenmal Angst vor Gott. Sie verkrochen sich hinter einem Gebüsch. Erst als Gott sie rief, kamen sie zu ihm. Gott fragte Adam: „Was hast du getan?“ Adam schob die Schuld auf Eva, und Eva klagte die Schlange an. Und bis heute fürchten die Menschen sich vor den Schlangen.
Adam und Eva hatten das Böse kennengelernt. Darum konnten sie nicht mehr im Paradies bleiben. Gott schickte sie hinaus in eine fremde Welt, die sie erst erkunden und fruchtbar machen mußten.
Nun merkten Adam und Eva, wie kalt die Welt sein kann. Nun merkten sie, daß nicht nur Pflanzen und Bäume, sondern auch Dornen und Disteln wachsen. Nun merkten sie, daß es nicht nur Gärten und Äcker, sondern auch Felsen und Wüste gibt. Nun merkten sie, wie schwer der Mensch arbeiten muß, damit er etwas zu leben hat. Und Eva mußte erfahren, daß Mütter auch Leid und Schmerz haben mit ihren Kindern. Und beide merkten, daß der Mensch nicht ewig lebt. Nun waren der Tod und die Angst vor dem Tod in der Welt. Adam und Eva konnten nicht mehr in ihr Paradies zurück. Die Bibel erzählt, Gott habe einen Engel geschickt, der mit seinem Schwert den Ausgang bewachte.
Gott schickte seine Menschen in eine Welt, in der es Gutes und Böses gibt; gute und böse Menschen. Aber er liebte sie. Er wollte ihr Freund bleiben. Darum sagte er: „Ich will euch nicht allein lassen. Ich will bei euch bleiben. Und ich werde euch den Retter schicken; den Befreier. Er wird stärker sein als alles Böse; er wird alles wieder gut machen.“
Die Menschen haben sich auf der Erde eingerichtet. Sie haben die Welt erobert. Sie mußten arbeiten und sich mühen, bis sie sich am Erfolg freuen konnten. Das Versprechen Gottes machte es ihnen nicht leichter. Sie haben es nicht ganz verstanden. Aber vergessen haben sie dies Versprechen auch nicht. Immer wenn die Not groß wurde, beteten viele: „Schick uns deinen Retter, Gott!“

3. Kain und Abel

In der Frühzeit lebten weniger Menschen auf der Erde als heute. Aber von Anfang an mußten die Menschen die Erde miteinander teilen. Sie mußten lernen, wie man miteinander lebt; wie Starke mit Schwachen und Schwache mit Starken leben. Sie mußten lernen, daß einer für den anderen verantwortlich ist.

In der frühen Zeit lebten viele Familien in Zelten, weil sie mit ihren Schafen, Ziegen oder Rindern von einem Weideplatz zum andern ziehen mußten – so leben die Nomaden heute noch. Andere suchten sich ein Stück fruchtbares Land und lebten als Bauern. Wieder andere bauten Städte. Bald gab es Handwerker, Kaufleute, Künstler, Ingenieure. Und es konnte wohl sein, daß die Bauern und die Stadtleute verächtlich auf die Wanderhirten herabschauten.

Als das Volk Israel schon lange Zeit in Dörfern und Städten wohnte, gab es eine große Familie – die Keniter –, die zogen immer noch mit ihren Herden in der Wüste umher. Hättest du einen Keniter gefragt: „Warum zieht ihr in der Wüste umher?“ – dann hätte er dir wahrscheinlich die Geschichte seines Stammvaters Kain erzählt.

Kain lebte vor langer, langer Zeit; die Bibel sagt, daß Adam und Eva Kains Eltern waren. Kain war Bauer und arbeitete auf seinen Äckern. Er hatte einen Bruder, der hieß Abel. Abel war Schafhirt. Die beiden gehörten zu derselben Menschheitsfamilie. Sie lebten miteinander. Und weil der Acker dem Kain viel Frucht brachte und die Schafe des Abel viele Lämmer hatten, wollten beide miteinander Gott danken. Kain brachte Frucht von seinem Acker, und Abel schenkte Gott eines seiner Schafe. Und Gott schaute auf die Gabe des Abel; auf die Gabe des Kain schaute er nicht.

Niemand weiß genau, woran Kain merkte, daß Gott auf Abel schaute. Niemand weiß genau, warum das Opfer des Kain Gott nicht gefiel. Vielleicht dachte Kain, er als Bauer sei besser als Abel, der Hirt. Vielleicht dachte er, seine Gabe sei mehr wert als die des Bruders. Vielleicht wollte er sich nur zur Schau stellen vor Gott. Wir wissen es nicht. Aber wir wissen, daß Kain wütend wurde, eifersüchtig auf seinen Bruder. Die Stimme Gottes in seinem Innern

warnte ihn: „Wenn du redlich bist, dann tust du das Böse nicht, sondern wirst Herr über das Böse."
Doch Kain konnte – oder wollte – das Böse nicht beherrschen. Er sagte zu seinem Bruder: „Komm! Laß uns auf das Feld hinausgehen!" Dort waren die beiden allein. Da griff Kain seinen Bruder an und schlug ihn tot. Tot. Kain nahm seinem Bruder das Leben, das Gott ihm geschenkt hatte. Abels Blut floß in die Ackererde.
Gottes Stimme aber fragte: „Kain, wo ist dein Bruder Abel?" Und Kain antwortete: „Ich weiß es nicht. Bin ich der Hüter meines Bruders?" Da sagte Gott zu Kain: „Was hast du getan? Das Blut deines Bruders ist in die Ackererde geflossen, darum kannst du nicht mehr Bauer sein. Du wirst rastlos leben, auf der Erde umherziehen." Da gab Kain zu: „Meine Schuld ist so groß, daß niemand sie gutmachen kann." Er klagte: „Wenn ich rastlos auf der Erde umherziehen muß, wird mich jeder erschlagen, der mich trifft." Gott

aber sagte: „Das wird nicht geschehen.“ Und er machte dem Kain ein Schutzzeichen. So zog Kain weg, in ein anderes Land, im Osten.

Als Adam und Eva das Böse kennengelernt hatten, konnten sie nicht im Paradies bleiben; aber Gott hat ihnen ein Versprechen mit auf den Weg gegeben. Als Kain, der das Böse kannte, es getan hatte, konnte er nicht auf seinem Acker bleiben. Aber Gott hat ihm ein Schutzzeichen auf den Weg in die Fremde gegeben.

Die Keniter erzählen die Geschichte ihres Ahnvaters Kain nicht nur, um zu erklären, warum sie mit ihren Herden in der Wüste umherziehen. Sie wollen auch zeigen, daß Gott sein Wort gehalten hat. Er hat den Kain behütet.

4. Das Rettungsboot

Wir Menschen können gut miteinander leben, wenn wir einander achten und nicht aufeinander neidisch werden. Wenn der Stärkere nicht sagt: Was der andere hat, will ich auch. Ich nehme es ihm mit Gewalt. Solange die Menschen miteinander Geduld haben, miteinander reden und planen, dauert der Friede. Krieg gibt es dann, wenn sie nicht mehr miteinander reden oder planen wollen. Wenn sie im anderen nicht mehr den Partner sehen, sondern den Feind. Wenn die Starken keine Geduld mehr haben mit den Schwachen. Menschen, die miteinander reden, sich umeinander kümmern, machen die Erde und das Leben schön. Menschen, die sich für stark halten, einfach losschlagen, um sich durchzusetzen, machen das Leben auf der Erde schwer und friedlos.
Vielleicht denkst du: „Wenn ich Gott wäre, dann würde ich alle, die so böse und gewalttätig sind, einfach sterben lassen." Das wäre eine schlimme Katastrophe. Aber die guten und hilfsbereiten Menschen könnten dann in Frieden miteinander leben. In der Bibel steht eine uralte Geschichte, die sich Menschen erzählten, deren Ureltern eine große Katastrophe – eine Überschwemmung – erlebt hatten.
Die Bibel erzählt: Gott sah, daß es immer mehr gewalttätige Menschen gab. Sie tyrannisierten die anderen. Sie nahmen sich einfach, was sie wollten. Von der guten Erde war nicht viel übriggeblieben. Da wurde Gott traurig. Er dachte: Es reut mich, daß ich den Menschen das Leben geschenkt habe. Sie kennen das Böse und tun es. Ich will nicht länger zusehen. Ich werde eine große Flut schicken und sie alle wegfegen.
Gott aber wollte retten, was es zu retten gab. Das waren Noach, seine Frau und seine Söhne. Sie liebten einander, sie liebten die anderen. Weil Gott den Noach retten wollte, sagte er zu ihm: „Bald schicke ich eine große Flut, Menschen und Tiere werden ertrinken. Dich will ich retten. Baue dir ein Boot. Ein großes Boot, in dem außer deiner Familie auch die Tiere Platz finden können." Denn auch die Tiere wollte Gott retten.
Noach glaubte, was Gott ihm sagte. Er begann mit seiner Familie

Baumaterial zu schleppen, zu zimmern und zu sägen. Sie bauten das Boot genauso, wie Gott es gesagt hatte: drei Stockwerke hoch. Oben eine Öffnung für das Licht. An der Seite eine Tür. Innen teilten sie das Wohnboot in viele kleine Kammern. Außen machten sie es mit Pech und Schwefel wasserdicht. Es war ein merkwürdiges Boot, das größte, das man sich damals vorstellen konnte.
Du kannst dir denken, daß die Leute Noach auslachten. Was für ein Dummkopf baut ein Boot mitten auf dem Land? Vielleicht glaubt er wirklich, daß Gott eine solche Wasserflut schicken wird? Wenn er recht hätte, könnte man Angst bekommen und mit an die Arbeit gehen. Aber es wird schon nicht so schlimm werden. So spotteten die Leute über Noach und über Gott.
Noach arbeitete mit seiner Familie, bis das Schiff fertig war. Da stand die Arche, ein großes Bauwerk seines Glaubens.
Noach und seine Familie brachten Futter und Lebensmittel in das Schiff. Dann kamen die Tiere, jeweils zwei von jeder Art. Bald war die Arche voll. All die Tiere und acht Menschen: Es waren Noach und seine Frau, seine drei Söhne und ihre Frauen. Und Gott selbst schloß die Tür hinter ihnen zu.
Und nun begann es zu regnen. In Strömen. Immer stärker. Tag und Nacht. Die Natur war noch wilder und noch gewalttätiger, als es die Menschen jemals gewesen waren. Vierzig Tage und vierzig Nächte – eine lange Zeit – dauerte der große Regen. Da ertrank alles Lebendige in den Wasserfluten. Nach vierzig Tagen hörte der Regen auf, und das Wasser sank. Doch es dauerte noch hundert Tage, bis die Arche mit einem heftigen Stoß auf einem Berg festlief.
Noach ließ einen Raben hinaus, dann eine Taube und noch eine Taube. Die kam mit einem kleinen grünen Zweig im Schnabel zurück.
Noach schloß die Arche auf, und Mensch und Tier gingen an Land.
So hat das Leben neu angefangen, für die Tiere und für die Menschen. Noach baute einen Altar, um Gott für die Rettung zu danken. Gott aber sah den Noach und sagte: „Die Menschen kennen das Gute und das Böse. Und weil sie das Böse kennen, werden sie

es immer wieder tun. Sie werden voreinander Angst haben. Aber sie sollen keine Angst haben vor mir. Darum verspreche ich ihnen: Nie mehr soll eine so große Flut über die Erde kommen." Damals hat Gott einen Bund geschlossen mit den Menschen. Er sagte: „Sooft ihr den Regenbogen am Himmel seht, sollt ihr daran denken: Dies ist das Zeichen, daß es nicht noch einmal geschehen wird. Und sooft ich selber ihn sehe, werde ich denken: Dies ist das Zeichen, daß ich einen Bund mit den Menschen und den Tieren geschlossen habe."

5. Das Unternehmen Babel

Wenn man allein ist, wird es rasch langweilig; man kann traurig werden und Angst bekommen. Das hast du gewiß schon gemerkt. Wer mit Freunden zusammen ist, hat mehr Spaß und weniger Angst. Vielleicht hast du auch schon gemerkt, daß es Spiele gibt, die man allein nicht spielen kann. Arbeiten, die man allein nicht fertigbringt. Pläne, die man allein nicht durchführen kann. Wenn eine Gruppe zusammen hilft, ist sie stark. Menschen, die zusammenstehen, können viel fertigbringen. Sie spüren ihre Kraft und sehen den Erfolg. Miteinander leben, planen und arbeiten ist schön. Jeder, der mitmacht, kann glücklich werden.
Aber es kann auch sein, daß einer Gruppe der Stolz in den Kopf steigt, wenn ihr ein großes Vorhaben gelungen ist. Sie fühlt sich stark und meint: Jetzt können wir über die Schwächeren herrschen und sie ausnützen. Ja, manchmal werden Menschen so stolz auf das, was sie geschaffen haben, daß sie meinen, sie könnten alles. Sie seien wie Gott.
Hör, was die Bibel von Babel erzählt. Babel war eine große Stadt am Fluß Eufrat. Hör, wie es der Gruppe erging, die diese Stadt baute.
Sie kamen auf einer Wanderung an den Fluß Eufrat und sagten: „Hier gefällt es uns. Hier wollen wir bleiben. Für immer. Darum wollen wir Häuser bauen. Eine Stadt. Miteinander." Sie machten sich Ziegelsteine und klebten sie mit Erdpech aneinander. So bau-

ten sie Häuser, in denen sie bequemer wohnen konnten als in den Zelten. Den Leuten von Babel gefiel es, nah beieinander in der Stadt zu wohnen. Sie sagten: „Wir haben eine Stadt gebaut. Sie gehört uns allein.“ Darum bauten sie eine Mauer rund um ihre Stadt. Sie konnten gut bauen; sie bauten Paläste und Tempel. Das Bauen machte ihnen Spaß. Schließlich kam ihnen ein Gedanke, für den sie sich richtig begeisterten. Sie sagten: „Kommt, wir wollen einen Turm bauen. So hoch, daß er bis in den Himmel reicht. Sieben Stockwerke hoch. Auf der Spitze bauen wir einen Altar. Dann können wir hinaufsteigen und Gott besuchen. Wir brauchen nicht mehr zu warten, bis er zu uns kommt. Dann sind wir wie Gott. Dann werden wir auch berühmt. Denn wer außer uns kann einen so hohen Turm bauen! Auf der ganzen Welt wird man von uns sprechen. Auf der ganzen Welt wird man uns fürchten.“

Wieder halfen alle zusammen. Sie glaubten, wenn dieser Turm fertig wäre, wären sie stärker als alle Völker der Erde. Niemand würde wagen, sie anzugreifen. Sie glaubten auch, daß sie dann immer zusammengehören würden; sie, ihr Turm und ihre große Stadt. Schon wuchs der Turm in die Höhe, ein richtiger Wolkenkratzer. Wenn er erst fertig war ...

Aber es ging nicht gut mit den großen Plänen der Leute von Babel. Die Stadt ist längst ein Trümmerhaufen. Bei Ausgrabungen wurden große Steine gefunden; Reste von Mauern und Häusern; Reste vom großen Turm. Wenn man die Ruinen sieht, glaubt man gern, daß Babel die größte Stadt war, die man sich damals vorstellen konnte. Man glaubt auch, daß die Bauleute von Babel gut zusammenarbeiteten, daß sie tüchtige Architekten und Techniker waren.

Was ist schiefgegangen? Ich denke mir, daß es lange Zeit keinen Streit gab bei der Gruppe von Babel. Doch auf einmal – der Turm war fast fertig –, da wurden sie uneins. Die einen wollten dies, die anderen das. Sie fingen an, aneinander vorbeizureden und aneinander vorbeizuleben. Sie sprachen nicht mehr dieselbe Sprache. Sie konnten nicht mehr zusammenarbeiten. Und bald wollten sie auch nicht mehr beieinander in Babel bleiben. Die einen zogen hierhin, die anderen dahin. Große Familien, von denen ganze Völ-

ker abstammen; eine jede hatte ihre eigenen Pläne, eine jede sprach ihre eigene Sprache.
Die Bibel weiß, wie die Baumeister von Babel durcheinander kamen. Sie erzählt, Gott sei es gewesen. Er sei gekommen, um sich den Turm und die Stadt und die Menschen anzusehen. Dann habe er gesagt: „Diese Leute in Babel verstehen einander. Sie sprechen dieselbe Sprache. Sie wollen hoch hinaus. Wenn sie ihre Stadt und ihren Turm fertig haben, werden sie stärker sein als alle anderen. Niemand wird ihnen gewachsen sein." Und weil Gott nicht wollte, daß eine einzige Stadt über alle anderen herrschte, darum hat er die Menschen von Babel durcheinandergebracht.
Du kannst fremde Sprachen lernen, in ferne Länder reisen und die Menschen, die dort leben, kennenlernen. Du kannst mit ihnen zusammenarbeiten, mit ihnen beten und singen, von ihnen lernen und ihnen beistehen: Entwicklungshelferin werden oder Ärztin, Wasserwerke bauen oder Brunnen graben, Städte planen, Fabriken oder Türme. Doch vergiß nie, wie es dem Unternehmen Babel erging, als eine Gruppe meinte, sie könnten alle anderen Menschen verachten. Als sie meinten, sie könnten sein wie Gott.

Das Abenteuer beginnt

6. Das größte Abenteuer

Dein Leben ist voll von Abenteuern. Immer wieder erlebst du etwas Neues. Du kommst in Gefahren. Du erlebst Schönes. Du bist glücklich, weil das Leben nicht langweilig ist.
Das größte Abenteuer erlebt ein Mensch, wenn er einen anderen Menschen liebt. Dies große Abenteuer erleben wir nicht nur mit Menschen, die wir lieben, sondern auch mit Gott.
Die Bibel erzählt, Abraham sei der erste gewesen. Der erste Abenteurer Gottes. Und so hat es angefangen: Abraham lebte mit seiner Familie und all seinen Verwandten. Sie waren Wanderhirten in der Nähe der Stadt Ur. Dort hörte Abraham eine Stimme. Es war Gott, der zu ihm sagte: „Zieh weg aus deinem Land, weg aus deiner Heimat, weg aus deinem Vaterhaus in das Land, das ich dir zeigen werde." Gott hatte es ihm gesagt. Wem soll man mehr vertrauen als Gott? Abraham machte sich auf den Weg. Fort von dem Land, das er kannte. Er wußte nicht, wohin er kommen würde. Fort von den Menschen, die er kannte. Er wußte nicht, wen er treffen würde. Alles war neu für ihn. Ein Wandern durch Wüsten, über Berge. Abraham erlebte ein Stück Welt. Und er träumte davon, wie es sein würde, wenn er in das Land käme, das Gott ihm versprochen hatte. Ein Land, das ihm gehören würde.
Gott hatte dem Abraham nicht nur ein Land versprochen. Er hatte ihm auch versprochen, daß er mit seiner Frau Sara einen Sohn haben werde. Die beiden hatten nämlich keine Kinder, weil Sara keine Kinder bekommen konnte.
Zuerst ging alles gut. Die Herde wurde immer größer. Überall fanden sie schöne Weideplätze. Jahr um Jahr zog Abraham durch die fremden Länder, durch die Wüsten, über die Berge. Er wurde ein alter Mann. Fast achtzig Jahre alt. Und noch immer waren sie nicht in dem Land, das Gott versprochen hatte. Und noch immer hatten sie kein Kind. Vielleicht wird es doch nichts mehr mit dem Versprechen Gottes. Wie soll Sara als alte Frau Mutter werden? Aber

wer soll dann die Herden bekommen und den ganzen Besitz? Du kannst dir denken, daß solche Gedanken Abraham geplagt haben. Eines Abends saß er in seinem Zelt und dachte wieder einmal nach, wie alles gekommen war und wie es weitergehen sollte. Und da plötzlich hörte er die Stimme Gottes noch einmal: „Abraham, es geht weiter. Du wirst mit deiner Frau einen Sohn bekommen. Ich habe es versprochen. Komm aus deinem Zelt heraus. Sieh doch zum Himmel hinauf und zähl die Sterne, wenn du sie zählen kannst! So zahlreich wird deine Familie sein!"
Da vergaß Abraham all seine Zweifel. Gott vergißt nicht, was er versprochen hat. Du mußt nur Geduld haben. Du mußt ihm nur vertrauen. Ich glaube, an diesem Abend lag Abraham noch lange wach. Nicht weil er sich Sorgen machte, sondern weil er es jetzt ganz sicher wußte.
Wieder zog er weiter mit seiner Frau, seinen Leuten und seinen Tieren. Jahrelang. Bis Gott ihm sein Wort noch einmal gab. Das war um die heißeste Mittagszeit. Plötzlich standen drei Männer vor dem Zelt. Abraham begrüßte sie und sagte zu ihnen: „Setzt euch in den Schatten und ruht euch aus." Er gab ihnen zu essen und zu trinken: Butter, Milch, Brotfladen und ein Stück gebratenes Kalb. Da sagte einer der Männer: „Noch ein Jahr wird es dauern, dann wird deine Frau Sara einen kleinen Jungen haben." Sara stand hinter dem Zelteingang und lauschte, was die Männer sprachen. Als sie von dem Kind hörte, lachte sie. Sie konnte es nicht glauben. Eine Frau, die alt ist wie eine Oma oder eine Uroma, kann keine Kinder mehr bekommen. Und so alt war Sara. Aber sie hat doch noch ein Kind bekommen. Ein Jahr später. Einen Jungen. Nun wußten Vater Abraham und Mutter Sara jeden Tag ganz gewiß, daß Gott hält, was er verspricht. Der kleine Isaak war ein Beweis dafür.

Ein Kind, von dem Gott gesagt hatte, es werde der Anfang eines ganzen Volkes sein. Nicht nur irgendeines Volkes. Nein, Isaak sollte zu dem Volk gehören, mit dem Gott seinen Freundschaftsbund geschlossen hat. Ein Volk, das groß und berühmt wurde, weil es Gott liebt und vertraut. Alle Völker und alle Menschen können durch dieses Volk von dem größten Abenteuer erfahren. Von dem Abenteuer mit Gott. Darum erzählt man die Geschichten dieses Volkes heute noch.

7. Daß du für ihn lebst

Glückliche Menschen wollen Gott danken. Sie bringen ihm ihre Gaben. Unglückliche Menschen bitten Gott. Auch sie bringen ihm ihre Gaben. Früher bauten die Menschen, wenn Gott ihnen begegnet ist, einen Altar. So können auch die anderen merken, daß dieser Ort heilig ist. Überall gab es Altäre: auf den Feldern, in den Städten, bei den Quellen, an denen die Hirten ihre Herden tränken; auf hohen Bergen. Die Menschen brachten Gott von dem, was sie hatten und liebten: Früchte vom Feld; junge Tiere von der Herde. Und manchmal haben Eltern auch ein Kind geopfert, einen Sohn oder eine Tochter, das Liebste, was sie hatten. Sie dachten, wenn ich Gott mein Kind gebe, wird er mir helfen. Daran solltest du denken, wenn du die Geschichte von Abraham und Isaak hörst.
Die Bibel erzählt, wie Gott den Abraham auf die Probe stellte. Gott wollte wissen, wie weit das Vertrauen des Abraham reicht. Darum sagte er: „Abraham!" Er antwortete: „Hier bin ich." Gott sagte: „Nimm deinen einzigen Sohn, den du liebst. Nimm Isaak. Geh in das Land Morija und bring ihn dort auf einem Berg, den ich dir zeige, als Brandopfer dar."
Kann Gott so etwas sagen? Er hat dem Abraham einen Sohn geschenkt. Will er ihn nun wieder zurückhaben?
Am Morgen stand Abraham auf. Er sattelte einen Esel und spaltete das Holz. Er rief zwei Knechte und nahm seinen Sohn Isaak mit. So machten sie sich auf den Weg. Am dritten Tag ließ Abraham die Knechte und den Esel zurück. Er stieg allein mit Isaak auf den

Berg. Nach einer Weile sagte Isaak: „Vater." „Ja, mein Sohn." Da fragte Isaak: „Hier ist Feuer und Holz. Aber wo ist das Lamm für das Brandopfer?" Abraham antwortete: „Gott selber wird dafür sorgen, mein Sohn." Und beide gingen miteinander weiter.
Auf dem Gipfel des Berges bauten sie einen Altar. Abraham legte das Holz darauf. Dann nahm er seinen Sohn Isaak. Er fesselte ihn

und legte ihn oben auf das Holz. Schon streckte er die Hand aus. Schon hielt er das Messer in der Hand ... Da, plötzlich hörte er die Stimme: „Abraham, Abraham!" Er antwortete: „Ja, hier bin ich ..." „Streck deine Hand nicht gegen deinen Sohn aus. Tu ihm nichts zuleide! Jetzt weiß ich, wie du mir vertraust. Sogar deinen einzigen Sohn wolltest du mir geben!"
Abraham band Isaak los. Da sahen sie einen Widder. Der hatte sich mit seinen Hörnern im Gestrüpp verfangen. Und die beiden begriffen, daß Gott selbst für das Opfer gesorgt hatte. Noch einmal rief die Stimme: „Weil du dies getan hast – weil du so vertraut hast, darum will ich deine Familie so zahlreich machen wie die Sterne am Himmel und die Sandkörner am Meeresstrand. Deine Familie wird ein Segen sein für alle Völker der Welt." Abraham und Isaak kehrten zu den Knechten zurück. Mit ihnen gingen sie nach Hause. Unterwegs sahen sie vielleicht andere Altäre. Aber sie wußten ganz bestimmt: Gott will nicht, daß du für ihn stirbst. Gott will, daß du für ihn lebst.
Noch lange Zeit opferte man auf dem Berg, auf dem Abraham und Isaak ihren Altar gebaut hatten. Auf diesem Berg steht die Stadt Jerusalem. Dort hat König Salomo seinen Tempel gebaut. Viel später kam Jesus dorthin. Er war ein Ur-ur-ur-ur-Enkel Abrahams und Isaaks. Gottes Sohn. Er ist in Jerusalem gestorben.

8. Ungleiche Brüder

Die Menschen sind verschieden. Selbst wenn sie Brüder oder Schwestern sind. Vielleicht hast du Geschwister. Vielleicht hast du es selber schon gemerkt: Der eine ist still, der andere lacht oft laut; die eine spielt gern mit Puppen, die andere treibt lieber Sport. Einer möchte Mechaniker werden oder Pilot, ein anderer interessiert sich für fremde Sprachen. Eine möchte Friseuse werden, Lehrerin, Fotografin ...
Die Bibel erzählt die Geschichte von zwei ungleichen Brüdern. Sie hießen Esau und Jakob. Sie waren Zwillinge. Von Esau und Jakob stammen zwei große Völker: die Edomiter (die Roten) und die He-

bräer. Diese beiden Völker haben nicht vergessen, daß sie verwandt sind. Sie haben auch nicht vergessen, wie der listige Jakob den starken Esau betrogen hat.
Esau war zuerst auf die Welt gekommen. Er war der Ältere. Gleich nach ihm war Jakob auf die Welt gekommen, der Jüngere. Die beiden glichen sich überhaupt nicht. Du hättest nie gedacht, daß das Zwillinge sind. Esau hatte rötliche Haare. Sie wuchsen ihm nicht nur auf dem Kopf, sondern auch an den Armen und Händen. Esau wurde groß und stark. Ein wilder Jäger. Jakob war anders. Schwächer und stiller. Am liebsten blieb er zu Hause im Zelt.
Eltern sollen alle ihre Kinder gleich liebhaben. Doch Vater Isaak liebte den starken und wilden Esau mehr. Er aß gern von dem Wild, das Esau von der Jagd nach Hause brachte. Mutter Rebekka liebte Jakob mehr. Jakob blieb ja auch oft bei ihr im Zelt. Manchmal ärgerte sich die Mutter darüber, daß Jakob der Jüngere war. Der Ältere hatte nämlich einige Vorteile: Er würde mehr von der Erbschaft bekommen. Er würde mehr zu sagen haben in der Familie. Und das Wichtigste: Mit dem Segen des Vaters würde Esau die Freundschaft Gottes erben. Rebekka wäre es lieber gewesen, wenn Jakob zuerst auf die Welt gekommen wäre. Aber – hatte ihr nicht Gott schon vor der Geburt der Kinder gesagt, daß ihr zweiter Junge einmal den ersten Platz bekommen würde? Sie überlegte, wie sie ihm zu diesem Platz verhelfen könnte.
Einmal kochte Jakob Linsengemüse. Da kam Esau von der Jagd zurück. Hungrig und müde. Und er sagte zu Jakob: „Gib mir doch etwas zu essen von dem Roten, von dem Roten da. Ich bin ganz erschöpft.“ Der schlaue Jakob forderte: „Verkauf mir zuerst dein Erstgeburtsrecht!“ „Schau, ich sterbe vor Hunger!“ sagte Esau. „Was hilft mir da das Erstgeburtsrecht!“ „Schwöre mir jetzt sofort!“ „Ich schwöre es.“ So verkaufte Esau sein Erstgeburtsrecht an Jakob. Jakob gab ihm Brot und Linsengemüse dafür.
Jakob wollte nicht nur das Erstgeburtsrecht. Er wollte auch den Segen seines Vaters, die Freundschaft Gottes. Seine Mutter half ihm dabei mit einem listigen Plan.
Isaak war alt geworden. Stockblind. Er fühlte, daß er bald sterben würde. Da schickte er Esau auf die Jagd. Er wollte noch einmal ein

Stück Wild essen. Dann wollte er Esau seinen Segen weitergeben. Esau ging auf die Jagd. Mutter Rebekka aber holte rasch den Jakob herbei. Die Mutter briet ein Stück Ziegenfleisch, wie es Isaak gern hatte. Sie dachte: Isaak wird es nicht merken. Jakob zog Kleider von Esau an. Um die Arme und um den Hals band er ein paar Stück Ziegenfell. Dann ging er zu seinem Vater und sagte: „Ich bin Esau, dein ältester Sohn. Setz dich auf und iß von meinem Wildbraten. Dann gib mir deinen Segen." Isaak fragte: „Wie hast du so rasch etwas jagen können?" Jakob antwortete: „Gott hat mir geholfen."
Da sagte Isaak: „Komm her, ich will dich betasten, damit ich sicher bin, daß du Esau bist." Als er ihn betastet hatte, sagte er: „Die Stimme klingt wie Jakobs Stimme, aber die Hände sind Esaus Hände." Als Isaak gegessen hatte, küßte er seinen Sohn und sagte: „Gott gibt dir Reichtum. Gott macht dich mächtig. Wer dich verflucht, der ist verflucht. Wer dich segnet, der ist gesegnet."
Kaum war Jakob weggegangen, da kam Esau von der Jagd. Sein Braten mochte noch so gut schmecken. Jakob hatte den Segen bekommen. Von nun an würde Jakob immer der erste sein.
Mit dem Segen haben die Väter ihre Söhne in den Freundschaftsbund Gottes aufgenommen: Abraham den Isaak, Isaak den Jakob. Die drei waren Freunde Gottes. Sie haben das Abenteuer gewagt und Gott vertraut. Darum sind alle drei die Väter des Volkes, das Gott liebt.

9. Ein Traum und ein Versprechen

Morgens weißt du meist nicht mehr, was du in der Nacht geträumt hast. Manchmal aber wirst du wach und weißt genau, was für einen Traum du hattest.
Auch Jakob ist es einmal so ergangen. Damals war er auf der Flucht. Er hatte seinen Bruder und seinen Vater betrogen. Esau war wütend. Darum sagte Rebekka: „Geh fort. Flieh zu deinem Onkel nach Haran. Später, wenn Esau sich beruhigt hat, kannst du zurückkommen." Jakob fürchtete sich vor dem starken Esau. Er

packte seine Siebensachen zusammen und machte sich auf den Weg. Anfangs schaute er sich immer wieder ängstlich um. Würde Esau ihn verfolgen? Nach ein paar Tagen fühlte er sich sicherer. Doch wenn du, wie Jakob, meist bei deiner Mutter im Zelt geblieben bist, ist es nicht einfach, auf einmal allein unterwegs zu sein. Jakob war einsam. Vor allem, wenn es dunkel wurde, hätte er gern mit jemand gesprochen. Aber da war niemand. So suchte er ein Plätzchen, wo er schlafen konnte. Er legte seinen Kopf auf einen Stein. Manchmal dachte er an seine Mutter, an seinen Vater, an Esau. Er schaute in den Himmel. Gott . . . Bist du auch hier? Weit weg vom Zelt des Isaak? Dann schlief Jakob auf seinem harten Kissen ein. Ein kleiner Mensch unter dem großen Sternenhimmel. Ganz allein. Seine Augen waren geschlossen. Trotzdem sah er etwas Wunderbares: Mitten auf dem Feld war eine Straße, eine Treppe. Sie reichte von der Erde zum Himmel hinauf. Gottes Boten kamen herab und stiegen hinauf. Auf und nieder. Auf und nieder. Wie auf einer belebten Straße war es zwischen Himmel und Erde, zwischen Gott und Jakob. Und die Stimme sagte: „Ich bin der Gott deines Großvaters Abraham und der Gott deines Vaters Isaak. Ich werde dir das Land geben, auf dem du jetzt liegst. Dir und deinen Kindern. Es werden viele sein. Man kann sie nicht zählen. Unzählige. Sie werden sich ausbreiten nach Westen und Osten, nach Norden und Süden. Ein großes Volk. Und durch dies eine Volk sollen alle anderen Völker Gottes Freunde werden. Ich will immer bei dir sein. Ich will dich behüten und dich hierher zurückbringen. Wenn ich etwas verspreche, dann tue ich es."
Als Jakob erwachte, war er glücklich. Jetzt wußte er sicher, daß Gott bei ihm war. Er ist da. Wo du auch sein magst, was du auch getan hast. Jakob hatte viel vom großen Gott seines Vaters gehört. Nun war er ihm zum erstenmal selber begegnet. Er sagte: „Hier ist ein heiliger Platz. Eine Tür zum Himmel." Jakob stellte den Stein, auf dem er geschlafen hatte, wie ein Denkmal auf. Er gab dem Ort den Namen Bet-El; das bedeutet: Haus Gottes. Und Jakob versprach: „Wenn Gott mich behütet und mich wieder heimkehren läßt, dann soll er mein Gott bleiben. Dann will ich keinem anderen gehören."

Jakob kam nach Haran. Lange Jahre arbeitete er bei seinem Onkel. Er heiratete und bekam Kinder. Er fing an, für sich selber zu arbeiten, und wurde ein reicher Herdenbesitzer. Schließlich machte er sich wieder auf den Heimweg. Und da kam Jakob wieder nach Bet-El, an den Ort, an dem er geträumt hatte. Auch andere sind dorthin gegangen, wenn sie Gott begegnen wollten.
Bevor Jakob den Streit mit seinem Bruder Esau in Ordnung bringen konnte, ist Gott ihm noch einmal begegnet. Jakob mußte mit ihm kämpfen. In der Nacht. Er konnte nicht siegen. Aber Jakob hat Gott auch nicht losgelassen. Gott, der ihm das Versprechen gegeben und es gehalten hatte. Damals gab Gott dem Betrüger Jakob einen neuen Namen: Israel – das bedeutet: Gottesstreiter. Später hat ein ganzes Volk diesen Namen übernommen: Israel, das Volk, das Gott nicht losläßt, weil es nicht ohne ihn leben will.

10. Ein böser Plan

Im Volk Israel gab es zwölf große Familiengruppen; man nennt sie Stämme. Die zwölf Stämme Israels wußten, daß sie zusammengehörten. Sie lebten ja alle im Freundschaftsbund mit Gott. Darum erzählen sie, daß die Ur-ur-ur-ur-Großväter der zwölf Stämme allesamt Söhne des Jakob gewesen sind, dem Gott den Namen Israel gegeben hat. Josef war einer der Söhne. Von ihm erzählt die Bibel eine besondere Geschichte.

Immer schon war Josef ein Liebling des Jakob gewesen. Darum konnten seine Brüder ihn nicht ausstehen. Und als Jakob ihm teure Festtagskleider schenkte, war es ganz vorbei. – Es passierte, als Josef ungefähr siebzehn Jahre alt war. Seine Brüder waren mit den Herden auf der Weide. Da sagte der Vater zu Josef: „Geh und sieh, wie es deinen Brüdern geht." Josef machte sich auf den Weg. Endlich fand er seine Brüder in der Nähe von Dotan. Als sie ihn sahen, sagten sie zueinander: „Da kommt der Träumer, der Liebling des Vaters. Wir wollen ihn erschlagen und ihn in eine Zisterne werfen. Dann sind wir ihn los." Ruben, einer der Brüder, aber sagte: „Werft ihn in die Zisterne, aber tut ihm nichts." Er wollte Josef retten.

Als Josef zu seinen Brüdern kam, zogen sie ihm die Festtagskleider aus. Sie packten ihn und warfen ihn in eine leere Zisterne. Sie war so tief, daß Josef aus eigener Kraft nie herauskommen konnte. Da saß er nun. Wahrscheinlich hörte er, wie seine Brüder oben aßen und sich unterhielten. Ganz so, als wären sie zufrieden, daß es ihnen gelungen war, ihren kleinen Bruder aus dem Weg zu räumen. Sie hatten wohl nicht die Absicht, ihn je wieder herauszuholen.

Josef kannte den Grund. Sie waren eifersüchtig, weil der Vater ihn mehr liebte. Und sie sahen den Tag kommen, an dem Josef den Segen seines Vaters erben würde, und damit würde der Freundschaftsbund Gottes von Abraham, Isaak und Jakob auf ihn übergehen. Das wollten sie nicht. Und Josef selbst hatte sich dumm verhalten. Er hatte ihnen seine Träume erzählt.

Den Traum von den Garben seiner Brüder, die sich alle vor der einen Garbe, der Garbe Josefs, tief verneigten. Wie waren sie damals böse, weil sie glaubten, er halte sich für ihren Herrn.

Und den Traum von der Sonne, dem Mond und den elf Sternen, die sich alle tief vor ihm verneigten. Sie verstanden nur zu gut, daß damit ihre Eltern und sie selbst gemeint waren. Das war selbst dem Vater zuviel gewesen. Eigentlich wäre es besser gewesen, ihnen das nicht zu erzählen. Aber nun ja, er hatte es wirklich geträumt. Und darum saß er nun in der Zisterne.
Josefs Brüder saßen beim Essen. Da sahen sie eine Karawane herankommen. Fremde Händler mit ihren Kamelen. Juda, einer der Brüder, hatte einen Einfall: „Kommt, wir wollen Josef verkaufen. Dann brauchen wir ihn nicht totzuschlagen und sind ihn los!" Sie ließen ein Seil hinunter und zogen Josef heraus. Für zwanzig Silberstücke – das ist nicht viel Geld – verkauften sie ihren Bruder an die fremden Händler. Wie irgendeine Ware.
Kannst du dir vorstellen, wie Josef sich fühlte? Als Sklave verkauft! Die Männer, denen er gehörte, waren Fremde. Sie reisten nach Ägypten, in ein fremdes Land. Josef ging neben den Kamelen her. Stunde um Stunde. Würde er seinen Vater je wiedersehen? Der böse Plan der Brüder war geglückt. Worauf sollte Josef noch hoffen? Kann man glauben, daß Gott aus einem so gemeinen Streich noch etwas Gutes machen kann?

11. Ein König in der Familie

Es gibt Erlebnisse, die du nie mehr vergißt. Selbst wenn du hundert Jahre alt wirst. Für Josef war es schlimm, als er mit der Karawane nach Ägypten ziehen mußte. Damals hat er wohl aus Verzweiflung geweint. Aber später, viel später, weinte er aus Freude. Wie konnte er dies je vergessen?
Es geschah, als Josef schon viele Jahre in Ägypten lebte. Zuerst hatte er bei einem Hofbeamten des Pharao gearbeitet. Dort ging es ihm gut. Bis die Frau des Hofbeamten ein gemeines Spiel mit ihm trieb; sie brachte Josef ins Gefängnis. Aber im Gefängnis gewann Josef das Vertrauen seiner Wächter. Er merkte an vielen Dingen, daß Gott bei ihm war. Josef erklärte die rätselhaften Träume des Getränkemeisters und des Hofbäckers. Und zwei Jahre später

hatte der Pharao selber einen Traum, mit dem er nichts anzufangen wußte. Keiner der Traumdeuter aus Ägypten wußte eine Erklärung. Da erinnerte sich der Getränkemeister an Josef. Und so kam Josef an den Hof. Er sagte dem Pharao, was sein Traum bedeute: Die sieben fetten Kühe, die aus dem Nil stiegen, waren sieben fette Jahre, fruchtbar, voll Überfluß. Die sieben mageren Kühe, die danach kamen und die fetten auffraßen, waren sieben Hungerjahre, ohne Regen, voller Not. Der Traum war eine Warnung, damit man vorsorgen konnte. Der Pharao gab Josef den Auftrag, Vorräte anzulegen. Ja, er machte ihn zum Vizekönig, damit Josef im ganzen Land alles vorbereiten konnte für die sieben Notjahre.

Und nach den ersten sieben Jahren kam wirklich die Trockenheit. Die kleinen Vorräte in den Familien gingen zu Ende, sie hatten schon bald nichts mehr zu essen. Von Jahr zu Jahr wurde es schlimmer. Und auch in den Nachbarländern wollte wegen der Trockenheit nichts mehr gedeihen. So kamen nicht nur die Ägypter, sondern auch die Ausländer zu den Kornspeichern, wo Josef die Vorräte verkaufte. Josef hatte nicht nur dafür gesorgt, daß viele Menschen nicht verhungern mußten, auch die Staatskasse des Pharao füllte sich bis zum Rand.

Eines Tages stand eine Gruppe junger Männer vor dem Thron Josefs. Sie kamen aus Kanaan und fragten, ob sie Getreide kaufen könnten. Josef sah gleich: Das waren seine eigenen Brüder. Aber sie erkannten ihn nicht. Als sie sich tief vor Josef verbeugten, dachte er an den Traum von den Garben, der nach vielen Jahren in Erfüllung ging. Wie schwer war es, sich nichts anmerken zu lassen! Am meisten interessierte sich Josef für seinen jüngsten Bruder Benjamin. Aber gerade Benjamin war nicht mitgekommen. Doch Josef wußte, wie er ihn herbringen konnte. Er beschuldigte seine Brüder und sagte: „Ihr seid Spione! Einer von euch muß als Geisel hierbleiben. So lange, bis die anderen Benjamin hergebracht haben. Damit könnt ihr beweisen, daß ihr redliche Leute seid." Josefs Brüder wußten, daß Vater Jakob seinen Jüngsten nicht verlieren wollte. Sie sagten zueinander in ihrer eigenen Sprache: „Das wird wohl die Strafe dafür sein, daß wir damals unseren Bruder Josef

verkauft haben. Wir wollten ihn loshaben. Und jetzt sitzen wir in der Falle. Hätten wir das nur nie getan!“ Josef verstand alles, was sie zueinander sagten. Beinahe konnte er sich nicht mehr beherrschen. Rasch ging er in ein anderes Zimmer. Dort weinte Josef.
Josef schickte seine Brüder zu ihrem Vater zurück. Er gab ihnen viel Getreide mit für die ganze Familie. Doch den Simeon behielt er als Geisel zurück.
Nach einiger Zeit kamen die Brüder zum zweitenmal zu Josef. Wieder wollten sie Getreide kaufen. Diesmal war auch Benjamin

dabei. Josef lud sie ein. Er hielt ein Festessen mit seinen Brüdern. Nun wollte er sie nicht länger täuschen. Er stand auf und sagte: „Ich bin Josef, euer Bruder.“
Alle waren sprachlos vor Schreck. Doch Josef beruhigte sie und sagte: „Ihr habt mich als Sklaven verkauft. Ihr hattet einen bösen Plan. Doch Gott hat Gutes daraus gemacht. Darum könnt ihr jetzt sagen, Gott habe mich hierher geschickt, um euch zu retten.“ Josef fiel dem Benjamin um den Hals und weinte vor Freude. Er küßte einen nach dem anderen und umarmte sie.
Und weil Josef wußte, daß die Hungerzeit noch lange dauern würde, sorgte er dafür, daß die ganze Familie nach Ägypten umsiedeln konnte. Die Brüder und auch der alte Vater Jakob. Sie wohnten in dem Gebiet von Goschen. Dort gab Jakob seinen Segen an alle seine zwölf Söhne weiter. Und dort entstand das Volk der Hebräer, das später Israel genannt wurde.

Gott-der-hilft

12. Sklaven im Land Ägypten

Die Söhne Jakobs blieben mit ihren großen Familien im Land Ägypten. Sie bekamen Kinder, Enkel und Urenkel. Die Jahre vergingen. Sie lebten zufrieden, bis ein anderer Pharao an die Macht kam. Der hatte vergessen, was Josef für Ägypten getan hatte. Weil er große Pläne hatte und billige Arbeiter brauchte, machte er die freien Hebräer zu seinen Sklaven. Sie sollten ihm zwei neue Städte bauen: Pitom und Ramses. Damals wollte Mose, der wie ein Prinz am Königshof lebte, diese Baustellen besuchen. Aber die neuen Städte interessierten ihn kaum. Er wollte zu den Sklaven, die sich dort abrackern mußten. Denn er selbst war einer von ihnen. Mose hatte Glück; er konnte leben wie ein Fürst. Doch er konnte auch nicht vergessen, daß er zum Volk dieser Sklaven gehörte. Sooft die Peitsche eines Aufsehers auf den nackten Rücken eines Arbeiters klatschte, war ihm, als hätte man ihn selbst geschlagen. Er wurde zornig und konnte sich nur mit Mühe zurückhalten. An diesem Tag sah er, wie ein Hebräer fast zu Tode geprügelt wurde. Mose schaute sich um. Niemand war in der Nähe. Da schlug er den Ägypter mit einem einzigen Hieb nieder. In aller Eile begrub Mose den toten Mann. Sand darüber. Doch schon am nächsten Tag erfuhr Mose, daß einige Sklaven ihn gesehen hatten. Wenn sie nur den Mund hielten! Aber das taten sie nicht. So erfuhr der Pharao bald, was Mose getan hatte. Er wollte ihn mit dem Tod bestrafen. Mose aber lief davon. Er flüchtete in die Wüste.
Mose hatte in dem fremden Land Midian sicher viel Zeit zum Nachdenken. Früher hatte Mose manchmal geglaubt, Gott sei bei ihm. Der große Gott, dessen Namen man nicht aussprechen durfte. Voll Ehrfurcht sagte man: „ER“, wenn man von ihm sprach. ER mit großen Buchstaben. Zu ihm hatte Mose mehr Vertrauen als zum Gott Amon oder zu den Sternen, von denen die Ägypter so viel erwarteten. Vielleicht wird ER bei mir sein, damit ich meinem Volk helfen kann – so hatte Mose damals gehofft.
Aber jetzt – jetzt war alles vorbei. Mose war auf der Flucht. Da-

mals dachte Mose wohl auch an seine Jugend. Seine Mutter hatte ihm als kleinem Jungen oft von seinem Volk erzählt. Es lebten viele Hebräer im Land Ägypten, und der Pharao fürchtete, sie könnten sich mit den Feinden aus dem Osten zusammentun. Dann wäre es zu spät. Darum schickte er sie in die Steinbrüche und auf die Baustellen. Und trotzdem wurden immer mehr hebräische Kinder geboren. Da gab der Pharao den Befehl, alle hebräischen Jungen gleich nach der Geburt in den Nil zu werfen.
Viele Mütter brachten das nicht übers Herz. Sie versteckten ihre Kinder. Manchmal wurden sie entdeckt, wenn die Ägypter zur Kontrolle kamen. Davor fürchtete sich Mutter Jochebed am meisten. Mit ihrer Tochter Mirjam ersann sie eine List. Sie nahmen ein Binsenkästchen. Das machten sie mit Pech und Schwefel wasserdicht. Sie legten das Kind hinein und ließen es auf dem Wasser schwimmen. Das Kästchen sah genauso aus wie die kleinen Särge, in die man die Kinder legte, wenn man sie ertränken mußte. Mirjam aber ließ das Kästchen mit ihrem kleinen Bruder an einem besonderen Platz schwimmen. Am Badeplatz einer Prinzessin. Mirjam versteckte sich im Schilf. Als die Prinzessin kam, sah sie das Kästchen und ließ es herausholen. Sie fand den kleinen Jungen

und hatte Mitleid mit ihm. Sie wollte ihn gern behalten. Da kam Mirjam hervor und fragte: „Soll ich eine hebräische Frau suchen, die das Kind pflegt, bis es in den Palast kommen kann?“ Die Prinzessin war einverstanden. So bekam Mutter Jochebed ihr eigenes Kind zurück.
Nach einigen Jahren kam der Junge an den Hof. Die Prinzessin gab ihm den Namen Mose. Auf ägyptisch heißt das: Sohn des Pharao. Aber in hebräischer Sprache klingt es ähnlich wie: Aus dem Wasser gezogen. Und dieser Name war wirklich passend. Mutter Jochebed behielt ihren Jungen natürlich im Auge. Sie hat ihm von dem Binsenkästchen erzählt und von IHM mit den großen Buchstaben, der auch für dich sorgt.
Und jetzt war Mose auf der Flucht. Im fremden Land Midian. Dort fand er Arbeit als Schafhirt; er heiratete eine Frau, und sie bekamen Kinder.

13. Der Gott-der-hilft

Wenn du jemand helfen kannst, der in Not ist, dann tust du das. Doch du kannst nicht immer helfen. Wenn Kinder in einem anderen Land hungern, kannst du dein Brot nicht mit ihnen teilen. Wenn Menschen in einem anderen Land unterdrückt werden, wenn ihre Regierungen nicht erlauben, daß man hilft, dann hast du Mitleid, aber du kannst nichts unternehmen.
Kannst du dir vorstellen, daß es Mose ähnlich erging? Er lebte mit seinen Herden als freier Mann. Aber er wußte, daß seine Verwandten in Ägypten in Unfreiheit lebten. Er wußte, daß die Hebräer, die auf den Baustellen des Pharao schuften mußten, unglücklich waren. Was kann ein einzelner gegen den mächtigen Pharao unternehmen?
Einmal war Mose mit seiner Herde in den Bergen. Immer höher stieg er hinauf. Vom Horeb konnte er weit in das Land blicken. Mose schaute wohl auch in die Richtung von Ägypten und dachte: Was führen sie doch für ein Sklavenleben. Nach oben schaute er nicht. Gab es denn einen Gott, von dem man Hilfe erwarten

konnte? Früher hatte Mose das geglaubt. Aber nach all den Jahren war von diesem Glauben wenig übriggeblieben. Mose wußte es nicht mehr.
Dort im Bergland sah Mose plötzlich einen Dornbusch brennen. Er sah die Flammen emporschlagen. Aber der Dornbusch verbrannte nicht. Mose ging hin, um zu sehen, wie das möglich war.
„Mose, Mose!" Eine Stimme, vom Busch her. „Komm nicht näher heran! Zieh deine Schuhe aus, denn du stehst an einem heiligen

Ort. Ich bin der Gott des Abraham, der Gott des Isaak und der Gott des Jakob. Ich habe das Elend meines Volkes in Ägypten gesehen. Ich habe ihre Klagen gehört. Ich weiß, wie schwer sie es haben. Ich will sie aus Ägypten befreien. Und dich schicke ich zum Pharao. Du sollst die Hebräer aus Ägypten herausführen. Ich werde dir helfen!"
Mose war tief erschrocken, als er die Stimme hörte. Man merkt es daran, daß er plötzlich Angst bekam, nach Ausreden suchte. Er sagte: „Sie werden mir nicht glauben. Sie werden nicht glauben, daß du mich geschickt hast. Was soll ich ihnen sagen?"
Gott antwortete: „Sag den Hebräern: Der Gott-der-hilft hat mir diesen Auftrag gegeben. Das ist der Name, mit dem sie mich von nun an anreden können." „Gott-der-hilft", das heißt auf hebräisch: Jahwe. „Sag ihnen: Ich will ihnen ein schönes und fruchtbares Land schenken. Und wenn sie auf dich hören, dann geh mit den Ältesten zum Pharao. Ihm sagt ihr: Wir Hebräer wollen ein Stück in die Wüste ziehen und ein Fest feiern für unseren Gott. Der Pharao wird euch nicht wegziehen lassen. Aber ich werde ihm zeigen, wer der Herr ist. Du wirst sehen, am Ende werden sie euch fortziehen lassen."
Mose wollte den Auftrag Gottes nicht annehmen. Er sagte: „Was ist, wenn sie mir nicht glauben? Wie kann ich beweisen, daß du mir diesen Auftrag gegeben hast?" „Was hast du da in der Hand?" „Einen Stab." „Wirf ihn auf die Erde!" Plötzlich begann der Stab sich zu winden wie eine Schlange. Mose schreckte zurück. „Streck deine Hand aus und faß sie am Schwanz!" Die Schlange wurde wieder zum Stab. Zwei andere Beweise gab Gott dem Mose, damit er die Hebräer überzeugen konnte, daß Gott hinter ihm stand: Wenn er seine Hand unter den Mantel steckte, zog er sie aussätzig heraus. Steckte er sie wieder unter den Mantel, zog er sie gesund heraus. Und wenn er Nilwasser am Ufer ausschüttete, sah es aus wie Blut.
Immer noch wollte Mose sich drücken. Er sagte: „Bitte, bedenke, ich kann nicht gut reden. Das konnte ich noch nie!" Aber Gott sagte: „Ich habe dir einen Mund gegeben, um zu reden, und ich werde dir auch Worte geben, die du sagen kannst."

Noch einmal versuchte es Mose mit einer Ausrede: „Bitte, such einen anderen!“ Da wurde Gott ungeduldig. Er sagte: „Du hast doch einen Bruder, den Aaron. Den will ich dir entgegenschicken. Er soll das Reden für dich übernehmen. Nimm deinen Stab in die Hand und verlasse dich auf den Gott-der-hilft.“
Von diesem Tag an wurde im Leben des Mose alles anders. Das große Abenteuer mit Gott und dem Volk begann. Mose setzte seine Frau und seine zwei Söhne auf einen Esel. Dann machte er sich mit ihnen auf den Rückweg nach Ägypten. In seinem Kopf die seltsame Unterredung mit Gott. In seinem Herzen das seltsame Vertrauen auf den Gott-der-hilft.

14. Laß mein Volk frei!

Die Hebräer lebten lange Zeit als Sklaven in Ägypten. Dann sind sie frei geworden: Das Volk Israel entstand. Wie ist das geschehen? Wer hat die Sklaven befreit? Die Bibel erzählt nicht nur, daß der Gott-der-hilft Mose als Retter bestimmte, sondern auch, warum der mächtige Pharao tat, was Jahwe, der allmächtige Gott, wollte. Der Pharao wohnte in einem prächtigen Palast. Doch das machte auf Mose keinen großen Eindruck. Als Kind war er hier zu Hause gewesen. Damals hatten sich alle vor ihm verbeugt. Nun traf er keinen, der ihn wiedererkannt hätte. Wie soll man auch in einem alten Mann einen jungen Prinzen wiedererkennen? Er trug ja keine fürstlichen Kleider wie früher, sondern sah aus wie ein Hirt. Und der neue Pharao hatte Mose nie gekannt.
Mose und Aaron gingen gemeinsam in den Palast. Sie waren guten Mutes, denn die Hebräer hatten sich von Mose überzeugen lassen. Als sie hörten, daß Gott ihr Elend gesehen habe, dankten sie ihm. Mit seiner Hilfe mußte es gelingen. Wenn der Pharao jetzt nur . . .
Mose und Aaron sagten: „Wir kommen im Namen unseres Gottes. Er läßt dir sagen: Laß die Hebräer ziehen, damit sie in der Wüste ein Fest feiern können.“ Wer konnte es wagen, dem Pharao einen Befehl zu geben? Der Pharao hielt sich ja für eine Art Gottheit. Er sagte denn auch: „Wer ist euer Gott, daß ich auf ihn hören sollte?

Ich kenne ihn nicht, und ich denke nicht daran, die Hebräer ziehen zu lassen." „Aber der Gott der Hebräer ist uns begegnet. Er hat uns diesen Auftrag gegeben. Wenn wir ihm das Fest nicht feiern, dann straft er uns vielleicht mit der Pest oder einem Krieg." Da antwortete der Pharao: „Mose und Aaron! Ihr wollt doch nichts anderes, als die Leute zum Nichtstun verleiten. Fort mit euch! Geht an die Arbeit! Dann kommt ihr auf andere Gedanken." So schickte er sie hinaus. Seinen Beamten aber gab er den Auftrag, die Sklavenarbeit schwerer zu machen. Die Hebräer mußten ebenso viele Ziegel bakken und verarbeiten wie bisher. Aber das Material mußten sie nun in der gleichen Zeit auch noch selbst besorgen.
Du kannst dir denken, was Mose und Aaron zu hören bekamen: „Hättet ihr doch den Mund gehalten! Nun geht es uns noch schlechter als zuvor!" – Da verlor Mose den Mut. Er beschwerte sich bei Gott: „Warum hast du mir diesen Auftrag aufgezwungen? Ich bin zum Pharao gegangen. Er will nicht und behandelt die Leute schlechter als zuvor. Du sagst, du bist der Gott-der-hilft; aber deinem Volk hast du nicht geholfen." Mose bekam eine Antwort: „Ich bin Jahwe, der Gott-der-hilft. Ich bin der Gott des Abraham, der Gott des Isaak und der Gott des Jakob. Mit ihnen habe ich einen Freundschaftsbund geschlossen. Ihnen habe ich ein eigenes Land versprochen. Ich stehe zu meinem Wort. Ich führe euch aus Ägypten heraus. Ich rette euch aus der Sklaverei."
Mose versuchte noch einmal, die Hebräer auf seine Seite zu bringen. Sie wollten ihm nicht glauben. Er ging auch noch einmal mit Aaron zusammen zum Pharao. Doch auch das Zeichen des Stabes, der zur Schlange wurde, konnte Pharao nicht von der Macht Gottes überzeugen. Seine Zauberer vollbrachten dasselbe. Der Pharao blieb bei seinem Nein.
Trotzdem sind die Hebräer freigekommen. Was hat den Pharao umgestimmt? Die Bibel berichtet von großen Katastrophen, die über das Land Ägypten hereinbrachen. Sie erzählt, Jahwe, der Gott-der-hilft, habe diese Katastrophen geschickt, um dem Pharao zu zeigen, wer der Mächtigere ist.
Furchtbare Plagen kamen über Ägypten: Das Wasser des Nil sah auf einmal aus wie Blut. Der Pharao sagte: Nein! Eine Frosch-

plage kam über das Land. Der Pharao tat, als wolle er nachgeben; aber er sagte: Nein! Schwärme von Stechmücken kamen. Er sagte: Nein! Es kam Ungeziefer aller Art. Wieder tat der Pharao, als wolle er nachgeben; aber er sagte: Nein! Die Viehpest brach aus. Er sagte: Nein! Es kam ein schwerer Hagelsturm. Es blieb beim: Nein! Eine Heuschreckenplage verwüstete das Land. Wieder tat der Pharao, als wolle er nachgeben; aber er sagte: Nein! Plötzlich kam eine Sonnenfinsternis. Er sagte: Nein! Erst als in allen ägyptischen Familien die ältesten Jungen in einer einzigen Nacht starben, gab der Pharao auf: „Zieht rasch fort! Sonst werden wir all das nicht überleben!"
Die Hebräer haben ihren Kindern von diesen Katastrophen erzählt. Später haben sie die Geschichte aufgeschrieben. Denn nicht nur die Ägypter und die Hebräer sollen wissen: Kein Mensch kann es mit dem Gott-der-hilft aufnehmen. Er läßt seine Menschen nicht im Stich – niemals! Das sollen alle wissen.

15. In ein neues Land

Die Hebräer erzählen nicht nur von den schrecklichen Katastrophen, die damals über das Land Ägypten hereinbrachen. Viel wichtiger ist das, was sie zum Schluß selber erlebten. Darum singen sie Lieder von der Nacht, in der das große Abenteuer begann. Darum erzählen sie immer wieder die Geschichte von dem Gott-der-hilft.
Diese Nacht war anders als alle anderen Nächte. Man konnte direkt spüren, daß etwas geschehen würde. Niemand wollte schlafen; denn alle wußten: Jetzt ist es soweit! Sie begannen mit den Vorbereitungen. Jede Familie schlachtete ein Lamm; das Fleisch wurde geröstet. Das Blut strich man außen an die Türpfosten. Das war als Zeichen verabredet, damit der Tod an ihren Türen vorbeigehen konnte. Und so ist es geschehen. Bei den Hebräern mußte niemand sterben; doch in den ägyptischen Familien starb der älteste Sohn. Es war eine schreckliche Nacht – aber es war auch eine schrecklich schöne Nacht. Ein jeder mußte begreifen, daß Gott

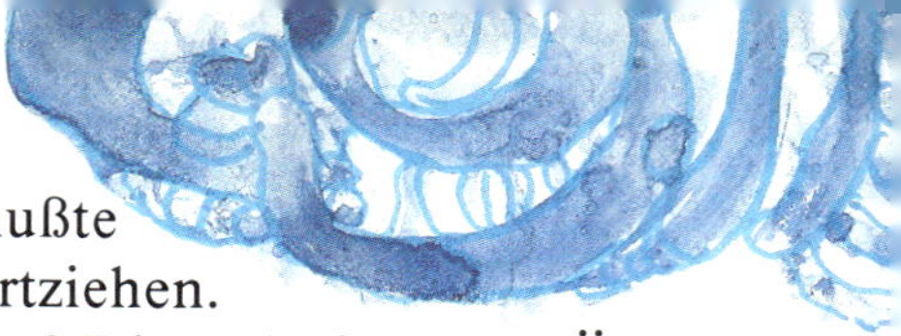

ganz nahe war. Selbst der Pharao mußte es glauben. Er ließ seine Sklaven fortziehen. Kannst du dir vorstellen, wie das war? Diese Aufregung! Überall brannten Lichter. Das Feuer knisterte. Rasch backten die Frauen etwas Brot; ohne Hefe. Man konnte ja nicht warten, bis der Teig durchsäuert war. Mit bitteren Kräutern schmeckt das fade Brot recht gut. Die Männer packten Hals über Kopf ihre Sachen zusammen. An einem Ort sammelten sie sich. Hunderte, vielleicht Tausende. Die Kinder hatten ein Bündel auf dem Rücken oder eine meckernde Ziege am Strick. Die Kühe und Schafe muhten und blökten in dem Durcheinander. Schließlich kam Bewegung in den endlosen Zug. Unter dem Sternenhimmel machten sie sich auf den Weg. Nach Osten hin. So begann die große Wanderung des Volkes. Der Zug in ein neues Land: Exodus – der Auszug.

Als der Morgen dämmerte, hatten die Hebräer die bewohnten Gegenden hinter sich gelassen. Vor ihnen lag eine öde Landschaft. Wahrscheinlich haben sie jetzt erst gemerkt, was für eine bunte Schar sie waren: Lange Kleider, farbige Tücher auf dem Kopf, so zogen sie mit Sack und Pack durch das sandige Land. Sie kamen langsam voran. Du kannst dir vorstellen, daß so viele Menschen und Tiere nicht rasch gehen können. Unterwegs aßen sie ihr Brot und tranken aus den Ziegenfellsäcken, in denen sie das Wasser aufbewahrten. Jeden Tag ein Stückchen weiter in die Freiheit.
Nach ein paar Tagen kamen sie an ein großes Wasser; viel Schilf am Ufer. Das Schilfmeer. Dort wollten sie lagern; ausruhen.
Du kannst dir denken, wie groß die Aufregung war, als ein Wächter meldete: „Die Ägypter sind hinter uns her!“ Bald konnten es alle sehen: Eine Staubwolke in der Ferne. Das konnten nur die

Pferde und die Streitwagen des Pharao sein. Ihm tat es leid, daß er nachgegeben hatte. Er wollte seine Arbeiter zurückholen. Die Hebräer waren verloren. Von allen Seiten eingeschlossen: vor ihnen das Meer, hinter ihnen die Verfolger. Verzweifelt und voll Angst standen sie da: „O Gott – kannst du uns helfen?“ Sie machten dem Mose Vorwürfe: „Warum hast du uns hierhergeschleppt? Wir würden lieber in Ägypten leben, als hier in der Wüste sterben!“ Mose aber sagte: „Habt keine Angst. Jetzt werdet ihr erleben, wie Gott uns rettet.“ Und sie haben es erlebt! Es war überwältigend. So wunderbar, daß keiner recht erklären kann, wie Gott am Schilfmeer geholfen hat. Aber er hat geholfen – das steht fest. Die Hebräer sind frei. Nichts und niemand kann sie nach Ägypten zurückzwingen. Immer wieder erzählen sie davon . . .
Es war gegen Abend. Da kam plötzlich ein Wind auf. Die Kleider flatterten, und der Sand wehte in die Augen. Es wurde dunkel. Unheimlich. Menschen und Tiere rückten nahe zusammen. Doch in dem dunklen Sturm war ein wunderbares Licht. Mose rief mitten im Tosen: „Kommt! Wir gehen weiter! Folgt mir!“ Sie faßten Mut und wußten nicht, was sie wirklich sahen und hörten; denn das Sehen und Hören war ihnen vergangen – der Ostwind hatte einen Weg durch das Schilfmeer gebahnt. Wie eine Mauer war das Wasser aufgestaut. Die Flüchtlinge konnten durch das Meer ziehen. Trockenen Fußes auf dem Boden des Meeres. Das war eine Rettung! Alle spürten, daß sie sich beeilen mußten. Sie liefen, so schnell sie konnten, diese ganze seltsame Nacht lang. Gegen Morgen waren alle am anderen Ufer. Aber der Wind wehte immer noch. Noch immer war der Weg durch das Meer frei. Da kamen auch schon die Ägypter. Mit Rossen und Streitwagen fuhren sie in das Meer. Als Mose sah, daß auch sein letztes Schäfchen auf dem Trockenen war, streckte er seinen Stab über das Wasser. Da legte sich der Wind, und das Meer flutete zurück – Wagen und Reiter wurden unter seinen Fluten begraben. Sie alle ertranken im Meer. Jetzt waren die Hebräer wirklich frei von Ägypten; frei von der Sklaverei.
Damals feierten sie ein großes Fest am Ufer des Meeres. Mose sang ein Lied, und alle sangen mit:

„Ich singe Jahwe mein Lied,
denn er hat große Dinge getan.
Rosse und Wagen warf er ins Meer.“

Die Mädchen nahmen ihre Tamburine, und die Frauen begannen zu tanzen. Man sang von der Freiheit und von Gott, immer wieder von der Freiheit und von Gott. Tagelang dauerte das Fest. Dann zogen sie wieder durch die Wüste. Von einer Wasserquelle zur anderen; von einer Oase zur anderen. Und auf dieser Wanderung stifteten sie ein Fest. Das Fest der Befreiung. Sie nannten es Pascha, das bedeutet: Vorübergang. Und der Name paßt. Du erinnerst dich, daß der Tod an ihren Häusern vorübergegangen war. Während dieses Festes essen sie ungesäuertes Brot und Bitterkräuter dazu. Die Väter erzählen ihren Kindern von der großen Befreiung. Alle Jahre. Auch heute noch.

Gott-der-führt

16. Miteinander leben

Miteinander leben kann schön sein. Aber es kann auch schwer sein. Das weißt du aus deiner Familie, aus der Schule oder aus der Gruppe. Da kann nicht jeder tun, was er gerade will. Wenn zwei dasselbe wollen, müssen sie entweder teilen oder einer muß nachgeben. Wenn zwei sich streiten, braucht man einen, der Frieden stiftet. Man braucht so etwas wie Spielregeln, an die man sich halten kann und an die man sich halten muß, damit das Zusammenleben schön wird.
Das mußten die Hebräer lernen, als sie mit Mose durch die Wüste zogen. Sie mußten lernen, wie man gemeinsam mit Schwierigkeiten fertig wird. Sie mußten lernen, wie man auf Gott vertraut. Das fing mit dem Essen und Trinken an. Zuerst lebten sie von den Vorräten, die sie aus Ägypten mitgenommen hatten. Bei den Oasen konnten sie essen und trinken, was es gab. Doch je weiter sie in die Wüste kamen, desto unbequemer wurde das Leben. Nach ein paar Wochen waren alle unzufrieden. Sie jammerten und sagten: „Wären wir doch lieber in Ägypten geblieben! Dort hatten wir Fleisch zu essen und frische Zwiebeln dazu. Hier müssen wir hungern." Einmal waren sie so wütend auf Mose, der sie zu diesem Abenteuer überredet hatte, daß sie ihn steinigen wollten. Mose ermahnte sie: „Vertraut auf Gott. Er hilft!" Aber wie kann man vertrauen, wenn der Magen leer und die Kehle trocken ist?
Doch Gott sorgte wirklich für sein Volk. Niemand mußte auf dem langen Weg verhungern oder verdursten. Die Bibel erzählt, daß die Israeliten in der Wüste etwas Weißes fanden. Man konnte es essen. Es schmeckte wie Brot, ein wenig süß. Sie nannten das Brot, das sie in der Wüste fanden, Manna. Dann trafen sie auf große Wachtelschwärme. Die waren müde vom Flug und ließen sich leicht fangen. Und als wieder einmal das Wasser ausgegangen war, fand Mose einen Felsen, unter dem eine Quelle sprudelte. Doch immer noch hatten sie zu klagen und zu murren.
Ganz schlimm wurde es, als ein kampflustiges Wüstenvolk ihnen

den Weg versperren wollte. Da fragten sie wohl: Werden wir das Land, das Gott uns versprochen hat, je erreichen? Kennt er den Weg? Oder sind wir auf ein leeres Versprechen hereingefallen? Aber mit Gottes Hilfe gewannen sie die Schlacht, und sie faßten wieder Mut. Der Weg ging weiter.

In der Wüste entdeckten die Hebräer viele Regeln für das Zusammenleben und erprobten sie. Das Volk Israel konnte sich daran halten. Denn die Probleme, die sie in der Wüste hatten, sind dieselben geblieben: Wie soll man für die Alten und Kranken sorgen? Wie erzieht man die Kinder? Was tun, wenn gestohlen wird? Wenn es eine Streiterei gibt? Wenn einige ihre Götterbilder aus Ägypten mitgenommen haben und zu ihnen beten? Wenn andere es mit ägyptischen Zaubereien versuchen? Mit all diesen Fragen kamen die Leute zu Mose. In langen Reihen standen sie vor seinem Zelt. Tag für Tag. Oft mußten sie vom Morgen bis zum Abend warten. Mose gab Rat; er fällte die Urteile. Doch allein konnte er nicht fertig werden; denn es gab zu viele Sorgen. Darum suchte Mose nach tüchtigen und zuverlässigen Männern. Er ernannte sie zu Vorstehern für je tausend, hundert, fünfzig und zehn Menschen. Nun wußte jeder, wen er um Rat fragen konnte.

In der Wüste lernten die Hebräer nicht nur die kleinen, sondern auch die großen Spielregeln des Zusammenlebens. Spielregeln, die nicht nur für das Volk Israel, sondern für alle Menschen gelten.

Vielleicht fragst du jetzt: Wer hat den Hebräern diese Spielregeln gesagt? Von wem haben sie erfahren, daß diese Regeln für alle Menschen gelten? Im Volk Israel erzählt man, Gott selber habe dem Mose diese Spielregeln gesagt. Am Berg Sinai habe er einen Freundschaftsbund mit dem ganzen Volk Israel geschlossen. In diesem Bund gelten die Regeln Gottes.

Die Bibel erzählt: Nach drei Monaten kamen sie an den Berg Sinai. Ein hoher, unheimlicher Berg. Mitten in der Wüste. Dort sprach Gott mit Mose. Dort sagte er ihm, woran die Menschen sich halten müssen, wenn sie glücklich miteinander leben wollen. Mose stieg allein auf den Berg. Keiner durfte mit ihm gehen. Das Volk blieb unten am Berg im Lager. Da begann ein heftiges Gewitter; der Donner klang wie Posaunenschall. Der Berg bebte gewaltig.

Zeichen dafür, daß Gott nahe war. – Vierzig Tage mußte das Volk warten, bis Mose zurückkam. Sein Gesicht strahlte. Er hatte ja mit Gott gesprochen! In seinen Händen hielt Mose zwei steinerne Tafeln. Auf diesen Tafeln waren die Zehn Gebote eingemeißelt. Zehn Regeln, die für alle Menschen gelten. Du kannst sie an deinen Fingern nachzählen.
Ich bin dein Gott, der dich aus Ägypten herausgeführt hat. Du sollst keinem anderen Gott vertrauen. Du sollst dir kein Gottesbild machen oder glauben, ein Bild könne dir helfen. Ich habe dir meinen Namen gesagt. Du sollst ihn nicht mißbrauchen. Sechs Tage sollst du arbeiten. Den siebten Tag sollst du heilighalten und ausruhen. Ehre deinen Vater und deine Mutter. Du sollst nicht morden. Wenn du verheiratet bist, sollst du treu bleiben. Du sollst nicht stehlen. Du sollst keine falschen Dinge über einen andern sagen. Du sollst nicht haben wollen, was einem andern gehört.

17. Mit Gott leben

Wenn Menschen sich an die Spielregeln halten, können sie als Freunde miteinander und mit Gott leben. Doch du weißt selbst, daß wir Menschen nicht immer gut zueinander sind. Du weißt, daß wir manchmal streiten oder lügen. Daß wir neidisch werden und haben wollen, was dem anderen gehört. Wer die Spielregeln verletzt, der stört nicht nur das Zusammenleben der Menschen. Er stört auch das Zusammenleben mit Gott. Auch das hat das Volk Israel von den Hebräern gelernt. Die haben es in der Wüste gemerkt. Sie wollten das Zusammenleben mit Gott leichter machen – und haben es falsch angefangen.
Die Bibel erzählt: Es war damals, als Mose auf dem Berg Sinai war, um mit Gott zu reden. Vierzig Tage lang. Da sagten sie zueinander: „Wer weiß, ob Mose zurückkommt! Wer soll dann unser Führer sein? Wer soll für uns mit Gott reden? Niemand von uns hat Gott je gesehen; kommt, wir machen ein Bild von Gott. Das wollen wir vor uns hertragen. Dann können wir Gott sehen. Dann können wir mit seinem Bild sprechen.“ In Ägypten hatten sie gol-

dene Standbilder von Stieren gesehen. Die wurden wie ein Gott verehrt. Darum gaben alle, die in der Wüste waren, ihren Schmuck, ihr Gold und ihr Silber. Daraus machten sie ein goldenes Standbild, das Bild eines Kalbes, eines jungen Stiers.
Groß und glänzend stand das Kalb in der Sonne, als Mose mit den beiden Tafeln vom Berg herabkam. Das erste Gebot, die erste Spielregel sagt, daß du keine Götter haben darfst. Und auch, daß du kein Bild von Gott machen darfst. Was dort geschah, konnte niemals gut sein. Sie tanzten vor dem Stierbild und sangen: „Du hast uns aus Ägypten herausgeführt!“ Mose wurde zornig. Er schmetterte die Tafeln, auf die Gott seine Gebote geschrieben hatte, auf den Boden. Sie zerbrachen. Der Gott-der-hilft hatte sie aus Ägypten geführt. Und nun sangen sie Lieder für einen jungen Stier! Mose packte das Standbild und zerschmetterte es. Die Israeliten hatten die Spielregeln verletzt; sie hatten gesündigt. Würde Gott ihnen die Freundschaft aufkündigen, sie allein in der Wüste lassen?
Die Bibel erzählt, daß Mose noch einmal auf den Berg gestiegen ist. Er konnte mit Gott reden wie mit einem Freund. Er bat um Vergebung für die Sünde des Volkes. Später machte Mose neue Tafeln; darauf schrieb er selbst die Gebote.
Gott hat mit Mose auf dem Berg geredet. Dort ist er ihm begegnet. Später ließ Mose im Lager ein Zelt bauen, in dem er Gott begegnen konnte. Im Volk Israel erzählt man, dies Zelt habe ausgesehen wie der steinerne Tempel in Jerusalem. Außen eine Art Zaun, der den Vorhof abgrenzte. Dorthin konnte man seine Gaben bringen. Dort konnte man zusammenkommen. Im Vorhof stand das quadratische Zelt, das „Heilige“. Und darin war ein besonderer Raum, durch einen Vorhang abgetrennt. Dort wurden in einer Lade die zwei Tafeln mit den Zehn Geboten aufbewahrt. Die Lade war mit Blattgold überzogen. Ihre Deckplatte war ganz aus Gold. Oben standen zwei goldene Engel. Das war der allerheiligste Ort. Der Thron Gottes – könnte man sagen. Die Israeliten nannten dies Zelt der Begegnung mit Gott „Wohnstätte“. Ein jeder kam ehrfürchtig dorthin; denn er wußte, daß er zu Gott kam.
Die Wohnstätte war wie ein großes Zelt. Aus Tüchern gemacht.

Man konnte sie zusammensetzen und auseinandernehmen. So zog die Wohnstätte mit den Israeliten von Rastplatz zu Rastplatz. Die Bibel berichtet, daß über der Wohnstätte eine Wolke lagerte. Diese Wolke zeigte dem Volk den Weg in das verheißene Land. Viel später, als sie schon lange dort wohnten, bauten sie Gott eine Wohnstätte aus Stein. Den Tempel. Und viel, viel später, als der Tempel verschwunden war, bauten die Menschen überall auf der Welt andere Wohnstätten. Häuser, in denen du Gott begegnen und zu ihm sprechen kannst. Häuser, in denen du Rat finden kannst und erfährst, wie du mit Gott und den Menschen leben kannst.

18. Das Fest der Freundschaft

Ich glaube, das Leben in der Wüste würde dir nicht lange gefallen. Dort ist es öde; wenig Abwechslung. Man ist auf sich allein gestellt. Das Volk Israel ist nicht nur ein paar Monate lang durch die Wüste gezogen. Nein, jahrelang! Manchmal zelteten sie lang an demselben Platz. Manchmal wurde es den Leuten langweilig. Dann wurden sie unzufrieden. Aber sie brauchten diese Zeit, um zu lernen, wie ein Volk mit seinem Gott zusammenleben und zusammenarbeiten kann. Sie lernten durch ihren Gehorsam, aber auch durch ihren Ungehorsam. Sie lernten durch ihre Erfolge, aber auch durch ihr Versagen. Wie viele Fehler haben sie gemacht! Wie oft haben sie die Spielregeln und damit den Freundschaftsbund Gottes verletzt! Aber du kannst es selber erfahren: Durch Fehler hindurch lernt man Gott und seine Freundschaft kennen.

Das Volk Israel feiert einen Tag im Jahr als besonderes Fest der Freundschaft mit Gott. Die Bibel erzählt, daß man dieses Fest schon in der Wüste gefeiert hat. Dabei gab es ein heiliges Spiel, das jeder verstehen konnte. Das Fest begann mit einer Feier rund um die Wohnstätte. Dort versammelten sich alle. Wenn du dabeigewesen wärst, hättest du dich sicher nach vorn gedrängt, damit du alles gut sehen kannst. Auch wenn du vielleicht noch nicht alles verstehen würdest. Da kam der Hohepriester. Er hatte an diesem Tag sein schönstes Gewand angezogen. Zwei lebende Ziegenböcke wurden herbeigebracht. Die spielten eine wichtige Rolle. Der eine wurde geschlachtet, ganz so wie die Tiere, die man jeden Tag im Vorhof geopfert hat. Nur, an diesem Tag brachte der Hohepriester selbst das Opfer dar. An diesem einen Tag ging er auch in den allerheiligsten Raum hinein.

In diesem Augenblick wurden alle ganz still. Denn alle wußten, daß der Hohepriester nun mit Gott sprechen würde. Über ein ganz besonderes und schweres Anliegen, das jeden angeht: Dort im Allerheiligsten bittet er um Verzeihung für alle gebrochenen Spielregeln, für die Fehler, die Untaten und die Sünde, die jeder im Volk Israel im Laufe eines Jahres begangen hat. Das geht wirklich alle an; denn ein jeder weiß, daß er schuldig ist.

Wenn der Hohepriester herauskam, erzählte er nichts von dem, was er mit Gott gesprochen hatte. Er begann ein heiliges Spiel. So konnte jeder sehen und erleben, daß alles in Ordnung war zwischen Gott und Israel. Der zweite Ziegenbock wurde nach vorn gebracht. Der Hohepriester breitete seine Hände über das Volk aus. Dann nahm er sie weg und legte sie auf den Kopf des Ziegenbocks. Damit wollte er zeigen, daß Gott alle Schuld und Sünde weggenommen hatte, daß nun alles in Ordnung war zwischen Gott und Israel. Dann kam ein Mann. Der führte den Ziegenbock weit in die Wüste hinaus. Und das Volk dachte: Da geht er nun hin und trägt unsere Schuld und Sünde mit sich fort, der Sündenbock. Weit, weit in der Wüste ließ man ihn frei. Dort mußte er sterben. Und alle im Volk Israel durften sich freuen: Denn ebenso, wie der Sündenbock in der Wüste verschwunden war, hat Gott einem jeden vergeben.
Am Ende der Feier segnete der Hohepriester das ganze Volk: „Gott segnet dich. Gott schützt dich. Er hält die Freundschaft mit dir und schenkt dir Frieden.“ Dies Fest der Freundschaft nennt man im Volk Israel den „Großen Versöhnungstag“. Bis heute feiert das jüdische Volk diesen Festtag, wenn auch ohne Opfertier.
Für uns gilt ein anderer Versöhnungstag. Es ist ja einer gekommen, der uns neu sagt, wie Gott die Freundschaft hält und wie er unsere Sünde vergibt. Er hat sein Leben für uns gegeben und ist für uns gestorben. So hat er die Schuld aller Menschen ein für allemal weggenommen. Sein Name ist Jesus. Und unser großer Versöhnungstag heißt: Karfreitag; unser Fest der Freundschaft heißt: Ostern.

19. Wenn Gott für dich ist

Gott hatte einen Freundschaftsbund geschlossen. Er hatte sein Wort gegeben. Durch die Wüste wanderte Israel in das verheißene Land. In der Wüste hatte Gott sein kleines Volk beschützt. Kein mächtiger Feind konnte Israel auf seinem Weg hindern. Die Israeliten vergaßen das manchmal. Doch die Feinde erfuhren es immer wieder. Niemand kann den besiegen, der den Weg Gottes geht.

Das erzählt die Bibel in einer uralten Geschichte vom Gottesmann Bileam und einem König, der Israel besiegen wollte.
„Alarm! Ein großes Volk zieht von Ägypten heran! Sie haben einen Gott, der noch größer und stärker ist. Mit seiner Hilfe sind sie durch ein Meer gezogen! Wenn sie hierherkommen, sind wir verloren." Balak, der König des Landes Moab, hörte die Meldung. Und er bekam Angst. Angst vor dem fremden Volk Israel und vor seinem Gott. Er wußte: Andere Könige hatten versucht, ihnen den Weg zu versperren. Aber keinem war es gelungen, dies Volk von seinem Weg abzubringen. Was sollte er nur tun? Seine Waffen würden ihm nichts nützen ... Da erinnerte sich Balak an einen Gottesmann. Er hieß Bileam und kannte mächtige Beschwörungsformeln. Er war ein Freund der Götter und konnte die Zukunft sehen. Seine Worte brachten Glück oder Unglück. Balak dachte: Nur ein Mann wie Bileam kann es mit diesem Volk aufnehmen ...
Der König schickte seine Diener mit Geld zu Bileam und ließ ihm sagen: „Komm und verfluche mir dieses Volk. Ich weiß ja, wen du verfluchst, der ist geschlagen; wen du segnest, der hat Erfolg!" Bileam aber sagte: „Den Segen und auch den Erfolg könnt ihr nicht kaufen. Gott allein kann mir sagen, ob wir sie aufhalten können."
Gott aber sagte dem Bileam: „Verfluche dies Volk nicht; denn es ist gesegnet." Am Morgen schickte Bileam die Boten zum König zurück. Doch sie kamen ein zweites Mal; sie boten mehr Geld. Aber Bileam sagte: „Auch wenn mir der König ein ganzes Haus voller Silber und Gold gibt, kann ich nur sagen, was Gott mir sagt. Ich kann das Gute und das Böse nicht wirken, wie es mir gefällt."
Wieder sprach Bileam mit Gott. Und diesmal sagte Gott: „Geh mit ihnen. Doch tu das, was ich dir sage."
Bileam sattelte seinen Esel und machte sich auf den Weg. Ich kann mir denken, daß Bileam nachdenklich war. Was sollte er tun? Was sollte er sagen? Wie den König zufriedenstellen? Plötzlich wurde sein Esel störrisch. Er sprang neben den Weg. Er wollte sich nicht einmal mit Schlägen zurückbringen lassen. Und als sie zwischen Weinbergmauern reiten mußten, drückte der Esel sich an die Mauer, so daß Bileams Bein eingeklemmt war. Bileam schlug seinen Esel, und der ging störrisch ein kleines Stück weiter. Aber

dann wollte er gar nicht mehr. Er legte sich einfach auf den Boden. Wütend schlug Bileam mit einem Stock auf seinen Esel ein. Da begann der Esel zu sprechen: „Was habe ich dir getan, daß du mich nun schon zum drittenmal schlägst? Ich bin doch dein Esel. Ich habe dich noch nie im Stich gelassen.“ Und nun erst gingen Bileam die Augen auf; er sah, was sein Esel vor ihm gesehen hatte: Ein Gottesbote, ein Engel versperrte mit seinem Schwert den Weg. Er sagte: „Bileam! Zum König kannst du gehen. Aber sagen darfst du nur das, was Gott dir sagt.“
Der König freute sich, daß Bileam nun doch kam. Er ging ihm entgegen. Zusammen stiegen sie auf einen hohen Berg. Dort konnten sie das Lager des Volkes Israel in der Ebene sehen. Sie ließen sieben Altäre bauen, und auf jedem brachten sie Opfer für die Götter des Landes. Dann ging Bileam auf einen anderen Gipfel; er allein. Dort begegnete ihm Gott. Dort hat er erfahren, was er dem König sagen mußte: „Wie kann ich verfluchen, wenn Gott nicht verflucht? Wie soll ich drohen, wenn Gott nicht droht?“
Dem König war das nicht genug. Er sagte: „Komm mit mir auf einen anderen Berg. Dort kannst du das ganze Volk sehen.“ Noch einmal ließen sie Altäre bauen und Opfer darbringen. Noch einmal ist Gott dem Bileam begegnet. Bileam sagte dem König: „Ich muß sie segnen. Gott hat dies Volk aus Ägypten geführt. Gott ist ihr Freund. Zauberei wirkt nicht gegen Israel und auch Verfluchung nicht.“
König Balak wollte es an einem dritten Ort versuchen. Hier sagte ihm Bileam: „Wenn du dies Volk segnest, bist du selbst gesegnet. Wenn du es verfluchst, bist du selbst verflucht.“ Da wurde der König zornig. Er schickte Bileam weg. Bileam aber sagte: „Bevor ich zurückkehre, will ich dir ein Zukunftswort sagen:

Ich sehe ihn, aber nicht jetzt;
ich erblicke ihn, aber nicht in der Nähe;
ein König erhebt sich in Israel.
Er ist Sieger.“

Viel später hat sich gezeigt, daß Bileam, der Gottesmann aus dem Volk Moab, die Wahrheit gesagt hat.

20. Auf Adlerflügeln

Ich will dir von den Adlern erzählen. Hoch in den Bergen kannst du sie manchmal sehen. Sie kreisen und lassen sich plötzlich auf ihre Beute niederfallen. Echte Raubvögel. Ihre riesigen Flügel können zwei Meter weit sein. Kaum jemand hat ihr Nest aus der Nähe gesehen. Es liegt versteckt in den Felswänden. Meist legen die Adler zwei Eier. Und wenn sie ausgebrütet sind, haben der Vatervogel und der Muttervogel viel zu tun. Hin und her fliegen sie mit der Nahrung für die kleinen Adler. Aber dann, so erzählt man, passiert etwas Besonderes. Ich weiß nicht, wer es gesehen hat. Die großen Vögel bleiben weg. Sie lassen ihre Jungen allein. Nicht nur für ein paar Stunden; ganze Tage lang. Die Jungen piepen und werden immer ängstlicher. Sie haben Hunger. Werden sie sterben? Wenn sie beinahe ganz erschöpft sind, hören sie den Flügelschlag des Vaters. Hoch über dem Nest. Sie sind nicht verloren. Und nun ist auch die Mutter wieder da. Die Jungen strecken den mageren Hals und sperren den Schnabel auf. Doch die Mutter tut etwas Unerwartetes. Sie fliegt auf das Nest zu. Und schon ist es geschehen. Sie hat einen der kleinen Adler aus dem Nest gestoßen. Ängstlich flattert er mit seinen schwachen Flügeln. Er hat keine Kraft. Eine Zeitlang hält er sich in der Luft. Dann lassen ihn seine Flügel im Stich. Er beginnt zu stürzen.

Auf diesen Augenblick hat der Vater gewartet. Rasch fliegt er herbei, streift den kleinen Adler von unten und fängt ihn mit seinen Flügeln auf. Er bringt ihn zum Nest zurück. Gleich darauf fliegt die Mutter wieder auf das Nest zu und scheucht den anderen Jungadler über den Rand. Auch er taumelt ein wenig in der Luft, flattert mit seinen Flügeln und muß dann aufgeben. Auch dieses Junge läßt der Vater auf seinen Flügeln notlanden und trägt es ins sichere Nest zurück. So geht das nun jeden Tag ein paarmal, bis die Jungadler stärkere Flügel bekommen haben und selber fliegen können.

Wenn du an diese Adler denkst, verstehst du, wie Gott seine Menschen schützt. Er selber hat es dem Mose gesagt: „Auf Adlerflügeln trage ich euch und bringe euch her zu mir. Wenn ihr mein

Wort hört und meinen Freundschaftsbund haltet, dann seid ihr mein Volk. Menschen, die ganz mir gehören. Für immer."
In der Wüste hat das Volk Israel erfahren, wie Gott seine Menschen schützt. Alle. Auch dich und mich. Wie ein Adler. Er sorgt. Aber er läßt uns manchmal allein. Er will, daß wir unsere Kräfte entfalten; daß wir selbständig werden. Aber er läßt uns nicht in die Tiefe stürzen, wenn wir am Ende sind.
Als Mose wußte, daß sein Tod nahe war, versammelte er das ganze Volk bei der Wohnstätte. Neben ihm stand Josua, sein Nachfolger. Damals sang Mose ein Abschiedslied. Alle konnten es hören. Er sang von dem Gott-der-hilft. Von dem Gott, der aus Ägypten be-

freit. Von dem Gott, der schützt wie ein Adler, der sein Nest beschützt und über seinen Jungen schwebt; der seine Schwingen ausbreitet, ein Junges aufnimmt und es in Sicherheit trägt.
Nie soll man den Adlerspruch vergessen, den Gott dem Mose gesagt hat; nie den Gott, dem Mose singt. Väter und Mütter erzählen ihren Kindern davon, damit sie wissen, wie Gott schützt.
Am Tag, als Mose sterben sollte, stieg er hinauf auf den hohen Berg Nebo. Von dort konnte er das ganze Land sehen, das Gott dem Volk Israel schenken wollte. Dort auf dem Berg Nebo starb Mose, der Freund Gottes. Niemand weiß, wo er begraben liegt. Er war der große Führer: Gott selbst hat ihn gerufen; er hat mit Mose gesprochen wie mit einem Freund.

Das neue Land

21. Spione

Das Volk Israel ist in das verheißene Land gekommen. Gott hat sein Versprechen gehalten. Doch das war nicht so einfach, wie du vielleicht denkst. Denn das Land Kanaan wartete nicht auf die Israeliten. Andere Völker wohnten dort. Schon lange. Sie hatten Häuser gebaut und Städte. Sie wollten ihr Land nicht mit einem fremden Volk teilen. Sie wollten sich verteidigen. Israel kam aus der Wüste. Kein geschultes Heer. Keine Waffen. Wie haben sie es geschafft? So fragte man sich im Volk Israel, als sie schon lange dort wohnten. Und die Israeliten dachten an die große Stadt Jericho. Auch wenn das damals ein kleiner Ort war, vor dem sich keiner zu fürchten brauchte. Schon lange nicht mehr. Die Israeliten hatten nicht vergessen: Jericho war einmal eine große und mächtige Stadt. Die Reste der Mauern kannst du heute noch sehen. Viertausend Jahre sind sie alt. Die Mauern der ältesten Stadt der Welt. Mächtige Steine. Im Volk Israel konnte man die Stadt Jericho nicht vergessen.

Hör, was die Bibel von Jericho erzählt: Josua, der Nachfolger des Mose, schickte zwei Spione in die Stadt. Am Abend, als die Leute von der Feldarbeit zurückkehrten, schlichen sie durch die Tore. Sie sprachen nicht miteinander. An ihrem Dialekt hätte man ja merken können, daß sie Fremde waren. Sie wollten sehen, aber nicht gesehen werden. Sehen, wie stark die Mauern waren. Wie viele Soldaten Jericho verteidigten. Und eines haben sie sofort gesehen: Die Mauern von Jericho waren stark und hoch. Keine Armee der Welt konnte diese Mauern erstürmen. Die beiden bekamen Angst. Sie hatten das Gefühl, sie würden von unsichtbaren Augen beobachtet. Und so war es auch. Soldaten des Königs hatten sie entdeckt.

Die beiden kamen an ein Haus auf der Stadtmauer. Dort wohnte Rahab. Eine Frau, die nicht sehr angesehen war. Rahab nahm die zwei Spione auf und sprach mit ihnen. Doch in der Zwischenzeit hatte man dem König gemeldet: „Zwei Fremde sind in der Stadt!

Im Haus der Rahab!“ Der König ließ die Stadttore schließen. Dann schickte er Soldaten zu Rahab. Sie klopften an die Tür. Doch Rahab wußte, was zu tun war. Sie brachte die beiden auf das flache Dach und versteckte sie unter dem Flachs. Die Soldaten forderten: „Gib die beiden Männer heraus! Wir wissen, daß sie bei dir sind.“ Rahab aber sagte: „Ja, sie waren hier. Sie sind schon wieder weg. Sie wollten aus der Stadt, ehe man die Tore schloß. Lauft schnell hinter ihnen her, dann könnt ihr sie noch einholen.“ So brachte sie die Soldaten auf eine falsche Spur. Später ging Rahab auf das Dach, um mit den beiden zu reden. Sie sagte: „In letzter Zeit herrscht viel Aufregung in unserer Stadt. Wir haben Angst vor euch. Angst vor eurem Gott. Wir haben nämlich gehört, daß er das Schilfmeer für euch trocken werden ließ. Er ist mächtig im Himmel und auf der Erde. Wir haben nicht den Mut, gegen euch zu kämpfen. Schwört mir, daß ihr mir und meiner Familie helfen werdet, wie ich euch geholfen habe. Schwört mir, daß ihr uns am Leben laßt, wenn ihr in die Stadt kommt!“ Die Männer sagten: „Unser Leben für euer Leben. Wir werden dich und deine Familie verschonen, wenn es soweit ist.“
Nun mußte Rahab die beiden aus der Stadt schmuggeln. Der kürzeste Weg war der beste. Sie ließ die beiden direkt von ihrem Haus an einem Seil über die Stadtmauer hinab. Vorher gab sie ihnen einen Rat: „Geht in das Gebirge und versteckt euch! Nach drei Tagen, wenn die Suchtrupps nicht mehr unterwegs sind, könnt ihr sicher in euer Lager zurück.“ Die Männer sagten: „Mach bei unserem Einmarsch diese Schnur an dem Fenster fest, durch das du uns herabläßt. Und sorge dafür, daß deine ganze Familie im Haus bleibt.“
Die beiden Spione rutschten am Seil hinab und entkamen. Nach drei Tagen gingen sie in das Lager zurück und meldeten dem Josua, was sie erfahren hatten. Sie sagten: „Die Leute in Jericho fürchten uns; sie fürchten unsern Gott.“
Am nächsten Tag zogen die Israeliten singend über den Jordan. So kamen sie in das Land. Vor ihnen lag Jericho.

22. Die Eroberung

In Israel erzählt man sich viele Geschichten über die Eroberung des verheißenen Landes. Alles begann mit Jericho. Die Bibel erzählt, daß Gott dem Josua einen Schlachtplan gesagt hatte. Ein merkwürdiges Heer zog in den Kampf: Männer, Frauen und Kinder zogen hinter einem goldenen Kasten her. So rückte Israel vor die Mauern von Jericho. Die Tore waren geschlossen. Auf den Mauern die Verteidiger. Wer würde den Kampf beginnen? Josua ließ die Soldaten vorausziehen. Dann kamen die Priester mit der Lade. Dann das Volk. Ein langer Zug. So zogen sie rund um Jericho. Die Leute in Jericho wußten nicht, was sie davon halten sollten. Sie hatten von den großen Taten Gottes gehört. Sie begannen sich zu fürchten. Aber es kam kein Angriff. Am zweiten Tag wieder ein Umzug und kein Angriff. Am dritten Tag dasselbe. Am vierten. Am fünften. Am sechsten. Ein Umzug, nichts sonst. Eine seltsame Belagerung.

Am siebten Tag fing es genauso an. Dann kam eine zweite Runde, eine dritte, sogar eine vierte, dann eine fünfte, eine sechste, eine siebte – den ganzen Tag zog das Volk Israel rund um die Stadt. Alle spürten, daß es nun soweit war. Beim siebten Umzug bliesen die Priester in ihre Hörner, und das ganze Volk brach in Kriegsgeschrei aus. Die Erde dröhnte und bebte. Die hohen Mauern wankten und rissen. Sie stürzten in sich zusammen. Von allen Seiten konnten die Israeliten in die Stadt eindringen. So wurde Jericho erobert und verbrannt. Die meisten Bürger kamen um. Doch da war das Haus, an dem die Schnur aus dem Fenster hing. Dort wartete Rahab mit ihrer ganzen Familie. Sie wurden verschont, so wie es die Spione versprochen hatten. Rahab blieb mit ihrer Familie beim Volk. Sie heiratete einen Israeliten. Der große König David ist einer ihrer Ur-ur-ur-ur-Enkel. Und auch Jesus, der viel später geboren wurde, gehörte zur Familie Davids. Rahab, die Frau aus Jericho, gehört zu den Vorfahren Jesu.

Unter der Führung des Josua haben die Israeliten das Land erobert. Es ging langsam. Schließlich konnten sie sich dort niederlassen. Aber es gelang ihnen nicht, all die großen Familien, die

Stämme und Völker zu vertreiben, die vor ihnen im Land gewohnt hatten. Man mußte sich das Land teilen. Man mußte erproben, wie man miteinander leben konnte. Es gab viele Kämpfe. Allmählich schlossen immer mehr Israeliten Freundschaft mit den anderen. Freunde lernen sich kennen. Freundschaft ist schön. Aber sie kann auch gefährlich sein. Dann, wenn du dich selbst und deine Eigenarten vergißt. Wenn du untreu wirst. Das haben die Israeliten erlebt: Sie hatten den Bund mit Gott geschlossen. Du erinnerst dich bestimmt daran. Die Leute im Land aber kannten andere Götter, andere Spielregeln. Sie sagten: Wenn ihr in Kanaan bleiben wollt, müßt ihr den Göttern dieses Landes dienen. Euren Gott kennen wir hier nicht. Du kannst dir denken, daß viele Israeliten den Freundschaftsbund mit Gott und seine Gebote vergaßen. Viele Israeliten dienten den fremden Göttern. Josua sah, daß sein Volk untreu wurde. Er mahnte und warnte. Sie hörten nicht auf ihn. Als er alt geworden war, rief er alle zu einer Volksversammlung in die Stadt Sichem. Dort hielt er eine lange Abschiedsrede. Er sprach von Abraham, von Isaak und von Jakob. Und vor allem sprach er von dem Gott-der-hilft. Von all dem, was Gott für sein Volk getan hatte, wie er sie beschützt hatte. Dann sagte er: „Heute müßt ihr euch entscheiden! Wollt ihr den Göttern dienen, die man in Ägypten verehrt? Wollt ihr den Göttern dienen, die man hier in Kanaan verehrt? Oder wollt ihr dem Gott-der-hilft treu bleiben? Ich und meine Familie – wir wollen Gott dienen.“ Da rief das ganze Volk: „Niemals wollen wir Gott verlassen und anderen Göttern dienen!“ Da sagte Josua: „Ihr seid eure eigenen Zeugen. Ihr habt euch für Gott entschieden. Schafft also die Götterbilder fort. Schenkt euer Herz dem Gott Israels.“ Das Volk versprach noch einmal: „Wir wollen unserem Gott dienen und auf ihn hören.“
In Sichem schloß Josua einen Bund mit Gott. Für das ganze Volk, das versprochen hatte, Gott treu zu bleiben. Ihm allein.

23. Dreihundert gegen eine Armee

Josua war gestorben. In Israel gab es keinen Führer mehr, an den man sich halten konnte, auf den man hören konnte. Die großen Familien, die Stämme, verteilten sich im Land. Aus diesen Familien rief Gott in Zeiten der Not einen Retter. Das waren starke und mutige Männer. Sie waren bereit, für Gott und für Israel zu kämpfen. Die Bibel erzählt von ihren Heldentaten.

Einmal des Nachts schlich eine Gruppe junger Männer aus dem Dorf heraus. Den Hügel hinauf. Sie kannten den Weg. Droben schimmerte im Mondlicht ein großer heiliger Pfahl, eine Kultsäule und der Altar des Gottes Baal. Sie nahmen ihre Äxte und zerschlugen das Heiligtum. Ein Trümmerhaufen blieb zurück. Natürlich wurde am folgenden Morgen gleich entdeckt, was geschehen war. Wer hat es gewagt, das Heiligtum zu zerstören? Wir

müssen den Übeltäter finden und bestrafen! Und bald rief man: „Ganz sicher war es Gideon, der Sohn des Joasch!“ Die Leute im Dorf sagten zu Joasch: „Dein Sohn muß sterben! Er hat den Altar des Gottes Baal niedergerissen und die Kultsäule zerstört.“ Joasch aber sagte: „Wenn Baal wirklich ein Gott ist, soll er selbst mit Gideon kämpfen.“ Da gingen sie weg.
Gideon hatte als Kind die Erzählungen seines Volkes gehört. Erzählungen von dem Gott-der-hilft; von dem Gott, der schützt. Doch nun war von diesem Schutz wenig zu merken. Feindliche Stämme fielen in das Land ein. Sie kamen auf schnellen Kamelen, raubten die Ernte und flohen mit ihrer Beute. Die Israeliten erschraken, bisher hatten sie nur wilde Kamele gesehen. Die Feinde,

das waren die mächtigen Midianiter. Wer konnte sie besiegen? Sieben Jahre arbeiteten die Israeliten, und jedesmal wenn die Ernte reif war, kamen die Midianiter und raubten sie. Gideon aber sprach mit Gott: „Warum hat uns dies alles getroffen? Wo sind deine großen Taten geblieben? Unsere Väter haben uns doch immer wieder erzählt: Gott hat uns aus Ägypten hierhergeführt. Aber jetzt hat er uns verstoßen. Er hat uns den Midianitern ausgeliefert.“ Da sagte Gott zu Gideon: „Du bist stark. Geh und befreie Israel aus der Gewalt der Midianiter. Ich selber sende dich!“

Gideon nahm den Auftrag an. Zuerst zerschlug er den Altar des Baal. Dann rief er die Männer zum Kampf. Aus der ganzen Gegend strömten sie herbei. Ein großes Heer. Gott aber sagte zu Gideon: „Es sind zu viele. Am Ende bilden sie sich ein, sie hätten aus eigener Kraft gesiegt.“ Gideon schickte jeden, der Angst hatte, nach Hause. Die meisten gingen. Aber Gott sagte: „Es sind immer noch zu viele.“ Da ließ Gideon all seine Soldaten aus einer Quelle trinken. Die hinknieten und das Wasser mit der Hand schöpften, waren zu langsam, sie wurden ausgeschieden. Die sich eilig auf den Boden warfen und das Wasser mit der Zunge schlürften, durften bleiben. Es blieben dreihundert Mann. Ein kleiner Haufen. Schnelle und tapfere Kämpfer. Und Gideon tat, was Gott ihm sagte.

Er teilte seine Leute in drei Abteilungen zu je hundert Mann. Sie bekamen keine Waffen, sondern eine merkwürdige Ausrüstung. In der einen Hand trugen sie ein Widderhorn, in der anderen einen Tonkrug, in dem eine Fackel versteckt war. Mitten in der Nacht rückten sie von drei Seiten her auf das große Lager der Midianiter zu. In ein und demselben Augenblick bliesen sie in ihre Hörner. Sie zerschlugen ihre Krüge und schwenkten die brennenden Fackeln. Von allen Seiten riefen sie gleichzeitig: „Für Gott und für Gideon! Für Gott und für Gideon!“ Rund um das Lager standen die Männer Gideons. Im Lager aber liefen alle durcheinander. Niemand wußte, wo der Feind war. Blind schlugen sie aufeinander los oder flohen in die Dunkelheit.

Das war das Ende der Midianiter. Und das war der Anfang der großen Heldentaten des Gideon. Er wurde ein Retter. Er trat für

den Gottesbund und für die Spielregeln ein. Männer wie Gideon nannte man in Israel „Richter".
Israel hat den Freundschaftsbund noch oft gebrochen, Gott verraten und den Göttern des Landes gedient. Doch wenn Feinde und Not über das Volk kamen, kehrten sie zu dem Gott-der-hilft zurück. Und jedesmal, wenn sie zurückkehrten, schenkte Gott ihnen einen Richter, einen Retter.

24. Die Bäume und ihr König

Die Väter Israels, Abraham, Isaak und Jakob, hatten Gott als einen Gott der Hirten kennengelernt. Als die Hebräer mit Mose in die Wüste zogen, war Gott ihr Führer. Im eroberten Land lernten die Israeliten Gott als ihren König kennen. Aber kann ein Volk wirklich mit einem König Gott leben? Wäre es nicht einfacher, wenn man einen König hätte wie die anderen Völker? Einen, den man sehen konnte. Einen, den man einsetzen, aber auch absetzen konnte.
Die Israeliten sagten zu Gideon: „Du hast die Midianiter besiegt. Sei unser König!" Gideon aber sagte: „Nein! Ich will nicht euer König sein, und keiner meiner Söhne soll euer König sein. Unser König ist Gott."
Abimelech, der älteste Sohn des Gideon, dachte anders. Als Gideon gestorben war, dachte er: Jetzt ist meine Stunde gekommen! Wenn ich meine Brüder aus dem Weg räume, kann ich allein König werden. Er kaufte bezahlte Mörder und brachte alle seine Brüder um. Dann ließ er sich in Sichem als König krönen.
Doch einer seiner Brüder hatte sich versteckt. Jotam, der Jüngste. Er war dem Blutbad entkommen. Als Jotam hörte, was sein älterer Bruder getan hatte, stieg er auf den Berg Garizim. Dort stand er auf dem Gipfel und rief hinunter in die Stadt:
„Hört auf mich, ihr Bürger von Sichem, damit Gott auf euch hört: Einst machten sich die Bäume auf den Weg, um einen König zu krönen. Sie kamen zum Ölbaum und sagten: Komm, sei du unser König. Aber der sagte: Ich nicht! Ich muß dafür sorgen, daß es Öl

gibt für das Essen und Licht für die Menschen. Ich kann nicht König spielen.
Dann kamen sie zum Feigenbaum und sagten: Komm, sei du unser König. Aber der sagte: Ich nicht! Ich trage gute Früchte, voll Süßigkeit. Ich kann nicht König spielen.
Dann kamen sie zum Weinstock und sagten: Komm, sei unser König. Aber der sagte: Ich nicht! Mein Wein macht die Menschen fröhlich. Ich kann nicht König spielen.
Dann kamen sie zum Dornstrauch und sagten: Komm, sei unser König. Und der sagte: Dafür bin ich gut. So wurde der Dornstrauch König der Bäume. Wenn ihr treu und redlich gehandelt habt, wenn ihr wirklich meint, daß ihr getan habt, was mein Vater Gideon wollte, dann wünsche ich euch Glück. Doch wenn es nicht so ist, dann ist dies der Grund für euer Unglück."
Die Leute von Sichem hörten ihn. Sie verstanden gut, daß mit der Erzählung von den Bäumen sie selbst und ihr König gemeint waren. Der junge Jotam aber floh und ließ sich nicht mehr in der Gegend sehen.
Drei Jahre später bekam König Abimelech Schwierigkeiten. Die Bürger von Sichem hielten nicht mehr zu ihm. Es gab einen Aufruhr in der Bevölkerung. Nicht nur in Sichem, auch in anderen Städten. Abimelech wollte die Stadt Tebez zurückerobern. Er bela-

gerte die Burg. Da warf eine Frau von der Burgmauer einen Mühlstein hinunter. Der traf ihn am Kopf und zerschmetterte ihm den Schädel. Danach sprach man lange Zeit nicht mehr von einem König. Retter und Richter kämpften für Israel.

25. Das Rätsel eines starken Mannes

Simson war ein mächtig starker Mann. Wenn du seine Geschichte hörst, glaubst du, daß man an allen Lagerfeuern von Simson erzählte.
Es begann schon, bevor Simson geboren wurde. Etwas Wunderbares geschah: Ein Bote Gottes kam zu Simsons Mutter und sagte: „Du hast noch keine Kinder. Nun wirst du einen Sohn bekommen. Sein Haar darf nicht geschnitten werden. Denn er wird Gott gehören. Von seiner Geburt an. Er soll Israel von den Philistern befreien." Die Philister waren damals die schlimmsten Feinde Israels.
Simson wurde geboren und wuchs heran. Der Geist Gottes machte ihn stark. Doch davon, daß er Israel von den Philistern befreien würde, konnte man wenig merken. Im Gegenteil. Eines Tages kam Simson zu seinen Eltern und sagte: „Kommt mit mir nach Timna im Land der Philister. Dort habe ich ein Mädchen gesehen. Sie gefällt mir. Ich will sie heiraten." Das paßte den Eltern gar nicht. Aber Simson setzte seinen Willen durch. Als sie unterwegs waren, stand plötzlich ein junger Löwe vor ihnen. Er brüllte gefährlich. Doch Simson kämpfte wie ein Löwe. Er packte das Tier und zerriß es, als wäre es ein Ziegenböcklein. Da siehst du, wie stark Simson war. In Timna trafen die Familien alle Vorbereitungen für die Hochzeit des jungen Simson mit der schönen Philisterin. Dann reisten sie nach Hause zurück. Unterwegs ging Simson an die Stelle, an der er den Löwen zerrissen hatte. Er fand das Skelett und sah, daß Bienen Honigwaben darin gebaut hatten. Er nahm von den Honigwaben und aß sie im Weitergehen. Auch seinen Eltern gab er davon. Doch er sagte ihnen nicht, wo er die Waben gefunden hatte.

Die Hochzeit des Simson wurde prächtig gefeiert. Dreißig junge Philister aus Timna waren eingeladen. Man aß und trank. Und Simson machte mit den dreißig jungen Philistern eine Wette. Dabei ging es um dreißig Hemden und dreißig Festgewänder. Die wollte er den jungen Leuten geben, wenn sie sein Rätsel lösen konnten. Konnten sie das Rätsel nicht lösen, sollten die Philister bezahlen. Das Rätsel lautet: „Aus dem Fresser kommt Speise, aus dem Starken kommt Süßes. Was ist das?" Und noch einmal: „Aus dem Fresser kommt Speise, aus dem Starken kommt Süßes." Die dreißig grübelten und zerbrachen sich den Kopf. Doch bald merkten sie, daß sie das Rätsel nicht lösen konnten. Sieben Tage sollte das Fest dauern. Dann mußten sie die Lösung haben. Du kannst dir vorstellen, daß sie sich ärgerten. Nun versuchten sie es mit einer List. Sie gingen zu Simsons Frau: „Überrede deinen Mann, daß er dir die Lösung sagt. Wir sind zu einem Fest gekommen und nicht, damit wir arm werden." Simson aber wollte seiner Frau die Lösung nicht sagen. Da begann sie zu weinen. Sie weinte sieben Tage lang. Solange das Fest dauerte. Schließlich, am siebten Tag, gab Simson nach. Seine Frau aber ging zu ihren Landsleuten und verriet ihnen die Lösung des Rätsels. Noch ehe es Abend wurde, kamen sie triumphierend zu Simson und sagten: „Was ist stärker als ein Löwe, und was ist süßer als Honig? Das heißt, daß in einem toten Löwen Honig war."
Simson war wütend. Er sagte: „Ihr habt mit meiner Kuh gepflügt!" Das war wieder ein rätselhafter Spruch. Aber diesmal haben sie ihn sofort verstanden: Sie haben seiner Frau schöngetan, nur darum konnten sie das Rätsel lösen. Simson ging in eine andere Stadt. Dort erschlug er dreißig Philister und zog ihnen die Kleider aus. Damit bezahlte er die jungen Männer, die die Wette gewonnen hatten. Er sagte: „Feiert euer Fest allein! Mich sieht man hier nicht mehr." Zornig ging er in das Haus seines Vaters zurück. Der junge Mann, der Brautführer gewesen war, bekam seine Frau.
Damals hat Simson es den Philistern gezeigt. Aber er selbst hat nicht viel dabei gelernt.

26. Die Kraft eines starken Mannes

Simson ... diesen Namen kannte jeder. Immer wieder hörte man unglaubliche Geschichten über ihn. Selbst die Philister, vor denen sich alle fürchteten, hatten Angst vor Simson. Sie verhielten sich ruhig, sonst würde er es ihnen zeigen. Und weil Simson mit seinen langen Haaren wie ein Gottesmann aussah, hatten alle Respekt vor ihm. Er war ein Richter. Alle glaubten, daß Gott ihm so viel Kraft geschenkt habe, damit er das Volk von den Feinden befreie. Auch wenn man wenig davon merkte.

Simson ärgerte sich noch immer, daß seine Braut, die Philisterin, falsch zu ihm gewesen war. Trotzdem ging er noch einmal hin und wollte sie haben. Doch in der Zwischenzeit hatte sie einen anderen Mann geheiratet. Ihr Vater sagte zwar: „Wir haben noch eine ebenso schöne Tochter für dich." Aber Simson wollte nichts davon hören. Wütend drehte er sich um und beschloß, sich zu rächen.

Simson hatte einen listigen Plan. Er ging auf Fuchsjagd. Schon nach kurzer Zeit hatte er dreihundert Füchse lebend gefangen. Die band er zu zweit an den Schwänzen zusammen. Dann band er an die Schwänze je eine Fackel. Er steckte die Fackeln an und hetzte die Füchse wie ein laufendes Feuer in die Getreidefelder der Philister. Die Feinde mußten zusehen, wie ihre Ernte in Flammen aufging. Aber sie wagten sich nicht an Simson heran. Sie kannten und fürchteten seine übergroße Kraft.

Ein andermal ging Simson zu Besuch nach Gaza. Unbekümmert spazierte er durch die feindliche Stadt. Was konnte ihm schon passieren? Er hielt wieder einmal Ausschau nach einem schönen Mädchen. Diesmal wollten ihn die Philister fangen. Sie bewachten das Stadttor. Diesmal wollten sie mit dem frechen Israeliten abrechnen. Sie hatten genug Männer, die mit ihm fertig werden konnten. Den ganzen Abend lauerten sie ihm auf. Sie wollten in der Dunkelheit über ihn herfallen.

Als Simson in der Nacht durch das Tor wollte, fand er es verschlossen. Ihm war sofort klar, welchen Plan sie gegen ihn ausgeheckt hatten. Wütend riß er die riesigen Torflügel samt den Scharnieren aus ihren Halterungen und nahm sie auf die Schultern. So trug er

die Tore der Stadt hinweg. Er ging ein schönes Stück, bis auf den Gipfel eines Berges. Dort ließ er die Tore liegen und ging nach Hause, obwohl er zu gern die Gesichter der Männer von Gaza gesehen hätte, die am nächsten Morgen die Stadttore zurückschleppen mußten.
Diese und andere Geschichten erzählte man sich von dem großen Helden Simson. Die Geschichten gefielen allen. Simson war einmalig. Zwanzig Jahre lang war er Israels Stolz. Doch manchmal konnte man sich fragen: Braucht Simson seine Kraft wirklich gut? Seine Muskeln sind stark. Aber wie stark ist sein Glaube?

27. Die Schwäche eines starken Mannes

Simson hatte nur einen einzigen Feind, gegen den er nicht ankonnte. Der steckte in ihm selbst. Die fremden Frauen gefielen ihm. Die Philisterinnen hatten es ihm besonders angetan. Und schließlich schloß er Freundschaft mit einer gewissen Delila. Sehr schön, aber auch sehr schlau. Die Fürsten ihres Landes hatten nämlich die Köpfe zusammengesteckt und beraten: Wir müssen diesen Kraftmenschen an seiner schwächsten Stelle erwischen. Das ist Delila. Sie soll für uns herausfinden, was ihn so stark macht. Wenn wir sein Geheimnis kennen, werden wir ihn kleinkriegen. Sie boten Delila elfhundert Silberstücke für das Geheimnis des Simson. Die lockten Delila mehr als Simsons Liebe.
Zuerst versuchte sie es mit einem Spiel. „Du bist der stärkste Mann der Welt! Komm, wir spielen, wie ich, eine schwache Frau, dich überwältige. Sag mir, was ich tun soll." Simson spielte mit. „Feßle mich mit starken und neuen Stricken. Dann kann ich mich nicht mehr befreien!" Und er ließ sich von Delila fesseln. Dann rief sie plötzlich: „Simson, die Philister sind da!" Einige bewaffnete Männer stürzten auf Simson los. Der aber sprang auf, zerriß die Stricke und besiegte die Angreifer. Delila sagte: „Unser Spiel gefällt mir. Aber du bist ein Spielverderber. Du hältst mich zum Narren. Sag mir, wie ich dich fesseln kann!" Simson spielte mit und sagte: „Verknote meine langen Haare mit den Kettfäden deines Webstuhls." Das war gar nicht so einfach, und Simson schlief dabei ein. Plötzlich schreckte er hoch: „Simson, die Philister sind da!" Mit einem Ruck konnte er sich frei machen. Doch Delila dachte: Warte, mein Freund, ich krieg dich schon noch!
Als Simson einmal guter Laune war, flüsterte sie: „Ich weiß nicht, ob du mich wirklich magst. Du hast mich ja betrogen." Und sie redete so lange auf ihn ein, bis Simson weich wurde und ihr sein Geheimnis wirklich sagte: „Seit meiner Geburt werden meine Haare nicht geschnitten. Ich bin ja ein Gottesmann. Wenn man meine Haare abschneidet, bin ich wie jeder andere Mensch." Delila freute sich, denn sie wußte, daß sie Simson jetzt in ihrer Macht hatte. Als er schlief, schnitt sie ihm schnell die langen Locken ab.

Und wieder rief sie: „Simson, die Philister sind da!“ Simson sprang auf und wollte sich verteidigen. Aber er hatte seine Kraft verloren. Die Philister überwältigten ihn. Grausam, wie sie waren, stachen sie ihm die Augen aus. Dann brachten sie ihn nach Gaza ins Gefängnis. Simson war mit zwei bronzenen Ketten gefesselt. Nun wurde er ein Sklave, ein Zwangsarbeiter: Tag für Tag mußte er in der Tretmühle laufen und die schweren Mühlsteine runddrehen. Ein blinder Sklave. Aber sein Haar fing an, wieder zu wachsen ...

Die Philister zeigten den gezähmten Helden gern. Während eines Opferfestes für ihren Gott Dagon holten sie ihn aus dem Gefängnis. Viele, viele Menschen hatten sich im großen Tempel versammelt. Das Gebäude war zum Bersten voll. Dort stand Simson und mußte Kunststücke zeigen, damit die Philister über ihn lachen konnten. Eine traurige Vorstellung. In der ersten Reihe saßen die Fürsten. Sie spotteten am meisten. Simson konnte es nicht mehr aushalten. Er betete: „O Gott, laß mich nicht im Stich! O Gott, gib mir noch ein einziges Mal meine Kraft zurück!“ Dann tastete er sich zu den beiden Mittelsäulen, die den ganzen Tempel trugen. Mit übermenschlicher Kraft stemmte er sich gegen die Säulen. Und da, die Säulen wankten! Der Tempel stürzte zusammen. Alle wurden unter den Trümmern begraben. Auch Simson. In seinem Tod hat er mehr Philister getötet als in seinem ganzen Leben.

Simson mußte kämpfen, sein Leben lang. Gegen Feinde von außen, aber auch gegen Feinde, die aus ihm selber kamen. Und wie ihm erging es dem Volk, jedem einzelnen Israeliten. Meist konnte man mit den feindlichen Armeen leichter fertig werden als mit dem, was aus dem eigenen Herzen kam: Unglauben, Ungehorsam, Ungerechtigkeit, Unmenschlichkeit. Die Israeliten lebten in den Tag hinein wie Simson. Jeder tat nur, wozu er gerade Lust hatte. Und an Gott dachte kaum noch einer. Wie sollte das weitergehen?

28. Die Geschichte einer fremden Frau

Es war noch früh am Morgen. Doch in den Gassen Betlehems war es lebendig. Die Leute wollten auf die Felder, um zu ernten. Hinter ihnen her ging eine junge Frau. Sie grüßte freundlich, aber niemand kannte sie. Das war eine von den Fremden, die auf die Felder ging, um liegengebliebene Ähren zu sammeln. Das durfte sie. Alle Armen, die Witwen und Waisen hatten das Recht, hinter den Schnittern zu gehen und Ähren zu sammeln. Das war ein Armengesetz. Niemand wunderte sich darüber, daß die fremde Frau mit auf die Felder kam. Auf dem Hügel wogte die reife Gerste im Wind. Mit der einen Hand griffen die Männer ein Büschel Halme, mit der anderen Hand schwangen sie die Sichel. Hinter ihnen kamen Frauen. Sie banden die Büschel zusammen und stellten Garben auf. Und dahinter gingen alte Leute und Bettler und die fremde Frau. Sie bückten sich nach jeder Ähre, die man vergessen hatte.

Im Lauf des Vormittags kam der Besitzer, um nach dem Rechten zu sehen. Er bemerkte die Fremde und ging hin, um ein wenig mit ihr zu plaudern. Sicher hatte sie ihm gefallen, denn er redete freundlich mit ihr und sagte, sie könne mit seinen Arbeitern essen. Später bemerkte sie, daß die Schnitter dort, wo sie sammelte, viele Ähren liegen ließen. Sollte der Besitzer mit ihnen gesprochen haben? Zufrieden schaute sie auf ihren Sack. Der wurde voll und voller. Das würde Brot für Wochen geben!

Als alle sich unter einen Baum setzten, erzählte sie ihre Geschichte. Jeder hörte neugierig zu: „Ich heiße Rut und komme aus dem Land Moab. Dort war ich mit einem Israeliten verheiratet. Seine Eltern stammen aus Betlehem. Vielleicht kennt ihr sie: Elimelech und Noomi. Sie hatten Unglück und Not, darum sind sie vor zehn Jahren ausgewandert in unser Land. Sie hatten zwei Söhne. Und, wie gesagt, einer davon wurde mein Mann. Alles ging gut. Aber dann starb zuerst mein Schwiegervater Elimelech, dann mein Schwager und dann auch noch mein Mann. Wir drei Frauen blieben zurück. Was sollten wir tun? Meine Schwiegermutter Noomi wußte es nicht. Dazu bekam sie Heimweh. Sie wollte zu-

rück nach Betlehem. Wir mochten sie gern, und darum gingen wir mit. Doch an der Grenze kamen ihr Bedenken. Sie meinte, es wäre wohl besser für uns umzukehren, im eigenen Land und bei den eigenen Göttern zu bleiben. Wir wollten sie nicht allein lassen. Damals haben wir alle drei geweint. Und Orpa, so hieß meine Schwägerin, ist dann doch umgekehrt. Ich aber wollte unbedingt bei Noomi bleiben. Darum sagte ich zu ihr: Wohin du gehst, dahin gehe auch ich. Und wo du bleibst, da bleibe auch ich. Dein Volk ist mein Volk, und dein Gott ist mein Gott. Wir sind zusammengeblieben. Und nun leben wir in Betlehem. Natürlich fehlt es uns manchmal an allem. Aber heute habe ich Glück gehabt. Sie wird sich sicher freuen, wenn ich soviel Ähren mitbringe."
Am Abend erzählte Rut der Noomi, was sie erlebt hatte. Die beiden machten sich Gedanken darüber, wer wohl der freundliche Besitzer sein könnte. Das mußte Boas sein, und der gehörte sogar zur Familie! Noomi hatte plötzlich einen Einfall: Da gab es doch eine Vorschrift zum Schutz für Witwen. Wenn eine Frau allein zurückbleibt, dann soll der Bruder oder der Vetter des Mannes sie heiraten. Noomi dachte: Wenn Boas sich nur daran halten würde!
Rut ging noch am selben Abend zu Boas. Sie fand ihn in der Tenne. Er schlief auf einem Getreidehaufen. Rut wollte ihn nicht wecken und legte sich zu seinen Füßen hin. Als Boas aufwachte, war es dunkel. Die beiden haben sich in dieser Nacht kennengelernt. Und nach einiger Zeit haben sie geheiratet.
Du fragst nun vielleicht: Warum ist die Geschichte von Rut so wichtig? Warum steht sie in der Bibel? Wenn du in den alten Buchrollen die Geschichte von Rut liest, dann siehst du, daß das letzte Wort ganz groß geschrieben ist. Quer über die Seite. Ein Name: David. Boas und Rut hatten einen Sohn, einen Enkel, einen Urenkel. Das war David. Rut ist die Urgroßmutter des Königs David. Wie Rahab, die Frau aus Jericho, so gehört auch Rut, die Frau aus dem Land Moab, zu den Vorfahren Jesu.

Es lebe der König!

29. Gott hört dich

Kleine Kinder glauben, was die Eltern ihnen sagen. Und das ist gut so. Die Eltern lieben ihre Kinder und wollen Gutes für sie. Kinder werden größer. Sie stellen Fragen. Sie denken nach und manchmal zweifeln sie: Ist das auch wahr? Vielleicht hast du selbst schon einmal gefragt: Wie sieht Gott aus? Kann ich ihm begegnen? Hört er mich wirklich? Ist es auch wahr, daß er sich um mich kümmert? Vielleicht hast du auch schon Menschen getroffen, die wenig von Gott halten. Es ist wahr: Es gibt Menschen, die nicht gut mit Gott sprechen können. Viele zweifeln daran, daß es Gott gibt. Es gibt Menschen, die nicht mehr vertrauen wollen – oder nicht mehr vertrauen können –, weil Gott nicht hilft. Und es gibt auch Menschen, die reden so, als ob sie zu Gott hielten, aber im Grunde fragen sie nicht nach ihm.
Hör, was die Bibel von dem jungen Samuel erzählt. Er war ungefähr achtzehn Jahre alt. Samuel wohnte und arbeitete im Tempel, im kleinen Heiligtum in Schilo. Dort stand auch die goldene Lade des Bundes. Viele Menschen kamen, um in Schilo zu beten und zu opfern. Samuel war schon als kleiner Junge nach Schilo gekommen. Seine Mutter, Hanna, hatte ihm gesagt, warum: Mutter Hanna konnte keine Kinder bekommen. Das war ihr größtes Leid. Einmal kam sie nach Schilo und betete: Herr, wenn du mir einen Sohn schenkst, dann will ich ihn nicht für mich behalten. Er soll ganz dir gehören. Und Gott erhörte das Gebet. Und Hanna hielt ihr Versprechen. Sie gab ihrem Sohn den Namen Samuel. Das heißt: „Gott hört dich." Darum war Samuel schon viele Jahre beim Priester Eli in Schilo. Von ihm hat er viel gehört über den Gott-der-hilft, vom Freundschaftsbund und den Regeln. Aber je größer Samuel wurde, desto öfter sah er, daß man in Israel über Gott nur redete. Ein jeder tat, was ihm selbst gefiel. Selbst Eli, der alte Priester, war oft schwach und nachgiebig. Die Söhne Elis kümmerten sich nicht um Gott. Und Eli tadelte seine Söhne nicht. Das waren keine guten Vorbilder für Samuel.

„Samuel! Samuel!“ Er fuhr aus dem Schlaf hoch und sah, daß bei der Lade noch Licht brannte. Rasch lief er zu Eli; denn er dachte, der habe ihn gerufen. Eli aber sagte: „Nein, du hast geträumt. Geh wieder schlafen.“

„Samuel! Samuel!“ Diesmal hörte er seinen Namen ganz deutlich. Wieder lief er zu Eli. Aber der schickte ihn wiederum zurück. Noch ein drittes Mal geschah dasselbe. Da sagte der alte Priester: „Wenn du den Ruf noch einmal hörst, dann antworte: ‚Ja, Herr, sag es nur, ich höre.‘“ Und da, noch einmal: „Samuel, Samuel!“ „Ja, Herr, sag es nur, ich höre.“ „Ich werde Israel etwas tun, daß jedem, der davon hören wird, die Ohren weh tun. Und mit Eli und seiner Fa-

milie wird es ein schlimmes Ende nehmen. Er wußte, daß seine Söhne von Gott nichts halten. Und er hat sie nicht einmal getadelt.“ Zum erstenmal in seinem Leben hörte Samuel die Stimme Gottes. Er wußte, daß Gott ihn gerufen hatte.
Samuel blieb bis zum Morgen liegen. Er fürchtete sich vor Eli und vor seinen Fragen. Und Eli forderte auch gleich: „Erzähl mir, was Gott dir gesagt hat. Verschweig mir nichts!“ Da erzählte ihm Samuel alles. Er verschwieg ihm nichts. Darauf sagte der alte Priester: „Er ist Gott. Er tue, was ihm gefällt.“
Samuel blieb in Schilo. Immer mehr Leute merkten, daß er ein Gottesmann war. Was Samuel sagte, traf ein. Und bald galt Samuels Wort in ganz Israel.
Damals sammelten sich die Philister zu einer Schlacht gegen die Israeliten. Israels Soldaten zogen in den Kampf. Sie waren den Philistern unterlegen. Sie verloren die Schlacht. Da sagten sie zueinander: „Wir wollen die Bundeslade von Schilo in unser Feldlager holen. Dann muß Gott uns helfen.“ Als die Lade gebracht wurde, brachen die Israeliten in ein lautes Freudengeschrei aus. Fast hätten die Philister Angst bekommen. Aber dann dachten sie: Jetzt siegen wir erst recht. Und so ist es geschehen. Israel verlor nicht nur eine Schlacht, sondern auch die heilige Lade. Die beiden Söhne Elis fielen in der Schlacht. Und Eli selbst starb vor Schreck, als er hören mußte, daß die Bundeslade in der Hand der Philister war. So geschah, was Gott gesagt hatte.
Israel aber lebte in großer Not. Langsam kamen die Israeliten zur Besinnung. Sie hörten auf, den fremden Göttern zu dienen. Sie hielten sich wieder an den Bund mit Gott. Sie hörten auf ihren Richter Samuel. Schließlich konnten sie mit Gottes Hilfe die Philister besiegen. Auch die Lade kam zurück. Nun wußten es alle, genauso wie Samuel: Gott hört dich.

30. Auf der Suche nach Eseln

Als Samuel alt geworden war, setzte er seine Söhne als Richter ein. Aber die Söhne Samuels waren nicht besser als die Söhne des Eli. Sie nahmen Bestechungsgelder. Da kamen die Ältesten aus Israel zu Samuel und sagten: „Du siehst es selbst: Deine Söhne leben nicht nach deinem Vorbild. Darum setze einen König ein. Der soll über uns herrschen, wie es bei allen Völkern der Brauch ist." Samuel dachte über diese Bitte nach. Er sprach mit Gott. Und Gott sagte zu Samuel: „Wenn sie einen König haben wollen, dann sollen sie ihn haben. Doch sag ihnen, welche Rechte ein König hat." Samuel sprach mit den Ältesten. Er sagte ihnen auch, welche Rechte ein König hat: Er verlangt Gehorsam; er zieht Steuern ein; er stellt ein Heer auf; er fordert eure Dienste. Die Ältesten hörten, was Samuel ihnen sagte. Aber sie riefen: „Wir wollen wie alle anderen Völker sein! Wir wollen einen König!" Samuel sagte: „Ihr sollt euren König haben." Doch er wußte wohl, daß Israel nie sein würde wie alle anderen Völker. Gott hatte ja den Freundschaftsbund mit Israel geschlossen. Mit diesem Volk allein. Samuel schickte die Ältesten heim.
Wer aber soll König über Israel werden? Gott selber hat es dem Samuel gesagt. Hör, wie das zuging:
Kisch war ein reicher Mann aus dem Stamm Benjamin. Er hatte einen Sohn, der hieß Saul. Saul war tüchtig und schön, hochgewachsen. Eines Tages waren dem Kisch einige Esel davongelaufen. Er sagte zu Saul: „Nimm einen von den Knechten mit und such nach den Eseln." Die beiden gingen. Sie suchten in den Bergen. Sie suchten in der Ebene. Sie fanden die Esel nicht. Schon wollten sie umkehren. Da sagte der Knecht zu Saul: „Hier in der Stadt lebt ein Gottesmann. Den wollen wir fragen. Vielleicht kann er uns sagen, wo wir suchen sollen." Saul sagte: „Der Vorschlag ist gut. Gehen wir." Sie gingen in die Stadt hinein und trafen Samuel. Sie kannten ihn nicht und fragten: „Bitte, sag uns, wo das Haus des Gottesmannes ist." Samuel antwortete: „Ich selber bin der Gottesmann. Kommt mit mir. Heute sollt ihr mit mir essen. Macht euch keine Sorgen um die Esel, die vor drei Tagen weggelaufen sind. Man hat

sie gefunden." An jenem Tag aß Saul zusammen mit Samuel. Und Samuel richtete für Saul auf der Dachterrasse ein Lager her. Am Morgen rief Samuel: „Saul, steh auf! Ich will dich begleiten." Vor der Stadt sagte Samuel zu Saul: „Schick deinen Knecht voraus. Ich will dir sagen, was Gott mir gesagt hat." Samuel nahm das Salböl, goß es Saul auf den Kopf und sagte: „Damit hat Gott dich zum König über Israel gesalbt. Du sollst das Volk Israel von den Feinden befreien."
Weiter sagte er: „Du mußt die Begegnungen, die du auf dem Heimweg haben wirst, als Zeichen verstehen. Zeichen dafür, daß Gott dich wirklich erwählt hat. Sieben Tage mußt du warten, bis ich zu dir komme. Dann werde ich dir sagen, was du tun sollst." Saul machte sich auf den Heimweg. Er hatte all die Begegnungen, die Samuel vorhergesagt hatte. Die Zeichen erfüllten sich. Er begegnete einer Gruppe von Propheten. Auch das hatte Samuel vorhergesagt. Saul wurde vom Geist Gottes ergriffen. Er tanzte und sang. Die Leute aber sagten zueinander: „Was ist denn mit dem Sohn des Kisch geschehen? Ist jetzt auch Saul unter die Propheten gegangen?" Schließlich kam Saul von der Wanderung nach Hause, die sein ganzes Leben geändert hat. Aber er sagte niemand etwas von dem, was ihm geschehen war.
Dann kam der Tag, da rief Samuel das ganze Volk zusammen. Alle wußten: Jetzt sollten sie erfahren, wen Gott als König erwählt hatte. Saul aber versteckte sich bei den Tieren und den Wagen. Damals wählte man durch das Los. Zuerst den Stamm, dann die Familie, dann den Mann. Das erste Los fiel auf den Stamm Benjamin. Dort gab es viele Familien, und alle waren gespannt. Das zweite Los fiel auf die Familie des Kisch. Nun wußte man es schon genauer. Das dritte Los schließlich fiel auf Saul.
Sie holten Saul aus seinem Versteck. Er war höher gewachsen als alle anderen. Samuel sagte: „Seht, wen Gott als König erwählt hat. Keiner ist ihm gleich." Und das ganze Volk rief: „Es lebe der König!" Nun verkündete Samuel die Rechte des Königs, nach denen er, im Auftrag Gottes, regieren sollte. Er schrieb sie in ein Buch. Die Männer in Israel waren gern bereit, dem Saul zu folgen. So fiel es ihm nicht schwer, eine Kampftruppe aufzustellen. Denn er

sollte und wollte die Feinde Israels aus dem Land vertreiben. Schon einen Monat später war es soweit. Die Ammoniter belagerten die Stadt Jabesch. Die Leute aus Jabesch wollten verhandeln. Aber die Feinde sagten: „Mit euch schließen wir keinen Vertrag. Doch wenn wir eure Stadt erobert haben, werden wir jedem das rechte Auge ausstechen. Auch das ist eine Art Vertrag." Als Saul davon hörte, wurde er zornig. Er rief seine Soldaten zusammen. Sie zogen in den Kampf wie ein Mann. Und sie konnten den Feind besiegen; denn Gott war mit ihnen.
So begann die Regierung des Saul. Er war der erste König über Israel.

31. Ein heimlicher König

König Saul hatte die erste Schlacht gewonnen. Nun führte er Krieg mit all den Feinden, die rund um Israel wohnten. Und weil Gott für ihn war, konnte er alle besiegen. Man erzählt in Israel viel von den Heldentaten Sauls. Er vertrieb die Feinde, die in das Land eindrangen, um zu plündern. Nur mit den Philistern konnte Saul nicht fertig werden. Mit ihnen kämpfte er sein Leben lang.
Gott war für Saul, solange Saul für Gott war. Doch die Freundschaft mit Gott kann schwer werden für einen König. Wenn der König befiehlt – und ein König befiehlt gern –, dann müssen alle ihm gehorchen. Doch wenn Gott befiehlt, dann muß der König gehorchen. Denkst du nicht auch, daß Saul manchmal ein König sein wollte wie die Könige anderer Völker, die nicht im Freundschaftsbund Gottes lebten? Denkst du nicht auch, daß der siegreiche König glaubte, er selber habe als Feldherr all die Schlachten aus eigener Kraft gewonnen? Daß er glaubte, er brauchte die Freundschaft Gottes nicht mehr?
Es mußte eines Tages schiefgehen zwischen Gott und König Saul. Und es ist schiefgegangen. Die Bibel erzählt darüber eine Geschichte, die man nicht gleich versteht.
Samuel kam zu Saul und sagte: „Höre das Wort Gottes: Zieh in den Kampf gegen die Amalekiter. Sie haben damals, als das Volk Israel mit Mose durch die Wüste zog, den Weg versperrt. Jetzt

sollst du über sie siegen. Verschone sie nicht. Nicht die Menschen und nicht die Tiere. Die Beute dieser Schlacht aber gehört mir allein. Nicht dir und nicht deinen Soldaten." Saul zog in die Schlacht, in die Gott ihn geschickt hatte. Er siegte, wie Samuel ihm gesagt hatte. Doch nach dem Sieg vergaß er Gottes Wort. Er und seine Soldaten. Sie nahmen sich von den Beutetieren. Darum – so erzählt die Bibel – sagte Gott zu Samuel: „Es reut mich, daß ich Saul zum König gemacht habe. Er ist mir untreu geworden und hat mein Wort mißachtet." Samuel ging, um Saul zu suchen. Saul wußte gleich, warum der Richter kam. Er versuchte es mit Ausreden und Entschuldigungen. Samuel aber sagte: „Du hast gegen den Herrn verstoßen. Darum verstößt dich der Herr als König von Israel." Samuel wollte weggehen; Saul wollte ihn festhalten. Er packte einen Zipfel seines Mantels. Der Zipfel riß ab. Da sagte Samuel: „Genau so hat Gott dir heute die Herrschaft über Israel entrissen. Er wird einen anderen zum König machen, der besser ist als du." Saul ging in seine Hauptstadt zurück, und auch Samuel ging nach Hause. Die beiden haben sich nie mehr gesehen.
Gott aber sagte zu Samuel: „Trauere dem Saul nicht länger nach. Fülle dein Horn mit Öl und geh nach Betlehem. Geh zu Isai. Einer seiner Söhne soll König werden über Israel." Samuel ging nach Betlehem. Er ging zu Isai und lud ihn ein, mit seiner Familie ein Opfer darzubringen für Gott. Isai rief seine Söhne herbei. Samuel sah den Ältesten. Er dachte: Der ist's! Ein schöner und gutgewachsener Mann. Doch Gott sagte zu ihm: „Der ist es nicht. Der Mensch sieht nur das Äußere. Gott aber sieht das Herz." Da rief Isai seinen nächsten Sohn. Aber auch er war nicht der Erwählte. Sieben Söhne des Isai standen vor Samuel. Keiner davon war der Erwählte. Samuel fragte den Isai: „Sind das alle deine Söhne?" Isai antwortete: „Ich habe noch einen. David. Er ist der Jüngste. Er hütet die Schafe." Samuel sagte: „Laß ihn holen." Und nun kam David. Er war rotblond, hatte strahlende Augen und eine schöne Gestalt. Da sagte Gott: „Der ist's! Auf, salbe ihn!" Samuel nahm sein Horn und salbte den David zum König. Davids Brüder waren dabei. Danach kehrte Samuel nach Hause zurück.
Nun wohnte Gottes Geist in David, dem Hirten. Saul aber konnte

seines Lebens nicht mehr froh werden. Er wurde trübsinnig und launenhaft. Düster und krank.
Saul wußte nichts davon, daß Samuel den David zum König gesalbt hatte. Und doch lernte er den David kennen. In Israel erzählt man: Als Saul wieder einmal besonders niedergeschlagen war, habe ihm ein Diener geraten: „Der Sohn des Isai aus Betlehem kann die Harfe spielen und Lieder singen. Laß ihn an den Hof holen. Wenn der Trübsinn über dich kommt und das Dunkle, soll er

dir seine Lieder spielen.“ Da schickte Saul Boten zu Isai und ließ David von den Schafen weg an den Königshof holen. Und sooft der Trübsinn und das Dunkle über Saul kamen, nahm David die Harfe und spielte. Fröhliche Lieder. Dann fühlte auch Saul sich erleichtert und fröhlich.

32. Ein Maulheld und ein Glaubensheld

David war ein Hirt. Er konnte die Harfe spielen und Lieder singen. Aber er war auch ein mutiger Kämpfer. In den Jahren, bevor er Sauls Nachfolger wurde, hatte er ein wildes Leben geführt. Doch in all seinen Abenteuern vergaß er Gott nicht.
David wohnte bei seinem Vater. Seine drei älteren Brüder waren mit den Soldaten Sauls im Kriegslager. Eines Tages sagte Vater Isai zu David: „Geh in das Lager. Sieh, wie es deinen Brüdern geht und bring ihnen Brot und Käse.“ David war damals zu jung, um als Soldat zu kämpfen. Wieder einmal waren die Philister in das Land Israel eingefallen. Ihr Heer hatte sich auf einem Berg festgesetzt. Dort war ihr Lager. Gegenüber, auf einem anderen Berg hatte Saul sein Lager aufgeschlagen. Die beiden Heere konnten sich sehen. Dazwischen lag das Terebinthental. Dort sollte die Schlacht stattfinden. David ging in das Lager. Noch nie hatte er so viele Waffen und so viele Soldaten gesehen. Er suchte seine Brüder und redete mit ihnen. Ich kann mir denken, daß den Brüdern der Besuch des jungen David nicht paßte. Und vielleicht wollte auch David gleich wieder nach Hause. Doch dann geschah etwas Unerwartetes.
Während David noch mit seinen Brüdern redete, kam aus dem Lager der Philister ein riesenhafter Kämpfer. Über zwei Meter groß. Auf seinem Kopf hatte er einen Bronzehelm. Ein schwerer Schuppenpanzer schützte ihn. Er hatte dazu bronzene Beinschienen. Auf der Schulter trug er einen Speer, dick wie ein Baumstamm. Und in der Hand schwang er ein riesiges Schwert. Sein Schildträger ging vor ihm her. Breit stellte er sich auf und begann zu schreien: „Ich, Goliat, fordere euch zum Zweikampf heraus! Wählt einen unter

euch, der gegen mich kämpfen soll. Gewinnt er, dann ist die Schlacht entschieden. Wir werden eure Sklaven. Verliert er, dann sollt ihr unsere Sklaven sein. Gibt es denn keinen einzigen mutigen Mann in Israel?“ So hatte der Philister schon Tage vorher gespottet. Saul und die Soldaten hörten wohl, was er rief. Doch sie hatten keinen Mut. Sie fürchteten sich. Keiner wollte es mit dem riesenhaften Kerl aufnehmen.
Als David das Geschrei des Goliat hörte, wurde er wütend. Er fragte einen der Soldaten: „Wer ist denn dieser ungehobelte Philister, daß er das Heerlager des lebendigen Gottes verhöhnen darf?“ Sein ältester Bruder hörte, daß David mit den Soldaten sprach. Er sagte: „Warum bist du nur hergekommen? Warum bist du nicht bei den Schafen geblieben? Ich weiß, daß du vorwitzig bist. Du bist nur hergekommen, weil du die Schlacht sehen willst.“ Doch David ließ sich nicht nach Hause schicken wie ein kleiner Junge. Er ging zu Saul und sagte: „Niemand soll den Mut sinken lassen wegen dieses Philisters. Ich werde mit ihm kämpfen.“ Saul aber sagte: „Du willst mit dem Philister kämpfen? Ein kleiner Knirps gegen einen Riesen? Ein Hirtenjunge gegen einen erfahrenen Krieger?“ Aber David wußte seine Antwort: „Als Hirte habe ich meine Schafe verteidigt. Wenn ein Löwe oder ein Bär die Herde überfiel und ein Lamm wegschleppen wollte, habe ich gekämpft, bis es gerettet war. Löwen und Bären habe ich erschlagen. Und diesem frechen Philister soll es genauso ergehen.“ Da gab Saul nach. Er sagte: „Geh. Gott wird mit dir sein.“
Saul wollte David seine eigene Rüstung geben. David zog sie an. Aber er konnte mit der Rüstung nicht gehen. Er war das nicht gewohnt. Darum zog er sie wieder aus. Er nahm seinen Stock in die Hand. Im Bach suchte er fünf glatte Steine und legte sie in seine Hirtentasche. Dann nahm er seine Schleuder in die Hand. So trat er dem Philister entgegen.
David sah nicht wie ein Held aus. Nicht einmal wie ein Soldat. Wenn du ihn gesehen hättest, hättest du auch gedacht: Was will denn dieser Hirtenjunge bei den Soldaten? Man kann verstehen, daß Goliat den David nicht ernst nahm. Er verspottete ihn: „Du hältst mich wohl für einen Hund, daß du mit einem Stock zu mir

kommst? Komm nur her. Ich werde dich zerreißen! Die Raubvögel sollen dich fressen." David antwortete: „Du kommst mit Schwert und Wurfspeer. Ich aber komme im Namen Gottes, den du verhöhnst. Du bist heute dran! Und jeder wird wissen, daß Israel einen Gott hat. Einen Gott, der kein Schwert und keinen Speer braucht!"

Goliat ging auf David zu. Da griff David in seine Hirtentasche. Rasch nahm er einen Stein heraus, schleuderte ihn und traf den Goliat mitten an der Stirn. Da wankte der Riese. Vornüber stürzte er auf den Boden. David lief auf ihn zu. Er griff nach dem Schwert des Goliat und schlug ihm mit einem gewaltigen Hieb den Kopf ab.

Als die Philister sahen, daß ihr stärkster Mann besiegt war, liefen sie voll Angst davon. Die Soldaten Sauls verfolgten sie bis über die Grenze hinweg.
So hat David den riesenstarken Goliat mit einer Schleuder und einem Stein besiegt. Im ganzen Land sprach man von David, dem Sohn des Isai aus Betlehem. Er war ein Held. Ein Held des Glaubens.

33. Ein Feind und ein Freund

Der Trübsinn und das Dunkle waren wieder einmal über Saul gekommen. Alle im Palast fürchteten sich. An diesem Tag tobte er wie ein Besessener. David aber spielte auf der Harfe, um den König aufzuheitern. Doch an diesem Tag wollten auch die fröhlichsten Lieder nichts nützen. Saul konnte sich nicht beruhigen. Und David wußte den Grund: Nach der Schlacht gegen die Philister hatten die Frauen auf der Straße ein Lied gesungen. Laut, man konnte es nicht überhören. Das Lied hieß: „Saul hat tausend erschlagen und David zehntausend!" Darum war Saul eifersüchtig. Darum hatte er eine Wut auf David. Er konnte das Lied nicht vergessen. Sollte dieser David wirklich stärker sein als er, der König?
Da saß Saul. David spielte. Saul hatte gerade den Speer in der Hand. Plötzlich hob er ihn und warf. Auf David. Aber David konnte, wie im Spiel, zweimal ausweichen. Saul bekam richtig

Angst vor David; denn alles, was David anfing, ging gut aus. Nun dachte Saul sich einen Plan aus, wie er den David loswerden könnte. Er ließ dem David sagen: „Saul hat dich lieb. Er will dir seine Tochter Michal zur Frau geben, wenn du beweisen kannst, daß du hundert Philister erschlagen hast.“ Saul dachte nämlich: Gegen hundert Philister wird David mit seinen paar Freunden nicht ankommen. Sie werden ihn umbringen. David fand ein paar beherzte Männer. Dann brachen sie auf. David erschlug nicht nur hundert, sondern zweihundert Philister. Er brachte Saul den Beweis. Da gab Saul ihm seine Tochter Michal zur Frau. Ungern. Die Michal aber liebte den David und hielt zu ihm. Als Saul das merkte, ärgerte er sich noch mehr. Gleichzeitig fürchtete er sich noch mehr vor David. So wurde er für alle Zeit zu Davids Feind.

Saul hatte einen Sohn: den Kronprinzen Jonatan. Jonatan und David waren Freunde. Ja, Jonatan liebte den David mehr als seinen eigenen Vater. Sie waren Blutsbrüder. Darum erzählte Jonatan seinem Freund all die schlauen und bösen Pläne, die sein Vater Saul sich ausdachte, um David umzubringen.

Saul versuchte es immer wieder. Er wollte nicht aufgeben. Manchmal sprach er wie ein Freund mit David. Dann schickte er ihn in den Kampf gegen die Philister und hoffte, die würden ihn töten. David siegte jedesmal. Sein Ruhm wurde größer. Und ebenso Sauls Eifersucht. Einmal, es war beim Essen, ergriff Jonatan die Partei seines Freundes. Saul ärgerte sich so sehr darüber, daß er den Speer gegen den eigenen Sohn warf. Zum Glück traf er auch diesmal nicht.

David fing an, sich zu fürchten. Er versteckte sich. Jonatan aber liebte den David mehr als sein eigenes Leben. Er sagte: „In den nächsten Tagen will ich herausbringen, was mein Vater wirklich vorhat. Vielleicht mußt du fliehen. Ich weiß, daß Gott mit dir ist. Halt mir die Freundschaft. Und wenn ich tot bin bei deiner Rückkehr, dann bleib mein Freund. Wer von David spricht, der soll auch von seinem Freund Jonatan sprechen.“ Die beiden mußten sich heimlich treffen. Darum verabredeten sie sich: Jonatan solle seinen Vater aushorchen und dann auf die Felder kommen. Dort würde David sich hinter einem Stein verstecken. Jonatan wollte einen Pfeil abschießen. Wenn er zu seinem Waffenträger rief: „Der Pfeil liegt weit draußen!" – dann war das ein Stichwort dafür, daß David fliehen mußte. Wenn er rief: „Der Pfeil liegt ganz nah!", dann sollte das bedeuten, daß alles in Ordnung war. David wartete gespannt hinter dem Stein. Er sah seinen Freund kommen. Jonatan nahm einen Pfeil, legte ihn auf den Bogen und schoß ihn, so weit er nur konnte. Dazu rief er: „Lauf schnell! Er liegt ganz weit draußen!" Dann schickte er den Waffenträger los. David kam aus seinem Versteck. Die beiden Freunde nahmen Abschied voneinander. Sie umarmten sich und weinten.

34. Rebellen in den Bergen

Stell dir vor: Man sucht dich überall, und du hast Angst. Wo würdest du dich verstecken? Vielleicht in einer großen Stadt. Dort gibt es so viele Menschen, daß man sich leicht verstecken kann. David ist in die Berge geflohen. Dort gibt es Höhlen. Dort gibt es tiefe Schluchten und Felswände. Wer sich in den Bergen auskennt, wird kaum entdeckt. David war nicht allein. Er tat sich mit anderen zusammen. Mit Flüchtlingen und Verzweifelten, die sich vor Saul fürchteten; mit Rebellen und Abenteurern. Bei weitem nicht lauter ehrenhafte Leute, etwa vierhundert Mann. Aus ihnen machte David eine kleine Armee. Wilde Kämpfer. Auch sein Vater und seine Brüder kamen zu David in die Berge. Sie fürchteten die Rache des Königs.

Sauls Soldaten suchten David überall. Sie konnten ihn und seinen Trupp nicht finden. Gott schützte den David. Aber als Jonatan sich aufmachte, um David zu suchen, fand er ihn bald. Freundschaft ist erfinderisch. Die beiden trafen sich, und Jonatan sagte zu David: „Hab keine Angst. Mein Vater Saul wird dich nicht finden. Du wirst König werden über Israel. Ich werde dein zweiter Mann sein. Das weiß auch mein Vater Saul." Damals schlossen die Freunde einen Bund vor Gott.

David blieb mit seiner Truppe nie längere Zeit an demselben Ort. Er wollte nicht riskieren, daß ein Verräter ihn ausspionieren

konnte. Aber einmal gelang es Saul doch, David zu finden. David flüchtete mit seinen Leuten auf der einen Seite eines Berges. Saul setzte ihm nach und griff auch von der anderen Seite her an. David und seine Leute waren beinahe umzingelt. Sie konnten weder vor noch zurück. Da, im letzten Augenblick, kam ein Bote zu Saul und sagte: „Kehr sofort um! Die Philister sind da!“ Saul mußte die Verfolgung abbrechen. Wie durch ein Wunder war David gerettet.
Nicht nur in den Bergen, auch in der Wüste Juda suchten die Rebellen ihre Verstecke. In der Nähe des Toten Meeres liegt die Oase En-Gedi mit ihrer frischen Quelle. Dort, in der Nähe des Steinbock-Felsens, lagerten sie. Saul erfuhr davon. Er durchkämmte die Gegend mit seinem ganzen Heer. David sah die Soldaten. Doch sie konnten ihn nicht finden, weil er sich mit seinen Leuten in einer dunklen Höhle versteckt hatte. Als Sauls Soldaten am Eingang vorbeigingen, hielten alle den Atem an. Sie waren bereit, aus der Höhle zu stürzen und sich zu verteidigen. Plötzlich stand ein Mann im Eingang. Den Mann kannten sie. Es war Saul. Sie waren wie erstarrt. Aber Saul hatte sie nicht gesehen. Er suchte ein stilles Örtchen. Vorn in der Höhle hockte er sich nieder. Er war vom Licht geblendet, darum konnte er nicht sehen, daß er in der Höhle des Löwen saß. David schlich nach vorn. Leise, leise. Er hatte sein Schwert in der Hand. Ganz leicht hätte er Saul umbringen können. Doch David schnitt nur einen Zipfel von Sauls Mantel ab. Die Männer Davids wollten Saul angreifen. Doch David sagte: „Nein! Noch ist er der König, den Gott uns gegeben hat.“ Saul stand auf und ging aus der Höhle. Da ging auch David hinaus und rief ihm nach: „Mein König! Ich hätte dich töten können! Sieh her, ein Stück von deinem Mantel. Doch ich weiß, du bist der König, den Gott uns gegeben hat. Ich will dir nichts Böses tun. Warum verfolgst du mich? Würdest du auch hinter einem Hund oder einem Floh mit deiner ganzen Armee herjagen? Wer bin ich denn?“
Das hatte Saul nicht erwartet. Er weinte und sagte zu David: „Du bist gerechter als ich, denn du hast gut an mir gehandelt. Ich aber habe böse an dir gehandelt. Gott möge dich belohnen für das, was du mir heute getan hast.“ David blieb weiter in den Bergen, und Saul zog mit seiner Armee in seine Hauptstadt zurück.

Doch der Frieden dauerte nicht lange. Wieder machte Saul die ganze Armee mobil. Ein Spion hatte dem Saul verraten, wo er David finden könne. Auf einer Anhöhe schlug Saul sein Lager auf. David aber war mit seinem Trupp in die Wüste geflohen. Doch einmal, in der Nacht, schlich David mit einem Freund mitten in das Lager des Saul. Da schliefen die Soldaten unter freiem Himmel. Die beiden entdeckten den schlafenden König. Sein Speer steckte neben ihm in der Erde. Der Freund flüsterte: „Komm, wir ziehen den Speer heraus und stoßen ihn in Sauls Herz! Dann sind wir die

Verfolger los." David aber sagte: „Der Herr bewahre mich davor, daß ich mich am König vergreife!" David nahm den Speer und den Wasserkrug, der neben Sauls Kopf stand. Dann schlichen die beiden davon. Niemand sah und hörte sie. Niemand wachte auf. David stellte sich auf den Gipfel eines Berges. Aus sicherer Entfernung rief er so laut, daß man es im ganzen Lager hören konnte: „Schau her! Hier habe ich deinen Speer und deinen Wasserkrug. Ich hätte dich erstechen können. Aber ich habe dir nichts getan. Warum jagst du hinter mir her?" Saul kam wieder einmal zur Einsicht und antwortete: „Ich habe unrecht getan und falsch gehandelt. Komm zurück, David. Ich werde dir nichts zuleide tun, weil du mich geschont hast." Doch David kam nicht zurück. Er konnte Saul nicht mehr trauen. So ging es noch lange hin und her. Bis David nach ein paar Jahren erfuhr, daß Saul und seine Söhne in einer Schlacht gegen die Philister gefallen waren. Auch Jonatan war tot. Davids Freund. Damals sang David ein Trauerlied für Saul und Jonatan. Darin heißt es:

„Ach, die Helden sind im Kampf gefallen!
Jonatan liegt tot auf den Bergen.
Groß ist meine Trauer um dich, mein Bruder Jonatan.
Du warst mein Freund."

35. Eine goldene Zeit

Hirte. Musiker. Kämpfer. Feldherr. Rebellenführer. König. Das war die Lebensgeschichte Davids. Als Saul gestorben war, herrschte er zuerst nur über den Südteil des Landes, über Juda. Aber später wurde er König über ganz Israel. Damals war David dreißig Jahre alt. Immer noch taten die einzelnen Stämme in Israel oft das, was ihnen gerade gefiel. Sie fragten nicht nach den anderen. Es gab noch viel zu tun, um aus dem Land und dem Volk eine wirkliche Einheit zu machen. David wollte auch dafür sorgen, daß Gott wieder etwas galt bei seinem Volk und daß sie an seinen Freundschaftsbund dachten.
Mitten im Land Israel lag eine starke Stadt. Gern hätten die Israeli-

ten diese Stadt erobert. Es ist nicht gut, wenn der Feind mitten im Land eine Festung hat. Aber die Stadt gehörte immer noch den Jebusitern. Sie liegt auf einem Berg. Man kann sie leicht verteidigen. David zog mit seinen Männern vor die Tore der Stadt. Oben von den Mauern spottete man: „Du wirst nicht in die Stadt kommen! Auch wenn hier nur die Blinden und die Lahmen kämpfen würden, du könntest die Stadt nicht erobern."
Aber David war nicht nur stark, er war auch schlau. Außerhalb der Stadt war eine Quelle mit frischem Wasser. Die Jebusiter hatten einen langen Tunnel gebaut, damit sie unter den Mauern hindurch zur Quelle gehen und Wasser holen konnten, wenn Feinde die Stadt belagerten. David schickte ein paar mutige Männer in den Tunnel. Sie krochen hindurch. Niemand merkte es. Plötzlich waren sie in der Stadt. Die Torwachen wußten nicht, was geschah. Davids Leute konnten die Tore der Stadt aufmachen. So hat David die Stadt der Jebusiter erobert. Sie gehörte nun David und seiner Familie. Darum nennt man sie auch: Die Stadt Davids.
Diese Stadt machte David zu seiner Hauptstadt: Jerusalem. David zog nach Jerusalem und ließ sich dort einen Palast bauen. Dort wohnte er mit seinen Frauen und seinen Kindern.
Als die Philister hörten, David sei König in Jerusalem, zogen sie heran, um ihn zu fangen. David aber konnte die Philister besiegen. Nun wartete David nicht mehr, bis die Feinde in das Land kamen, nun ging er selber auf Kriegszug und eroberte die Länder Moab, Aram und Edom. Die Bürger dieser Länder mußten ihre Steuern dem David bezahlen. David sorgte für Ordnung und Sicherheit im Land. Es war eine goldene Zeit.
In all seinen Erfolgen hat David Gott nicht vergessen. Er ließ die goldene Bundeslade nach Jerusalem holen. Man machte eine feierliche Prozession. Für Jerusalem war es ein großes Ereignis, als die Lade herangetragen wurde. Priester, Tänzer und Sänger, viele Musiker gingen in dem Zug. Auch König David tanzte fröhlich mit. Er hatte in Jerusalem ein Zelt bauen lassen, so wie die Wohnstätte, die Mose in der Wüste gemacht hatte. Dort wurde die Lade mit den zwei Tafeln und den goldenen Engeln auf dem goldenen Deckel niedergestellt. Nun war Gottes Wohnstätte mitten in Israel. Israel

war ja das Volk, das Gott gehört, es lebte im verheißenen Land. David war glücklich. Er betete: „O Gott! Wie bist du groß und gut. Du hast unser Volk aus Ägypten herausgeführt. Du hast uns von

den Feinden befreit und von den fremden Göttern. Du hast uns zu deinem eigenen Volk gemacht. Und ich bin ihr König. Wie soll ich dir danken? Ich bin nur dein kleiner Knecht. Laß die Menschen wissen, daß du unser Gott bist. Gib uns für immer deinen Segen."
David regierte vierzig Jahre lang. Er war ein guter Hirt, der von Jerusalem aus über sein Volk herrschte.

36. Nehmen, was dir gefällt?

Wenn du einen Menschen bewunderst, willst du kein schlechtes Wort über ihn hören. Er ist der Beste und der Größte. Er macht keinen Fehler. Genau so dachten die Leute in Israel über ihren König. Er siegte in den Schlachten. Er war ein Freund Gottes. Wirklich ein Mann, den man bewundern konnte. In allem war er so, wie es sein sollte. War er wirklich so?
Eines Abends ging David auf dem flachen Dach seines Palastes spazieren. Er schaute in die Gärten der Nachbarhäuser. Da sah er vom Dach aus eine Frau. Sie wusch sich und dachte gewiß nicht daran, daß jemand sie beobachten könnte. Sie war sehr schön. David konnte sie gut sehen. Die Frau gefiel ihm. Und warum sollte er sie nicht bei sich haben? Er war ja der König. David ließ nachforschen, wer diese Frau sei, und man sagte ihm: „Das ist Batseba. Sie ist die Frau deines Offiziers, der Urija heißt." David ließ die Frau in den Palast holen. Er tat, als ob sie seine eigene Frau wäre, und schlief mit ihr. Dann schickte er sie in ihr eigenes Haus zurück. Niemand hatte sie gesehen. Doch bald darauf merkte Batseba, daß sie schwanger war. Sie schickte einen Boten zu David und ließ ihm sagen: „Ich erwarte ein Kind."
Jetzt saß David in der Klemme. Urija, der Mann der Batseba, war nämlich schon lange auf einem Kriegszug gegen die Ammoniter. Wie konnte Batseba ein Kind erwarten, wenn ihr Mann nicht zu Hause war? Ein anderer mußte der Vater sein. Alles würde herauskommen. Dagegen mußte David etwas unternehmen. Er suchte einen Vorwand und ließ den Urija rasch aus dem Lager zurückholen. Er dachte: Wenn Urija jetzt mit seiner Frau zusammen ist, wer-

den alle denken, er sei der Vater des Kindes. Aber Urija wollte seine Soldaten nicht im Stich lassen. Er war ein guter Offizier. Darum wollte er nicht bei seiner Frau im Haus schlafen, sondern bei den Wachen im Lager. Nun mußte David sich etwas Neues ausdenken. Und es ist ihm wirklich etwas eingefallen. Schlau und wirksam. Aber auch böse. Er schrieb seinem General einen Brief: „Stell den Urija in der Schlacht an eine Stelle, wo man heftig kämpft. Dann nehmt die anderen Soldaten zurück und laßt ihn allein kämpfen; jedenfalls sorgt dafür, daß er umkommt." Urija selbst nahm den Brief mit ins Feldlager. Er ging mit seinem eigenen Todesurteil auf die Reise. Und es dauerte nicht lange, bis die Nachricht kam, daß Urija tot war. Jetzt meinte David, er hätte die Sache mit Batseba gut hinbekommen. Er nahm sie an den Hof und dachte: Wer wird schon daran Anstoß nehmen?
Doch da war ein Prophet. Öfter schon hatte er dem David Rat gegeben. Dieser Natan kam und erzählte dem David eine Geschichte: „Es gab einmal einen reichen und einen armen Mann. Beide lebten in derselben Stadt. Der Reiche hatte viele Tiere. Der Arme hatte nur ein einziges kleines Lamm. Das wuchs bei ihm auf, zusammen mit seinen Kindern. Da kam Besuch zu dem reichen Mann. Der war zu geizig, um eines seiner Tiere schlachten zu lassen. Also nahm er das einzige Lamm, das dem Armen gehörte. Er ließ es schlachten und zubereiten und gab es dem Mann zu essen, der zu Besuch zu ihm gekommen war."
Da packte David der Zorn. Er sprang auf und rief: „Das ist abscheulich! Ungerecht! Der Mann, der das getan hat, soll sterben!"
Natan aber sagte zu David: „Dieser Mann bist du selbst. Du bist König. Du bist reich. Du hast einen Palast, Frauen und Kinder. Und doch hast du einem anderen Mann die Frau genommen und sie zu deiner eigenen Frau gemacht. Das ist gegen die Spielregeln, die zwischen Menschen gelten. Das ist gegen die Regeln, die im Freundschaftsbund Gottes gelten. Gott wird dich bestrafen."
David war betroffen. Er mußte zugeben, daß Natan recht hatte. Er, der König, hat gehandelt wie einer, der Gott nicht kennt. David sagte zu Natan: „Ich habe unrecht getan. Ich bin schuldig." Natan antwortete dem David: „Du wirst Schweres erleben. Aber du wirst

auch erleben, wie Gott vergibt." – Das erste Kind, das David und Batseba bekamen, ist gestorben. Später bekamen sie noch einen Sohn. Dem gaben sie den Namen Salomo.
David konnte diese Zeit wohl nie in seinem Leben vergessen. Er sang Lieder über die Sünde des Menschen und die Güte Gottes; darüber, daß es dem Menschen leid tut, und darüber, daß Gott vergibt. In einem dieser Lieder heißt es:

Gott, sei mir gnädig nach deiner Huld,
tilge meine Frevel nach deinem reichen Erbarmen!

Wasch meine Schuld von mir ab,
und mach mich rein von meiner Sünde!

Denn ich erkenne meine bösen Taten,
meine Sünde steht mir immer vor Augen.

Gegen dich allein habe ich gesündigt,
ich habe getan, was dir mißfällt.

37. Die Verschwörung des Prinzen

Möchtest du nicht gern auf einem prachtvollen Pferd durch die Straßen der Stadt reiten? Jeder schaut zu dir auf. Und wenn dann auch noch fünfzig Leibwächter und Diener dich begleiten, dann bleiben die Leute stehen. Sie reden über dich. Jeder kennt dich. Wer möchte nicht gern so bekannt sein? Aber, du mußt etwas leisten. Sonst merken die Leute schnell, daß du nur angibst. Du mußt etwas Gutes tun, eine große Tat vollbringen. Dann erst werden die Leute dich auch achten. Aber wenn dein Vater König ist, wenn er alles selber macht und dazu meist besser, als du selber es könntest, dann mußt du dir etwas einfallen lassen. Prinz Abschalom wußte nicht, was er tun sollte.
David war wirklich ein König. Er entschied alles selber. Aber gab es nicht auch unzufriedene Leute in seinem Reich? Leute, die meinten, sie müßten zuviel Steuern zahlen? Leute, die meinten, sie seien ungerecht behandelt worden? Solche Leute könnte man viel-

leicht gewinnen. Man mußte nur mit ihnen reden. Abschalom stellte sich am Stadttor auf und sprach mit ihnen, wenn sie auf dem Weg zum König waren. Er sagte: „Glaubst du denn, der König werde dich anhören? Er hat keine Zeit. Wenn ich König wäre, ich würde mich um jeden kümmern. Bei mir würdest du recht bekommen. Aber mein Vater ist ja nun einmal der König. Wenn ich das Sagen hätte, ich würde dir helfen ..."
Abschalom hetzte die Leute auf, weil er selbst beliebter und bekannter werden wollte. Er hatte große Pläne. So schnell wie möglich wollte er Nachfolger seines Vaters werden. Seinen älteren Bruder, den Kronprinzen Amnon, hatte er schon aus dem Weg geräumt. Das war natürlich keine Kleinigkeit. Abschalom mußte ins Ausland gehen, bis Davids Zorn sich gelegt hatte. Aber Abschalom war der Liebling Davids, so hatte er die Sache wieder einrenken können. David war nicht mehr jung. Doch es konnte noch Jahre und Jahre dauern, bis Abschalom König würde. So lange wollte der Prinz nicht warten. Er wollte gleich König werden. Und er war es gewöhnt, seinen Willen durchzusetzen. Also ...
Abschalom ging nach Hebron. Er wußte, daß dort viele Leute gegen den König waren. Die wollte er auf seine Seite bringen. Je unzufriedener sie waren, desto günstiger war das für Abschaloms Pläne. In Hebron machten sie einen Plan. Eine Verschwörung. Prinz Abschalom war der kommende Mann. Ihn wollten sie auf dem Thron sehen. Abschalom hetzte sie so sehr auf, daß sie sich mit einem ganzen Heer um ihn scharten. Sie wollten nach Jerusalem ziehen. Und als die Soldaten in die Trompete stießen, rief jeder: „Abschalom ist König! Abschalom ist König!"
Der Prinz stieg auf sein Pferd, und die ganze Schar zog hinter ihm her. Jetzt konnte Abschalom zeigen, daß er ein guter Feldherr, ein tapferer Kämpfer war. Aber da gab es nichts Tapferes oder Heldenhaftes zu tun. Ohne einen einzigen Schwertstreich marschierten sie in Jerusalem ein. David war mit seinen Leuten fortgezogen. Er wollte nicht gegen Abschalom kämpfen. Lieber flüchtete er in ein Gebiet nahe an der Grenze. Abschalom kam in den Palast. Nun gehörte er ihm. Jetzt war sein Plan gelungen. Er saß auf dem Thron Davids. Aber etwas wurmte ihn doch. Noch immer hatte er nicht

beweisen können, daß er ein großer Kämpfer war. Also traf er Vorbereitungen, um seinen Vater zu jagen und ihm den Rest zu geben. Wieder saß Abschalom hoch zu Pferd. Er feuerte seine Truppe an. In den Wäldern trafen sie auf die Truppe Davids. Und so entstand ein Bürgerkrieg. Die Gegend war ungünstig für eine Schlacht. In den Wäldern gibt es Schluchten und Abgründe. Und so verunglückten auch mehr Männer im Wald als im Kampf. Abschalom hetzte auf dem Pferd zwischen den Kämpfenden hin und her. Seine langen Haare flatterten im Wind. Alles ging schnell. Abschalom wollte unter einer Eiche hindurchreiten. Da blieben seine langen Haare an den Ästen des Baumes hängen. Das Pferd lief unter ihm davon. Abschalom hing zwischen Himmel und Erde. Jemand sah es und meldete einem der Offiziere Davids: „Ich sah den Abschalom an einer Eiche hängen!“ Da nahm der Offizier seinen Speer und stieß ihn dem Abschalom ins Herz. Dann nahmen sie ihn von der Eiche, warfen ihn in ein Loch im Wald und machten einen großen Steinhaufen auf seinem Grab. David hatte befohlen: „Schont meinen Jungen! Tut Abschalom nichts zuleide!“ Als David erfuhr, daß Abschalom tot war, fing er an, vor Schmerz zu zittern. Immer wieder rief er: „Abschalom, mein Sohn! Wäre ich doch gestorben an deiner Stelle. Mein Sohn Abschalom.“

38. Ein reicher König

Reich sein . . . davon träumst du doch manchmal. Berühmt sein . . . davon träumst du doch manchmal. Auch Salomo hatte einen Wunschtraum. Das war, als er Nachfolger seines Vaters David, König von Israel geworden war. Er träumte, daß Gott mit ihm sprach: „Salomo, was ist dein größter Wunsch?“ Und Salomo sagte im Traum: „Ich bin noch jung und muß ein großes Volk regieren. Dazu brauche ich Stärke und Weisheit. Die möchte ich am

allerliebsten haben." Und Gott sagte: „Weil du nichts für dich selber haben willst, sondern nur an dein Volk denkst, will ich dir alle Weisheit schenken, die du brauchst. Und noch viel mehr. Reichtum und Ruhm schenke ich dir dazu."

In allem, was Salomo tat, konnte man merken, daß Gott ihm viel geschenkt hatte. In jeder Not wußte Salomo einen Rat. Einmal kamen zwei Frauen mit einem Kind zu ihm. Die eine sagte: „Wir beide wohnen zusammen in demselben Haus. Wir sind beide nicht verheiratet. Wir haben beide ein Kind bekommen. Zuerst ich und drei Tage später sie. Wir waren beide allein in dem Haus. Dann ist es passiert: In der Nacht hat diese Frau ihren Sohn im Schlaf er-

drückt. Rasch ist sie aufgestanden, sie nahm mein Kind zu sich und legte ihren toten Sohn in mein Bett." Da widersprach die andere Frau. Kurz und gut: Jede behauptete, das lebende Kind gehöre ihr. Da mußte sich Salomo etwas einfallen lassen, damit er herausbekam, wer wirklich die Mutter war. Er sagte: „Holt ein Schwert und schneidet das Kind in zwei Teile. Gebt jeder Frau das halbe Kind." Da rief die eine Frau: „Nein! Nur das nicht! Mir ist es lieber, sie bekommt das Kind." Die andere aber rief: „Nur zu! Zerteilt das Kind, dann haben wir beide nichts." Das würde eine richtige Mutter nie sagen. So hat Salomo herausbekommen, wer von den beiden gelogen hatte. Er gab das Kind seiner Mutter zurück.

Salomo fand immer einen Ausweg. Im ganzen Land redete man von seiner Weisheit. Und das Land wurde immer reicher. Man legte Kupferbergwerke an. Man handelte mit Pferden und Wagen.

Schiffe kamen und fuhren ab. Salomo war reich. Das ganze Land bezahlte Königssteuern. Tagtäglich bekam Salomo vierzigtausend Kilo Mehl, dreißig Rinder, hundert Schafe und noch viel mehr. Er hatte vierzehnhundert Streitwagen und zwölftausend Pferde. Aber die blieben im Stall. Salomo machte keine Kriegszüge wie sein Vater David. Er wollte nicht, daß Menschen im Kampf sterben. Salomo war ein Mann des Friedens. Und das bedeutet auch sein Name: Mann des Friedens.
Er selbst war reicher, als du es dir vorstellen kannst. Im königlichen Palast gab es goldene Gefäße; alle Pracht und allen Prunk, den du dir ausdenken kannst. Sogar einen Tiergarten ließ Salomo anlegen. Da gab es Affen und Pfauen, Tiere aus fremden Ländern. Doch am meisten freute sich Salomo über seine vielen Frauen. Er heiratete schöne Prinzessinnen aus fremden Ländern. Er dachte, wenn ich eine Prinzessin von dort heirate, wird dies Land mein Freund sein. Aber er hatte auch Freude an den Prinzessinnen. Und wenn diese Frauen ihre eigenen Götterbilder mitbrachten, so sagte Salomo nichts dagegen. Er holte viele Götterbilder in sein Haus, ja manchmal machte er selbst mit, wenn eine seiner Frauen zu ihrem Gott betete. Das war Sünde. Wer den Luxus tragen will, braucht starke Beine, einen festen Standpunkt. Salomos Beine waren nicht stark genug, er war nicht standfest. Und doch baute Salomo für Gott und die Menschen einen Tempel.
Ganz Jerusalem war in Aufregung. Noch nie wurde etwas so Schönes gebaut. Kostbares Zedernholz wurde aus den Bergen des Libanon hergeschafft. Die Wände waren mit Blattgold bedeckt. Vor dem Hauptportal standen zwei riesige eherne Säulen. Dann kamen die Tempelhallen – und das Allerheiligste. Darin stand die Lade mit den Zehn Geboten. Die Lade mit dem goldenen Deckel, auf dem die goldglänzenden Engel standen. Wie ein Thron Gottes. Nach sieben Jahren war der Tempel fertig. Kein Vergleich mit dem ärmlichen Zelt, in dem die Gottesdienste bisher abgehalten wurden. Nun hatte man einen festen Platz. Hier konnte man Gott begegnen. Bei der feierlichen Einweihung strömte das Volk von allen Seiten nach Jerusalem. Auch König Salomo kam. Damals hat er gebetet: „Herr, unser Gott! Dieser Tempel ist groß. Aber das ganze

Weltall ist nicht groß genug für dich. Wir wissen, daß du nicht in einem Haus wohnst. Doch wir bitten dich: Hör auf uns, wenn wir in diesem Haus beten. Sei da, wenn wir dich hier suchen. Schenk uns deine Freundschaft. Und mach diesen Tempel zu einem Ort, an dem wir dir dienen können."
Bei diesem großen Fest sang man die Lieder Davids. Lieder wie dies:

Lobet Gott in seinem Heiligtum,
lobt ihn in seiner starken Feste!
Lobt ihn für seine mächtigen Taten,
lobt ihn in seiner gewaltigen Größe!
Lobt ihn mit dem Schall der Hörner
mit Harfe und Zither
mit Pauken und Tanz
mit Flöten und Saitenspiel
mit klingenden Zimbeln.
Alles, was atmet, lobe den Herrn.
Halleluja.

39. Zerstritten und geteilt

Unter Salomo lebten die Leute glücklich in Israel. Doch das Glück hat nicht lange gedauert. Eines Tages hatte Jerobeam, ein treuer Diener des Salomo, eine merkwürdige Begegnung: Auf freiem Feld kam ihm ein Mann entgegen. Er trug einen schönen und teuren Mantel. Er zog den Mantel aus, zerschnitt ihn in zwölf Teile und gab dem Jerobeam zehn Stücke. Er sagte: „Was ich mit diesem Mantel tue, das tut Gott mit diesem Land. Es wird geteilt. Du wirst König über zehn Provinzen. Der Rest gehört einem Sohn des David."
Nachdenklich ging Jerobeam weiter. Von nun an würde er sich mehr in die Regierung einmischen. Er wußte ja, was kommen würde. Und weil es nicht allen gefiel, daß er sich einmischte, bekam er mächtige Gegner. Er mußte fliehen und ging nach Ägypten. König Schischak von Ägypten nahm den Flüchtling freundlich

auf. Er selber war ja auch nicht Salomos Freund. Und als Salomo – er war vierzig Jahre lang König – starb, kam Jerobeam wieder in das Land zurück. Dort wollte man gerade Rehabeam, den Sohn Salomos, zum König krönen. Aber die Leute hatten Jerobeam nicht vergessen. Sie fragten ihn, was er von dem neuen König halte. Jerobeam ging zu ihm und sagte: „Rehabeam, dein Vater hat das Volk schwer arbeiten lassen. Er hat viel zu hohe Steuern verlangt. Er wollte im Luxus leben und all seine Pläne durchsetzen. Wir wollen dir gern dienen, wenn du das änderst. Denk gut darüber nach." Der junge König sprach mit den älteren Männern. Die

sagten einmütig: „Gib jetzt nach. Dann werden die Leute hinter dir stehen." Rehabeam fragte auch seine Freunde, junge Leute. Die sagten: „Nicht nachgeben! Zeig es ihnen. Laß sie arbeiten und zahlen!" Und auf diesen Rat hat Rehabeam gehört. Er sagte dem Volk: „Ich werde euch das Leben nicht leichter, sondern schwerer machen. Mein Vater hat euch unter Druck gehalten. Ich werde euch unter der Peitsche halten."

So kam es, daß sich der größte Teil des Volkes, zehn von den zwölf Stämmen Israels, hinter Jerobeam stellte. Nur zwei Stämme hielten zu Rehabeam. Die beiden Gruppen trennten sich und krönten jeder ihren eigenen König. Jerobeam im Norden, Rehabeam im Süden des Reiches.

König Rehabeam war nicht wie sein Vater und sein Großvater. Er brachte sein kleines Reich bald in eine schlimme Lage. Die Leute vergaßen die Ordnung und die Regeln. Sie lebten, als hätten sie nie von Gott gehört. Jeder tat, was ihm gefiel. Ein schwaches Reich. Darum hatte der ägyptische König Schischak ein leichtes Spiel, als er einen Kriegszug in das Südreich Juda machte. Seine Truppen marschierten bis nach Jerusalem. Er raubte die goldenen Schätze aus dem Tempel Gottes. Auch die goldenen Schilde, die im Thronsaal Salomos hingen, nahm er mit. Rehabeam aber war so arm, daß er nur eherne Schilde in seinem Palast hatte.

König Jerobeam war ein begeisterter König. Am Anfang. Doch bald dachte er nur noch an sich selber. Die Leute sollten ihm dienen, nicht Gott. Du kannst dir wohl denken, daß das nicht gutgehen konnte.

Von nun an war das Volk Israel in zwei Reiche geteilt. Samaria war die Hauptstadt des Nordreichs. Die Könige folgten einander auf dem Thron. Jahrhunderte lang. Aber es war kein einziger unter ihnen, der in den Augen Gottes gut gewesen wäre. Jerusalem war die Hauptstadt des Südreichs. Die Könige folgten einander auf dem Thron. Jahrhunderte lang. Aber es war kein einziger unter ihnen, der in den Augen Gottes gut gewesen wäre. – Und trotzdem: Gott hat sein Volk nicht losgelassen. Er hat den Freundschaftsbund gehalten.

Leben ist eine Kunst

40. Ein Mensch und seine Fragen

Gott ist für seine Menschen nicht immer ein bequemer Freund. Manchmal kann es einem sehr schwer werden, ihm die Freundschaft zu halten. Manchmal läßt er einen Menschen erfahren, daß er Gott ist. Der, den niemand ganz verstehen kann. Gott kann dem Menschen Probleme aufgeben, schweres Leid – und manchmal gibt er keine Antwort, wenn man ihn fragt: Warum? Was hat das für einen Sinn? Solche Fragen, auf die Gott keine Antwort gibt, kannst du erleben: Ein Kind wird geboren, es ist krank. Ein junger Mensch stirbt. Ein Vater verletzt sich bei der Arbeit schwer. Eine Mutter stirbt bei einem Verkehrsunfall . . .

Hör, was die Bibel von Ijob erzählt. Hör, wie es ihm ergangen ist. Ijob war ein mächtiger Scheich: Siebentausend Stück Kleinvieh, dreitausend Kamele, fünfhundert Esel und noch viel mehr. Dazu: Sieben Söhne und drei Töchter. Jeder wußte, daß er nicht nur reich war, sondern auch ein Freund Gottes.

Eines Tages kam ein Bote zu Ijob: „Herr, die Räuber! Das ganze Vieh haben sie gestohlen und die Hirten ermordet. Ich bin der einzige, der davongekommen ist.“ Und da, gleich noch ein Knecht. Man konnte ihm den Schrecken ansehen: „Herr, ein Haufen Banditen! Sie haben die Kamele geraubt. Die Knechte sind tot. Ich bin der einzige, der davongekommen ist.“ Und schon kam der nächste. Ein richtiger Ijobsbote: „Herr, all deine Söhne und Töchter waren bei einem Fest. Da brach ein Sturm los. Das Haus stürzte über ihnen zusammen. Sie sind alle . . . Sie liegen begraben unter den Trümmern. Ich bin der einzige, der davongekommen ist.“

Da saß Ijob. An einem einzigen Tag alles verloren. Das Vieh . . . Die Knechte . . . Und sieben Söhne und drei Töchter! Und doch, er wurde nicht bitter. Er sagte: „Als ich auf die Welt kam, war ich nackt. Ich hatte nichts. Wenn man mich begräbt, werde ich nichts mitnehmen. Gott hat mir viel gegeben. Er hat mir viel genommen. Er weiß, warum.“ Doch jetzt kam Ijob selber an die Reihe. Er bekam eine Hautkrankheit. Geschwüre vom Kopf bis zu den Füßen.

Da saß er auf einem Aschenhaufen und schabte sich mit einer Scherbe. Das war einmal der reiche Scheich Ijob. Und nun kam seine Frau: „Ijob! Du hast Gott immer die Freundschaft gehalten. Du Dummkopf! Jetzt siehst du, was für ein Freund Gott ist. Er läßt dich im Stich. Du kannst dich auf seine Freundschaft nicht verlassen. Sterben mußt du in jedem Fall." Ijob antwortete seiner Frau: „Du weißt nicht, was du sagst. Alle guten Dinge kommen von Gott. Wir nehmen sie an. Warum weigern wir uns, die bösen anzunehmen?"
Ijobs Freunde kamen. Sie wollten ihn trösten. Sie redeten mit ihm. Sie sagten, was sie dachten: Ijob muß unrecht getan haben. Denn Gott ist gerecht. Also muß Ijob schuldig sein. Wegen nichts wird Gott ihn nicht mit soviel Unglück bestrafen. Doch Ijob widersprach ihnen. Er stritt mit ihnen und sagte: „Ich bin unschuldig." Schließlich konnte Ijob mit seinen Freunden nicht mehr reden; sie wollten ihm nicht glauben. Denn, wenn Ijob recht hätte, dann müßte ja Gott ... Und das konnten sie nicht zugeben. Da sprach Ijob mit Gott: „Gott, gib mir Antwort. Sag mir, warum ... Du weißt, daß ich unschuldig bin. Du kennst mich. Ich bin dein Knecht, Ijob ..."
Gott hat dem Ijob keine direkte Antwort gegeben. Aber Ijob hat über Gott nachgedacht. Dabei ist ihm aufgegangen, wie groß Gott ist: Er kennt die Nilpferde, die Löwen und die Gazellen, die Haifische und die Raubvögel ... Erinnerst du dich an Jakob? In einer Nacht mußte er mit Gott kämpfen. Jakob konnte nicht siegen. Aber er hat Gott auch nicht losgelassen. Ähnlich erging es Ijob. Er konnte keine Antwort finden. Aber er hat Gott nicht losgelassen. Ijob hat im Vertrauen durchgehalten. Und da erst ist ihm aufgegangen, wie Gott ist: unbegreiflich. Aber auch so groß, so gut, daß man das eigene Leid darüber vergessen kann. Und auch die eigenen Fragen. Ihm kann man blind vertrauen.
Die Bibel erzählt, daß Ijob wieder gesund geworden ist. Ein reicher Scheich. Er habe Herden gehabt, doppelt so groß wie vorher. Und dazu sieben Söhne und drei Töchter.

41. Sprichwörter aus dem Volk Israel

Jedes Volk hat seine eigenen Sprichwörter. Das sind kurze Sätze, die man sich leicht merken kann. Sie sagen, was viele Menschen erfahren haben, was sie für richtig halten, was für falsch. Die Sprichwörter Israels findest du in einem kleinen Buch in der Bibel. Und weil man weiß, daß König Salomo sich die Weisheit nicht nur gewünscht hatte, sondern weiser war als irgendein anderer, darum erzählt man in Israel: Salomo habe die Sprichwörter erfunden und aufgeschrieben.

Im Buch der Sprichwörter wird von Frau Weisheit und von Frau Torheit erzählt. Das kannst du dir so vorstellen: Du gehst deines Wegs und denkst nichts Besonderes. Da ruft dich jemand an. Du gehst hin und siehst eine Frau. Sie winkt dir und flüstert: „Du, hör mal! Ich wüßte etwas für dich. Du überfällst ein paar Leute, dann hast du viel Geld. Wäre das nicht etwas?“ Aber du fällst nicht auf das herein, was sie sagt, und gehst rasch weiter. Dann schaust du zurück und siehst, wie sie mit einem anderen tuschelt. Wenn er sich herumkriegen ließe, wäre er ein törichter Mensch.

Da begegnet dir eine andere Frau. Sie ruft den Vorübergehenden zu: „Warum nehmt ihr keine Vernunft an? Warum lacht ihr, wenn ich euch die Wahrheit sage? Ihr wollt nicht auf mich hören. Aber du, du könntest klüger sein. Denk an Gott und an die Regeln, sonst wird es dir schlimm ergehen.“ Die meisten Leute gehen weiter. Sie hören gar nicht auf das, was die Frau sagt. Aber du denkst vielleicht: Schade, denn sie will ja das Gute. Sie will, daß unser Leben schöner wird. Sie will, daß wir bessere Menschen werden. Wenn du so denkst, bist du ein kluger Mensch.

Du hast die beiden sicher erkannt: Frau Torheit und Frau Weisheit. Sie geben sich viel Mühe, um Anhänger zu gewinnen. Und sie haben viel zu erzählen; denn es gibt ja vielerlei Dummes oder Böses, das du tun kannst, und noch viel mehr Gutes, für das du dich einsetzen kannst.

Im Buch der Sprichwörter des Salomo findest du eine ganze Sammlung solcher Worte und Aussprüche. Vielleicht mußt du manchmal lachen: Da kommen Faulenzer vor, Trunkenbolde,

Langschläfer, Dummköpfe, Klatschbasen, ungezogene kleine und große Kinder und vieles mehr. Hier hast du ein paar Beispiele:

Wenn du faul bist,
schau der Ameise zu,
dann wirst du klüger.

Wenn du zuviel Wein trinkst,
wirst du bissig
wie eine Schlange
und spritzest Gift aus
wie eine Natter.

Wenn du lästerst,
ist das so schlimm
wie ein Dolchstich –
aber gute Worte
bringen Heilung.

Wenn du dich
nicht beherrschen kannst,
bist du wie eine Stadt
mit zusammengestürzten
Mauern.

Wenn ein Junge störrisch
und bockig ist,
muß er bestraft werden.

Wenn du eine Grube
für einen anderen gräbst,
fällst du selbst in sie hinein.

Du brauchst nicht
groß und stark zu sein,
um weise zu sein.

Wenn du jeden Tag lang schläfst,
dann überfällt dich die Armut
wie ein bewaffneter Mann.

Wenn du eine schöne Frau hast,
die aber dumm ist,
dann ist sie
wie ein goldener Ring
im Rüssel eines Schweins.

Die Ameisen sind klein
und schwach,
und doch legen sie im Sommer
ihre Nahrung prompt
für den Winter an.
Die Klippdachse sind
klein und schwach,
und doch bauen sie ihr Haus
in den Felsen.
Die Heuschrecken haben
keinen König
und schwärmen doch alle
geordnet aus.
Die Eidechsen kannst du
mit der Hand fangen,
und sind doch
in den königlichen Palästen
zu finden.

Wenn du weise werden willst,
dann mußt du anfangen,
auf Gott zu hören.

42. Ein Fest zum Nachdenken

Wenn du alle Tage deine Arbeit tust, immer weiter schaffst, dann kann es dir passieren, daß du die Übersicht verlierst. Kleine Sorgen und kleiner Streit können groß werden wie ein Berg. Du kannst vergessen, worauf es im Leben ankommt. Du kannst über all dem Hetzen und Arbeiten vergessen, daß es auch Spaß gibt und Freude. Damit die Israeliten nicht vergessen, worauf es ankommt, feiern sie ein besonderes Fest. Einmal im Jahr baut jede Familie eine Hütte aus Ästen und Zweigen. Im Garten, auf dem flachen Hausdach, auf der Terrasse. Das Dach der Hütte besteht aus Zweigen, so daß man den Himmel sieht und die Sterne. Eine Woche lang ißt die Familie nicht im Haus, sondern in der Hütte. Dabei denken die Israeliten daran, daß sie einmal in Zelten gewohnt haben. Damals, als Gott sie aus Ägypten herausgeführt hat. Als sie durch die Wüste zogen. Jeden Tag ein Stückchen mehr in die Freiheit. Damals waren sie arm. Aber Freiheit ist mehr wert als ein festes Haus; mehr als ein bequemes Leben.
Heute noch feiern die Israeliten in aller Welt das „Laubhüttenfest". Und an diesem Fest lesen sie ein kleines Buch aus der Bibel. Das Buch heißt „Kohelet". Niemand weiß genau, wer dieser Kohelet war. Aber es ist sicher, daß er ein weiser Mann war. Er hat über das Leben nachgedacht. Über die Freude und über das Schwere. Er hat darüber nachgedacht, was ein Mensch fertigbringt und was nicht. Er hat darüber nachgedacht, was wichtig ist. Er sagt: Alles vergeht wie der Wind. Was bleibt dem Menschen von allem, was er hat? Von allem, was er verdient? Alles vergeht wie der Wind. Ich dachte: Versuch es mit dem Wissen! Ob das bleibt? Ich habe so viel gelernt, daß ich mehr weiß als alle anderen. Aber dann merkte ich: Auch das vergeht wie der Wind. Ich dachte: Auf, versuch es mit der Freude, genieße das Glück! Und ich kam zum Ergebnis: Auch das vergeht wie der Wind. Ich dachte über meine Arbeit nach und alles, was mir gehört. Und ich merkte: Auch das vergeht wie der Wind. Darum rate ich dir: Sei fröhlich, wenn du dein Brot ißt. Sei vergnügt, wenn du deinen Wein trinkst. Zieh neue Kleider an. Such dir Freunde! Such dir eine Frau oder einen

Mann, den du liebst. Sei alle Tage fröhlich. Denn das ist dein Leben. Und alles, was du tust, das tu mit ganzer Kraft. Verschieb nichts auf später. Es könnte zu spät sein. Pack deine Arbeit an. Wer ständig nach dem Wind schaut, kommt nicht zum Säen. Wer ständig nach den Wolken schaut, kommt nicht zum Ernten. Am Morgen fang mit deiner Arbeit an. Und am Abend laß deine Hand nicht ruhen. Du weißt ja nicht im voraus, was dir Erfolg bringt. Und eines, vergiß es nicht: Gott kennt dich. Er weiß, was du tust.
Kohelet weiß viel von der Kunst des Lebens. Er sagt es den jungen und den alten Menschen. Die Israeliten sitzen in ihren Laubhütten. Sie lesen das Buch des Kohelet und denken darüber nach. So lernen sie, wie sie das Leben anpacken können.

43. Die Liebe ist schön

Es ist schön, wenn zwei Menschen einander lieben. Es ist schön, wenn sie miteinander glücklich sind. Wenn sie wissen: Der andere hat mich genauso lieb wie ich ihn. Gott hat seinen Menschen die Liebe geschenkt. Sie können einander glücklich machen. An glücklichen Menschen freut sich Gott. Darum stehen auch Liebeslieder in der Bibel. Diese Lieder erzählen von einem Mädchen und von dem Hirtenjungen, den sie liebt.
Das Mädchen war noch jung. Sie hatte erwachsene Brüder. Die ließen ihre Schwester arbeiten: auf den Weinberg aufpassen, die Ziegen hüten. Darum war sie braungebrannt. Und eines Tages, im Frühling, traf sie den Hirtenjungen. Er sah das schöne Mädchen. Sie sah den schönen Jungen. Die beiden verliebten sich. Und nun wollten sie einander wiedersehen, so oft wie möglich. Oft schaute das Mädchen zu den Bergen, über die ihr Geliebter kommen mußte. Wenn sie ihn sah, tanzte sie ihm entgegen und sang ihm ihre Lieder: Horch! Mein Geliebter! Er kommt! Er springt über die Berge, hüpft über die Hügel. Wie eine Gazelle. Und er sang für sie: Meine Freundin ist wie eine Lilie unter den Disteln, wie ein Apfelbaum unter den Bäumen des Waldes . . . Bald dachte das Mädchen nur noch an den Freund. Kein Wunder, daß sie in der Nacht von

ihm träumte. Da, klopft nicht jemand an die Tür? Das kann nur mein Freund sein. Soll ich aufmachen? Rasch, rasch. Doch da war niemand vor der Tür. Hatte sie zu lange gewartet? Lief er nun allein durch die Nacht? Sie ging hinaus, um ihn zu suchen. Sie lief durch die leeren Straßen. Doch sie fand ihn nicht. Nur die Nachtwächter begegneten ihr. Und die schickten sie energisch nach Hause zurück. Dann war alles doch nur ein Traum gewesen!
Und dann kam der Hochzeitstag. Von nun an konnten die beiden immer beieinander bleiben. Für ihr ganzes Leben. Viele Leute kamen zu dem Fest. Man hat gesungen, gegessen und getanzt. Und immer wieder wurden die Lieder gesungen, die von der Liebe des Mädchens zum Hirtenjungen und von der Liebe des Hirtenjungen zu dem Mädchen erzählen: Das Hohelied der Liebe. Darin heißt es: Die Liebe ist wie ein Feuer. Auch ein starker Wasserstrahl kann sie nicht löschen. Selbst Wasserströme reißen sie nicht fort. Und wenn einer käme und sagte: „Hier habt ihr den ganzen Reichtum meines Hauses. Verratet die Liebe!“, dann würde man ihn auslachen. Die Liebe ist stark wie der Tod.

Diese Lieder singt man heute noch, wenn man ein Fest der Liebe, ein Hochzeitsfest feiert. Doch wenn die Israeliten Liebeslieder singen, denken sie nicht nur an sich selber. Sie denken daran, wie Gott seine Menschen liebt: wie ein Mädchen seinen Freund; wie ein Junge seine Freundin. Wie ein Mann seine Frau und wie eine Frau ihren Mann. Denn Gott will ja das ganze Leben zu einem Fest der Liebe machen.

Wo bleibt Gott?

44. Wer schenkt Regen und Brot?

„Es gibt keinen Gott! Denn wenn es einen Gott gäbe, dann ließe er sich nicht so viel gefallen von seinen Menschen. Er würde dreinschlagen!“ So denken viele Menschen. Nicht erst heute. Auch im Volk Israel dachte man so. Und auch im Volk Israel merkte man oft nicht, wenn Gott sich zeigte. Hör, was die Bibel über Königin Isebel und den Propheten Elija erzählt. Die beiden haben erfahren, daß Gott lebendig ist.

Nachdem David und Salomo gestorben waren, kamen viele Könige nacheinander in Jerusalem und in Samaria auf den Thron. Doch keiner von ihnen war gut in den Augen Gottes. Ahab schon gar nicht. Er war hochmütig und ungerecht. Zudem hatte er im Ausland eine schöne Prinzessin gefunden: Königin Isebel. Ahab tat alles, um Isebel zu gefallen. Ihr zuliebe ließ er einen Tempel für den Gott Baal bauen. Von Baal glaubte man: Das ist der Gott, der Fruchtbarkeit schenkt. Der Gott, der den Regen macht. Und Regen brauchte man, sonst wurde die Ernte nicht reif. Also mußte man dem Baal Lieder singen; dem Baal Opfer bringen, dem Regengott. Viele Leute in Israel fanden das einleuchtend. Sie liefen dem Baal nach. Und bald gab es nur noch wenige, die an den Gott-der-hilft dachten und an den Freundschaftsbund.

Ein paar Jahre lang ging alles gut mit dem Baal. Doch dann, im Frühjahr, kam kein Regen. Die Leute warteten. Sie sangen dem Baal ihre Lieder, sie brachten dem Baal ihre Opfer. Aber der Frühjahrsregen blieb aus, auch der Herbstregen. Im nächsten Jahr dasselbe. Auch im dritten Jahr kein Regen. Wie ist es nun mit dem Regengott und seinen Verehrern? Hat Jahwe, der Gott-der-hilft, seine Macht gezeigt? Die Felder wurden trocken und rissig. Nichts konnte mehr wachsen. Die Sonne dörrte alles aus. Und: Hat nicht der Prophet Elija im Namen Gottes die Dürre vorhergesagt? Wer nicht hören will, muß fühlen. Und sie fühlten es...

Du denkst vielleicht: Jetzt haben sie nachgedacht, Königin Isebel und ihre Anhänger. Sie haben gefragt: Wie ist das mit dem Regen-

machergott? Ist er nun ein Fachmann oder nicht? Aber die Königin wollte nicht nachdenken. Sie wurde zornig und sagte: „Nun will ich alle, die am Gott Israels festhalten, umbringen lassen."
Zum Glück gab es einen Palastvorsteher, der selber nicht viel von Baal hielt. Er ließ hundert Männer in einer Höhle verstecken. Sie alle hielten fest an Gott. Diesem Helfer verdanken die hundert ihr Leben. Alle anderen, die zu Jahwe hielten, dem Gott-der-hilft, wurden umgebracht.
Der Prophet Elija war schon vorher geflohen. Er war nach Osten gegangen und lebte am Bach Kerit. Solange das Wasser floß, konnte er trinken. Und wenn du fragst, woher er Brot und Fleisch bekam, so sagt die Bibel: Gott selbst hat seinem Propheten Brot und Fleisch geschickt. Raben haben ihm Brotstücke und Fleisch aus der Luft zugeworfen.
Schließlich trocknete auch der Bach Kerit aus. Der Prophet wußte

nicht, wohin. Gott aber schickte ihn nach Sarepta, ins Ausland. Und dort merkte Elija noch einmal, wie Gott für die sorgt, die ihm dienen. Elija traf eine Frau, die Reisig sammelte. Er bat sie: „Gib mir ein wenig Wasser." Und als die Frau ging, um das Wasser zu holen, sagte er: „Bring mir doch auch ein wenig Brot." Die Frau drehte sich um: „Weißt du nicht, daß wir hungern? Ich habe gerade noch eine Handvoll Mehl. Mit dem Reisig will ich ein Feuer anzünden, um ein Brot zu backen. Das letzte. Ich weiß nicht, wie es meinem Sohn und mir dann gehen wird." Elija sagte: „Hab keine Angst. Ich spreche im Namen des Gottes von Israel. In deinem Haus werden Brot und Öl nicht ausgehen. Du kannst ohne Sorge sein." Und Elija blieb bei der Frau in Sarepta. Das Mehl ging nicht aus. Der Ölkrug wurde nicht leer. Sie hatten alle drei zu essen.
Als dann der Sohn dieser Frau krank wurde, da hat Elija für ihn gebetet. Der Junge wurde wieder gesund. Da sagte die Frau: „Jetzt weiß ich ganz sicher, daß du ein Mann Gottes bist." Diese fremde Frau glaubte an den Gott Israels; an einen Gott, den sie nicht kannte. Das Volk Israel aber, das Gott kannte und in einem Freundschaftsbund mit ihm lebte, setzte noch immer auf Baal, den Regenmacher.

45. Wer ist dein Gott?

Auf unserer Erde leben verschiedene Völker. Sie haben verschiedene Religionen. Sie nennen Gott mit verschiedenen Namen. Aber sie suchen den, dem sie das Leben verdanken. Doch es gibt auch Menschen, die sich selber einen Gott machen. Einen Gott, den man sieht. Den man vorzeigen kann. Vielleicht meinen sie, es sei zu schwer, mit dem lebendigen Gott zu leben. So war es mit den Israeliten und mit Baal.
Schon dreieinhalb Jahre dauerte die Dürrezeit. So lange war kein Regen gefallen. Die Vorräte waren zu Ende. Die Leute hungerten. Aber immer noch hielten sie zu Baal, dem Regengott. Da ging der Prophet Elija zum König in den Palast. Als der König den Propheten sah, rief er: „Da bist du ja! Du hast unser ganzes Volk ins Un-

glück gestürzt." Doch Elija sagte: „Das habe ich nicht getan. Du selbst bist schuld. Denn du hast den lebendigen Gott mit einem selbstgemachten Gott vertauscht. Laß jetzt das ganze Volk auf dem Berg Karmel zusammenkommen. Und alle Propheten des Baal dazu. Dann werden wir sehen."

Als die Menge auf dem Berg Karmel versammelt war, hielt Elija eine Ansprache: „Seid nicht länger so unentschieden. Wenn Baal wirklich der lebendige Gott ist, dann wird er helfen. Dann müssen wir alle ihm dienen. Wenn aber Jahwe, der Gott Israels, der lebendige Gott ist, dann gehören wir ihm allein. Hier sind vierhundertfünfzig Propheten des Baal. Ich bin der einzige Prophet des Gottes von Israel. Sie sollen dem Baal einen Altar aus Steinen bauen, Holz darauf und darauf das Opfertier. Dann werde auch ich einen Altar bauen. Aber das Feuer zünden wir nicht selbst an. Sie sollen zu ihrem Gott beten. Ich werde den Gott-der-hilft anrufen. Der Gott, der mit Feuer antwortet, ist der wahre Gott."

Alle riefen: „Der Vorschlag ist gut!" Alle waren gespannt auf das Schauspiel. Und manch einer dachte wohl bei sich: Der alte Elija mit seinem altmodischen Glauben wird sicher verlieren. Die anderen sind ja auch vierhundertfünfzig. Die können lauter beten: „Baal! Baal! Baal! Antworte uns! Baal! Baal! Baal! Antworte uns!" Den ganzen Morgen riefen sie so. Sie streckten ihre Arme zum Himmel. Sie tanzten um den Altar herum. Doch es wurde Mittag, und nichts war geschehen. Elija spottete: „Ihr müßt lauter rufen. Vielleicht träumt euer Gott. Vielleicht ist er gerade weggegangen. Vielleicht schläft er. Ruft lauter!" Sie begannen zu schreien. Sie ritzten sich die Haut mit Schwertern und Lanzen, daß das Blut floß. Sie tanzten immer wilder. Doch es kam kein Feuer, kein Laut, keine Antwort.

Da machte Elija seinen Altar bereit. Dreimal ließ er Wasser über das Holz gießen. Der ganze Altar war naß. Alle wunderten sich. Und alle hielten den Atem an. Sie merkten wohl, daß nun etwas geschehen würde. Elija betete: „Du Gott des Abraham, Gott des Isaak und Gott des Jakob. Laß heute alle erkennen, daß du der wahre Gott bist und daß ich dein Diener bin. Schick Feuer herab, Jahwe, Gott-der-hilft." Und in diesem Augenblick blitzte es auch

schon. Ein Wetterleuchten kam vom Himmel, herab auf den Altar. Das Feuer verzehrte alles. Und die dabeistanden, waren geblendet. Sie warfen sich auf ihr Angesicht nieder und riefen: „Jetzt wissen wir, wer unser Gott ist!"
Elija aber sagte: „Gebt den Propheten des Baal den Lohn, den sie verdient haben. Sie haben uns böswillig irregeführt. Und schaut zum Meer hinaus. Dort werdet ihr die erste Wolke sehen. Bald wird der große Regen kommen. Dann ist die lange Trockenzeit vorbei." Vielleicht denkst du jetzt: Von diesem Tag an hat sich König Ahab radikal geändert. Denn jetzt wußte er doch ganz genau, daß Baal, der Gott seiner Frau, ein selbstgemachter Gott ist, der nicht helfen kann. Aber das denkst du . . . Ahab hat sich nicht geändert. Er tat weiterhin das, was Isebel sagte. Er diente seiner Frau und ihrem Gott Baal.
Vielleicht denkst du jetzt: Von diesem Tag an ist das Volk seinem Gott treu geblieben. Denn jetzt wußten sie doch ganz gewiß, daß Jahwe der lebendige Gott ist, der helfen kann. Das denkst du nur . . . Alles ist beim alten geblieben. Wir machen immer wieder die gleichen Fehler. Damals wie heute. Wir sind begriffsstutzig und eigensinnig. Aber, könnten wir nicht darüber nachdenken, was die Bibel von Elija und Ahab erzählt? Könnten wir nicht anders werden?

46. Weil du das getan hast

Du hast gewiß viele Wünsche. Aber wenn du König wärst? Wenn das schönste Haus im ganzen Land dir gehören würde? Wenn du arbeiten, faulenzen, Sport treiben oder spielen könntest, soviel du willst? Wenn alles nach deinem Willen ginge? Dann wärst du doch zufrieden?
Ahab war nicht zufrieden. Und das hatte einen guten Grund: Neben seinem Haus lag ein Weinberg. Der gehörte dem Nabot. Doch Ahab wollte diesen Weinberg haben. Darum verhandelte er mit Nabot und schlug ihm vor: „Gib mir deinen Weinberg. Ich möchte einen Gemüsegarten daraus machen. Er liegt so günstig neben meinem

Park. Wenn du willst, kann ich dir einen besseren Weinberg dafür geben. Ich kann dir aber auch den Kaufpreis in barem Geld geben, wenn du das lieber willst." Nabot aber sagte: „Nein! Ich will meinen Weinberg nicht tauschen und auch nicht verkaufen. Denn ich habe ihn von meinem Vater geerbt." Verärgert ging Ahab in seinen Palast. Er legte sich auf sein Bett, drehte das Gesicht zur Wand und wollte nicht essen. Isebel kam und fragte ihn: „Warum hast du so schlechte Laune? Warum willst du nicht essen?" Da erzählte ihr Ahab seinen Ärger. Und Isebel rief: „Aber Mann, du bist doch der König! Hast du das noch nicht begriffen? Du hast doch die Macht, du mußt sie nur gebrauchen! Ich werde das für dich regeln. Steh auf und iß. Du sollst deinen Weinberg bekommen."
Nun schrieb Isebel Briefe an die vornehmen Männer in der Stadt. Sie unterschrieb mit dem Namen des Königs. In ihren Briefen forderte sie: Sucht zwei falsche Zeugen, die gegen Nabot aussagen. Klagt ihn an, er habe Gott und den König verraten, dann könnt ihr ihn verurteilen. Führt ihn zur Stadt hinaus und steinigt ihn. Als die vornehmen Männer die Briefe bekamen, überlegten sie nicht lange, was Recht ist und was Unrecht. Sie taten, was in den Briefen stand. Und bald konnten sie Isebel berichten: „Nabot ist gesteinigt. Er ist tot." Isebel aber sagte zu Ahab: „Nun kannst du den Weinberg nehmen, den du so gern haben möchtest. Nabot lebt nicht mehr." Ahab ging in den Weinberg, der Nabot gehört hatte, und nahm ihn in Besitz. Er dachte nicht an Nabot. Er dachte nur daran, daß sein Wunsch sich erfüllt hatte. Der Weinberg gehörte ihm allein. Und er hatte nicht einmal dafür bezahlen müssen.
Unerwartet stand Elija vor Ahab. Als Ahab den Propheten sah, erschrak er und rief: „Hast du mich gefunden? Du bist mein Feind." Der Prophet aber sagte dem Ahab ernste Worte. Er sagte ihm, was Ahab sich selbst hätte überlegen müssen: „Du gehst hier umher. Du bist zufrieden. Aber du hast einen Mord begangen, um zu diesem Weinberg zu kommen. Dafür wirst du bezahlen. Du und deine Familie. Und auch deine Frau Isebel." Diese Worte trafen den König. Er wurde niedergedrückt. Er zerriß seine Kleider und zog ein Bußgewand an. Ihm tat leid, was er getan hatte. Aber gutmachen konnte er nichts mehr. Wer einem Menschen das Leben genom-

men hat, kann es ihm nicht zurückgeben. Ahab kehrte zu Gott zurück. Und darum hat Gott ihm vergeben. Die Strafe, die der Prophet ihm angedroht hatte, sollte ihn nicht gleich treffen.
Drei Jahre später brach ein Krieg aus. Ahab fürchtete sich. Denn er wußte, daß es die Feinde nur auf ihn, den König, abgesehen hatten. Darum verkleidete er sich und ging als einfacher Soldat in den Kampf. Die Feinde entdeckten bald, daß Ahab nicht im königlichen Kampfwagen saß. Ein Soldat spannte seinen Bogen. Er schoß aufs Geratewohl in das Heer der Israeliten. Und er traf den Ahab zwischen Panzer und Gürtel. An dieser Verwundung ist Ahab gestorben. Sein Sohn Ahasja wurde König in Samaria. Und alles begann von neuem: Unrecht. Ein selbstgemachter Gott. Das alte Lied. Warum lernen wir Menschen so schwer aus den Fehlern, die andere gemacht haben?

47. Ein neuer Prophet

Du weißt nicht, was alles in deinem Leben geschehen wird. Und das ist gut so, denn sonst gäbe es keine Überraschung. Es kann ja so viel geschehen, was du niemals erwartet hättest. Elischa zum Beispiel war ein Bauer. Und er dachte, er werde immer Bauer bleiben. Eines Tages war er mit ein paar Knechten zum Pflügen auf dem Feld. Da kam Elija vorbei, der Prophet. Er sah den Elischa, nahm seinen Mantel und warf ihn um dessen Schultern. Dann ging er einfach weiter. Elischa rannte hinter ihm her und fragte, was das zu bedeuten habe. Aber im Grunde wußte er schon, daß sein Leben sich ändern würde. Er sollte der Nachfolger des Elija werden. Elischa nahm Abschied von seiner Familie. Dann ging er mit Elija und wurde sein Schüler.
Elischa lebte mit Elija und lernte von ihm. Er lernte, daß ein Prophet im Namen Gottes redet. Er muß den Menschen die Wahrheit sagen, auch wenn ihnen das nicht gefällt. Er muß sie warnen, wenn sie den Gottesbund verraten. Ein Prophet darf keinen Menschen fürchten, auch den König nicht.
Elija war alt geworden. Er spürte, daß sein Leben zu Ende ging. Er

sagte: „Gott will mich wegnehmen. Laß mich allein weitergehen.“ Aber Elischa sagte: „Ich gehe mit dir. Ich verlasse dich nicht.“ Die beiden kamen nach Jericho, und wieder wollte Elija allein weitergehen. Noch einmal sagte Elischa: „Ich gehe mit dir. Ich verlasse dich nicht.“ So kamen die beiden an den Fluß Jordan. Dort nahm Elija seinen Mantel, rollte ihn zusammen und schlug damit auf das Wasser. Da teilte sich das Wasser, und die beiden konnten durch das trockene Flußbett gehen. Drüben sagte Elija: „Ich will dir noch eine Bitte erfüllen, Elischa.“ Und Elischa bat: „Du bist ein Gottesmann. In dir ist der Geist Gottes lebendig. Ich wünsche mir nur einen kleinen Teil davon.“ Elija sagte: „Du hast dir etwas Schweres gewünscht. Wenn du siehst, wie ich von der Erde hinweggenommen werde, wirst du bekommen, was du erbittest.“ Während sie miteinander redeten, zog ein Gewitter auf. Es wurde dunkel. Blitze zuckten. Und da war es dem Elischa, als sehe er einen feurigen Wagen mit feurigen Pferden vom Himmel heranbrausen. Schon sah er den Elija nicht mehr. Im Wirbelwind wurde der alte Prophet weggenommen, in den Himmel. Elischa rief ihm nach: „Mein Vater, mein Vater!“ Doch Elija blieb verschwunden. Nur sein Mantel war zurückgeblieben. Da nahm Elischa den Mantel. Und als er an den Jordan zurückkam, bahnte er sich mit dem

Mantel einen Weg durch das Wasser. So wie Elija es getan hatte. Andere Propheten sahen es. Sie riefen: „Elischa ist der neue Prophet. Gott ist ihm nah.“ Natürlich fragten sie auch: „Wo ist Elija geblieben?“ Und weil sie es genau wissen wollten, wohin ihn der Sturmwind getragen hatte, schickten sie fünfzig Männer aus, den Elija zu suchen. Drei Tage lang. Sie suchten auf den Bergen und in den Tälern. Sie fanden keine Spur von ihm. Elischa aber sagte: „Habe ich euch nicht gesagt, daß ihr ihn nicht zu suchen braucht!“ Der neue Prophet zeigte den Menschen, wie man Gott vertrauen kann. Er hatte vor niemand Angst. Nicht vor dem König und nicht vor dem höchsten General. Und weil Gott ihm nah war, konnte er viele wunderbare Zeichen vollbringen. Eines Tages erfuhr Elischa, daß der einzige Sohn einer Frau am Hitzschlag gestorben war. Er kannte die Familie; er hatte oft in ihrem Haus gegessen und gewohnt. Als Elischa von dem Unglück hörte, schickte er seinen Die-

ner voraus und sagte: „Geh schnell und leg meinen Stab auf das Gesicht des Jungen." Als Elischa dann in das Haus kam, sagte sein Diener: „Kein Laut. Kein Lebenszeichen, das Kind ist nicht aufgewacht." Elischa ging allein in das Zimmer, in dem der Junge lag. Er trat an das Bett. Er betete zum Herrn. Er legte sich auf den Jungen: seinen Mund auf den Mund des Jungen – seine Hände auf die Hände des Jungen. Und dann konnte er spüren, wie Leben und Wärme zurückkamen. Der Junge mußte niesen. Er machte die Augen auf. Die Mutter konnte es nicht fassen: Sie hatte ihren Sohn wieder; lebend!
Immer schon hatte man in Israel gewußt, daß Gott die Macht hat über das Leben. Nun mußte man sich fragen: Hat Gott auch die Macht über den Tod? Und warum eigentlich nicht?

48. Ein geschlagener General

Wenn du krank bist, kann nur ein Arzt dir helfen. Doch es gibt Krankheiten, die unheilbar sind. Wer soll dir dann helfen? Manche Kranke versuchen es in ihrer Verzweiflung mit jedem Mittel, das sie finden können. Vielleicht hilft es nicht; aber bestimmt schadet es nichts. Ein todkranker Mann hat ja nichts mehr zu verlieren. Er ist schon verloren.
Ungefähr so stand es um Naaman. Er war aussätzig. Immer mehr Flecken zeigten sich auf seiner Haut. Er wußte, daß dies der Anfang vom Ende war. Langsam, aber sicher geht die Krankheit weiter. Ein Aussätziger trägt den Tod mit sich herum. Und nicht nur mit sich allein: Aussatz ist ansteckend. Ein Aussätziger kann den Tod weitergeben. Darum dürfen Aussätzige nicht mit den anderen Menschen zusammenleben. Und weil es damals keine Kliniken und keine Aussätzigenhäuser gab, schickte man die Kranken einfach weg. Es gab ja auch keine Mittel gegen den Aussatz. Die Kranken sollten sehen, wo sie blieben. In Höhlen, in der Einöde. Dort konnten sie sich zusammentun, damit sie nicht allein waren. Doch mit einem gesunden Menschen durften sie nicht mehr in Berührung kommen.

Wenn ein unbekannter Mann aussätzig wird, bekümmert das vielleicht seine Familie, seine Verwandten und Bekannten. Aber sonst macht man wenig Aufhebens von ihm. Er muß verschwinden. Naaman aber war kein unbekannter Mann. Er war ein berühmter Feldherr aus dem Land Aram. Für ihn wurde alles versucht. Alles vergeblich. Nun blieb ihm noch ein einziger Ausweg. Ein Dienstmädchen aus Israel hatte dem Naaman erzählt: „In Israel gibt es einen Propheten. Er wirkt wunderbare Zeichen. Er kann auch einen Aussätzigen heilen." Das Ganze war nicht einfach: Sollte Naaman in ein feindliches Land gehen und um Hilfe bitten? Einen fremden Propheten? Für einen General kein leichter Entschluß. Doch der König von Aram schrieb einen Brief an den König von Israel: „Ich schicke dir meinen General, damit du seinen Aussatz heilst." Diesen Brief nahm Naaman mit. Mit Pferden und Wagen fuhr er nach Samaria. Auch Silber, Gold und Kostbarkeiten nahm er mit. Als König Joram in Samaria den Brief las, erschrak er nicht schlecht: „Bin ich denn Gott? Kann ich das Leben nehmen und wieder schenken? Niemand kann einen Aussätzigen heilen!" Der König dachte: Wahrscheinlich suchen die Aramäer Streit mit mir. Doch er wagte auch nicht, den General Naaman nach Damaskus zurückzuschicken. Was sollte er nur tun?

Als Elischa hörte, wie ratlos der König war, ließ er ihm sagen: „Schick den Naaman zu mir. Hier wird er erfahren, daß es in Israel einen Propheten gibt." So kam Naaman mit seinen Pferden und Wagen vor das Haus des Elischa. Aber Elischa kam nicht einmal vor die Tür. Er schickte nur einen Boten und ließ dem Naaman sagen: „Geh und wasch dich siebenmal im Jordan. Dann wirst du wieder gesund." Naaman wurde wütend. Er hatte geglaubt, der Prophet würde herauskommen und feierlich Jahwe, den Gott-der-hilft, anrufen. Aber nun wollte er ihn nicht einmal sehen. Er schickte ihn einfach an den Jordan. Das war doch ein Fluß wie jeder andere. Waren die Flüsse im Land Aram nicht ebensogut? Naaman war beleidigt. Zornig befahl er: „Wir kehren um und fahren zurück!" Doch seine Diener sagten: „Naaman, überlege. Wenn der Prophet etwas Schweres von dir verlangt hätte, dann hättest du es gewiß getan. Warum willst du das Leichte nicht tun?" Damit

hatten sie recht, und Naaman gab den Befehl, zum Jordan zu fahren. Dort tauchte er siebenmal unter. Und als er aus dem Wasser kam, waren die Flecken auf seiner Haut verschwunden. Seine Haut war glatt, wie die Haut eines kleinen Kindes.
Naaman kehrte mit seinen Wagen und Pferden zum Haus des Elischa zurück. Er ging zum Propheten und sagte: „Jetzt weiß ich es genau. Nirgendwo auf der Welt gibt es einen Gott, nur in Israel.“ Und Naaman wollte dem Elischa kostbare Geschenke geben. Aber Elischa sagte: „Gott hat dich gesund gemacht. Ich nehme nichts an.“ Naaman kehrte nach Damaskus zurück. Er sagte: „Ich werde keinem anderen Gott mehr vertrauen als Jahwe, dem Gott-der-hilft.“
Naaman hat erlebt, daß der Gott-der-hilft nicht nur den Israeliten allein gehört: er hilft allen Menschen. Wenn sie nur zu ihm kommen, ihm vertrauen. Darüber mußten die Israeliten lange nachdenken. Denn sie glaubten ja, Jahwe sei ihr Gott; ein Gott, der den Israeliten gehört und niemand sonst.

49. Jona wollte untertauchen

Wenn Gott dir einen Auftrag gibt, kannst du dich nicht drücken. Erinnerst du dich an die vielen Ausreden, die Mose erfunden hat, als Gott ihn zum Pharao schicken wollte? Die Ausreden haben nichts genützt. Mose mußte schließlich dorthin gehen, wohin Gott ihn haben wollte. Als Gott den Jona als Propheten nach Ninive schicken wollte, hat der es erst gar nicht mit Ausreden versucht. Er ist einfach davongelaufen. Er wollte sich verstecken. In den Untergrund gehen. Er meinte, damit sei er den lästigen Auftrag los.
Jona stieg in ein Schiff. Das fuhr in eine andere Richtung, weit weg von Gott. In der untersten Kajüte glaubte Jona sich sicher. Hier würde Gott ihn nicht finden. Er konnte ruhig schlafen. Auch wenn draußen auf dem Mittelmeer ein gewaltiger Sturm tobte. Wie ein Spielball tanzte das Boot auf den Wellen. Die Matrosen hatten die Ladung über Bord geworfen. Jeden Augenblick konnte das Boot zerbrechen. Dann waren alle verloren.
Was tut man in einer solchen Not? Die Matrosen fingen an, zu ihren Göttern zu beten. Der Kapitän ging hinunter und weckte Jona: „Wie kannst du schlafen? Steh auf und ruf deinen Gott an. Vielleicht denkt dein Gott an uns, so daß wir nicht untergehen." Der Sturm ließ nicht nach. Da sagten die Matrosen zueinander: „Einer auf diesem Schiff ist schuldig geworden. Darum sind die Götter böse. Wir wollen das Los werfen und herausbringen, wer es ist." Auf wen fiel das Los? Natürlich auf Jona. Den einzigen Passagier. Sie fragten ihn: „Wer bist du eigentlich?" Jona antwortete: „Ich bin ein Hebräer, und ich verehre Jahwe, den Gott des Himmels. Er hat das Meer gemacht und auch das feste Land."
Da fiel den Matrosen ein, was Jona erzählt hatte, als er auf das Schiff gekommen war: Gott wollte Jona zu seinem Propheten machen. Das wäre Jona schon recht gewesen. Aber Gott wollte den Jona nach Ninive schicken. Und dorthin wollte Jona nicht gehen. Darum war er auf der Flucht. In die andere Richtung. Weit weg von Gott. Nun wußten die Matrosen, warum der Sturm ihr Schiff bedrohte. Gott hat seinen Propheten eingeholt. Sie sagten zu Jona: „Warum hast du das getan? Was sollen wir mit dir machen, damit

das Meer sich beruhigt?“ Jona sagte: „Nehmt mich und werft mich ins Wasser. Dann seid ihr gerettet.“ Die Matrosen beteten: „O Gott. Laß uns nicht untergehen wegen Jona. Wir sind unschuldig. Und laß das, was wir jetzt tun, nicht als Mord gelten.“ Dann nahmen sie den Jona und warfen ihn ins Meer. Gleich war er in den Wellen untergetaucht. Und im gleichen Augenblick war das Meer so glatt wie an einem Sonnentag. Die Matrosen aber fürchteten sich und sagten: Was für ein Gott!
Du glaubst vielleicht, nun sei die Geschichte zu Ende. Jona sei ertrunken, weil er nicht nach Ninive gehen wollte. Nein, so leicht entkommt man nicht, wenn Gott einen Auftrag für jemanden hat. Jona blieb am Leben. Die Bibel erzählt, ein großer Fisch habe den Jona verschlungen. Drei Tage und drei Nächte lang sei Jona im Bauch des Fisches gewesen. Er habe zu seinem Gott gebetet:

„Aus der Tiefe der Unterwelt
schrie ich um Hilfe,
und du hörtest mein Rufen.
Wogen und Wellen schlugen
über mir zusammen.
Doch du holtest mich
lebend aus dem Grab heraus,
Herr, mein Gott.“

Jona war wirklich untergetaucht. Doch er kam wieder ans Licht. Der Fisch hat ihn ans Ufer zurückgetragen.
Zum zweitenmal schickte Gott den Jona nach Ninive. Diesmal machte Jona sich auf den Weg. Ninive war eine große Stadt. Prächtig und reich. Aber auch gewalttätig und böse. Eine fremde Stadt, in der man Gott nicht kannte. Würden sie in dieser Weltstadt auf irgendeinen unbekannten Propheten hören? Jona stand auf den Plätzen der Stadt und rief: „Noch vierzig Tage, und Ninive wird zerstört. Gott sagt es!“
Und das, was Jona nun in Ninive erlebte, ist ein größeres Wunder als sein Abenteuer mit dem Fisch. Die Leute in Ninive lachten ihn nicht aus. Sie jagten ihn nicht weg. Sie sagten nicht: „Der ist verrückt!“ Die Leute in Ninive hörten auf das, was Jona ihnen sagte.

Sie nahmen die Warnung ernst. Sie warteten nicht lange. Sofort rief man ein Fasten aus. Selbst der König zog ein Bußkleid an. Ein jeder besann sich auf das Böse, das er getan hatte. Jeder versuchte,

das Gute zu tun. Die ganze Stadt begann ein neues Leben. Das hatte Jona nicht erwartet. Und es war ihm nicht einmal recht. Er wollte, daß Gott es den stolzen Leuten von Ninive zeige. Er wollte sehen, wie Gott straft. Aber Gott dachte anders. Die Stadt blieb heil. Das Urteil wurde nicht vollstreckt. Jona war beleidigt. Er war nicht einverstanden. Er konnte nicht glauben, daß Gott auch zu anderen Völkern spricht. Zu Völkern, die ihn nicht kennen. Er konnte und wollte nicht glauben, daß Gott allen vergeben will, weil er alle liebt. Das mußte Jona noch lernen. Und vielleicht müssen wir das auch noch lernen.

50. Gott schickt einen Bauern

Erinnerst du dich an Jakob? Erinnerst du dich an den Traum, den er hatte? Den Traum von Bet-El? Bet-El wurde ein großer Wallfahrtsort. Und nun sollte ein Fest gefeiert werden. Von allen Seiten strömten die Menschen herbei. Sie kamen mit Schafen und Kühen. Die Opfertiere wurden geschlachtet. Von allen Altären stieg der Rauch zum Himmel empor. Die Musiker spielten auf ihren Instrumenten. Alle sangen laut und begeistert Festtagslieder für ihren Gott. Dann hielten sie Festmahl. Die Leute in Bet-El hatten ein gutes Gewissen. Sie waren fromm. Sie feierten ihr Fest an einem heiligen Ort: Hier hatte auch Abraham einmal ein Opfer dargebracht. Und hier hatte Jakob von der Straße geträumt, die vom Himmel zur Erde führt. Darum hatte König Jerobeam hier ein Heiligtum bauen lassen. König Jerobeam wollte sich gut stellen mit Gott. Er wußte: Wer Gott auf seiner Seite hat, ist stark. Und weil es dem König und den Reichen im Lande gutging, dachten sie, Gott stehe wirklich auf ihrer Seite. Sie dachten, wenn wir ein paarmal im Jahr ein Fest für Gott feiern, ist er zufrieden. Dann können wir die übrigen Tage tun, was wir wollen. Wir gehören ja zu dem Volk, mit dem Gott einen Freundschaftsbund hat. Er will unser Volk glücklich machen. Um alle anderen Völker kümmert Gott sich nicht. So dachten die Leute, damals bei dem Opferfest in Bet-El.
Das Fest war in vollem Gang. Alle waren zufrieden und vergnügt.

Und darum waren sie auch alle furchtbar empört, als plötzlich ein kleiner Bauer, Amos aus Tekoa, aufstand und zu reden anfing. Er redete unerhörte Dinge:
„So sagt Gott: Ich hasse eure Feste. Ich verabscheue sie. Ich will eure Gaben nicht haben. Hört auf mit dem Lärm eurer Lieder. Euer Harfenspiel kann ich nicht hören. Tretet für das Recht ein und für Gerechtigkeit! Doch ihr: Ihr verkauft den Unschuldigen für Geld. Den Armen verkauft ihr für ein Paar Sandalen. Ihr tretet die Kleinen in den Staub. Ihr nehmt von den Hilflosen Pachtgeld. Für Getreide verlangt ihr Steuern. Ihr laßt euch bestechen . . . Ich weiß, wie ihr die Regeln brecht. Ich kenne eure vielen Vergehen. Darum: Geht nicht nach Bet-El. Sucht Gott da, wo er ist. Dann werdet ihr leben. Haßt das Böse und liebt das Gute. Vielleicht nimmt Gott dann sein Gericht zurück."
An jedem Tag des Festes, bei jeder Zusammenkunft stand der kleine Bauer auf. Er sprach immer dasselbe: „Im Namen Gottes . . ." Die Leute waren sprachlos. Empört! Alle schauten zum Oberpriester Amazja. Was wird er sagen? Amazja schickte einen Boten zum König nach Samaria: „Mitten in deinem Land wiegelt Amos das Volk auf. Seine Worte sind unerträglich!" Und zu Amos sagte Amazja: „Prophet, geh! Flüchte in dein Land Juda. Hier in Bet-El wollen wir dich nicht mehr sehen. Hier ist ein königliches Heiligtum. Ein Reichstempel." Amos antwortete: „Ich bin kein Prophet und auch kein Prophetenschüler. Ich bin Bauer und Hirt. Ich war bei der Herde. Da hat Gott mich gerufen. Er hat mich hierhergeschickt. Ich soll euch sagen, was kommen wird: Du selbst, Amazja, wirst in einem fremden Land sterben. Und die Israeliten müssen ihr Land verlassen, in die Verbannung ziehen."
Wir wissen nicht, wie es mit dem Propheten Amos weiterging. Später hat man seine Worte und die Visionen, die Gott ihn schauen ließ, in Jerusalem gesammelt und aufgeschrieben. Du findest das kleine Buch des Propheten Amos in der Bibel.
Aber wir wissen: Die Warnung des Amos hat nichts genützt. Nur wenig später wurden die Worte des Amos, des unbekannten Hirten aus Tekoa, wahr. Die mächtigen Assyrer machten einen Eroberungszug nach Israel. Wie ein Heuschreckenschwarm fielen sie

über das Land her. Alles und jeden nahmen sie mit. Fremde Menschen aus fremden Ländern wurden in Israel angesiedelt. Das war das Ende vom nördlichen Reich. Das Ende von Israel. Israel hat erfahren, daß es ohne Gott kein Leben, keine Zukunft gibt. Und es ist nichts übriggeblieben von Israel, außer der Geschichte von seinem Untergang.

Gefahr und Rettung

51. Geh und sag diesem Volk

Eine große Menschenmenge auf der Straße. Da muß etwas los sein. Ein Unglück? Eine Rauferei? Schnell hin und nachsehen. Jemand hält da eine Rede. Vielleicht über Politik? Was sonst könnte so wichtig sein? Du drängelst dich weiter und siehst den Propheten. In Jerusalem kennt ihn jeder: Jesaja. Und jeder weiß, daß Gott ihn geschickt hat: „Geh und sag diesem Volk . . .“
Was hat er heute zu sagen? Du fängst etwas auf über einen Weinberg. „Mein Freund hatte einen Weinberg . . . Umgegraben, die Steine weggetragen . . . gut gepflegt . . . Gute Reben gepflanzt . . . Aber der Weinberg trägt nichts Gutes . . . Was macht mein Freund . . . Er läßt den Weinberg verwildern . . . Reißt die Mauern ein . . . Jeder kann darin herumtrampeln . . . Der Weinberg sind wir . . . Ein gutes Land . . . Gott sorgt gut . . . Was lassen wir wachsen . . . Sünde und Unrecht . . . Was soll Gott mit uns anfangen?“
Jesaja sagte nichts mehr. Und keiner, der dabeistand, wagte zu widersprechen. Schließlich konnte man nicht bestreiten, daß der Prophet recht hatte. Man lebt dahin. Man denkt nicht an Gott. Man bringt seine Opfer, zahlt seine Steuern, weil es sich so gehört. Aber sonst? Und beten? Na ja, wer hat schon Zeit? Kann das gutgehen? Jesaja hat wohl recht.
Ein andermal hatte Jesaja seine zwei kleinen Söhne bei sich. Er legte die Hand auf die Schultern des einen und sagte: „Schon bevor dieser Junge geboren wurde, sagte Gott: Gib deinem Sohn den Namen ‚Schneller Räuber‘. Denn ein schneller Räuber kommt über das Volk. Ihr kennt ihn. Im Norden, in Israel hat er alles ausgeraubt. Ja, es sind die Assyrer. Sie kommen auch in den Süden, nach Jerusalem.“ Dann schob der Prophet seinen anderen Jungen nach vorn und sagte: „Auch dieser Junge hat einen Namen, den Gott selbst ihm gegeben hat. Er heißt: ‚Ein Rest kommt durch‘. Denn unser Volk wird nicht ganz und gar zugrunde gehen. Es bleibt ein Rest. Er kommt durch, er wird an Gott festhalten. Gott wird ihn retten. Das ist unsere Hoffnung. Denkt an die beiden Jun-

gen und an ihre Namen. Dann versteht ihr, was geschehen wird."
Die Menschen schauten sich ratlos an, als wollten sie sagen: „Müssen wir das glauben? Und: Warum redet er immer in so schwer verständlichen Bildern und Beispielen? Soll er uns doch direkt sagen, was Gott beschlossen hat, dann wissen wir, woran wir sind. Aber hat nicht Jesaja schließlich noch immer recht behalten? . . ."
Ein andermal sagte Jesaja: „Habt ihr schon einmal eine Eiche gesehen? Groß und stark. Tiefe Wurzeln. So war Davids Familie. Aber die Eiche wurde dürr und kahl. Man hat sie umgehauen. Nur

ein Stumpf ist übriggeblieben. Doch aus diesem Stumpf wächst ein neuer grüner Zweig. Aus diesem Zweig wächst ein neuer Baum. Grün und lebendig. Groß und stark. Ein neuer König wird kommen. Die Könige in allen Ländern der Erde werden auf ihn achten. Er schafft ein Reich, in dem Friede herrscht und Gerechtigkeit. Das Reich des großen Retters. In diesem Reich gibt es keine Gewalt, keine Drohung, keine Angst. Ihr wißt, daß alle Könige gesalbt sind; das heißt hebräisch: Messias. Dieser eine König aber ist wirklich ein König. Der Messias, der Gott gefällt. Und er wird aus Davids Familie stammen."
Schon wieder ein Beispiel, das man schwer verstehen konnte. Aber ein andermal, als Jesaja wieder von dem König sprach, wurde es noch unverständlicher: „Dieser Messias, an dem Gott seine Freude hat, sieht nicht aus wie ein König. Er sieht aus wie ein Knecht. Wie ein gewöhnlicher Mensch. Er ist ein Kleiner, ein Armer. Er hat keinen Erfolg. Die Menschen verachten ihn. Sie lachen über ihn. Sie verspotten ihn. Doch er läßt sich das alles gefallen. Er wehrt sich nicht. Und eben darum kann er für alle Menschen die Freundschaft Gottes erwirken. Er kann für alle Menschen leiden. Er trägt die Sünde der Welt. Sie töten ihn. Er läßt sich abführen. Er stirbt. Das ist unser Retter. Der Messias."
Niemand verstand damals genau, was Jesaja sagen wollte. Aber alle spürten: Das ist eine große Hoffnung. Eine gute Nachricht. Ein Friedensfürst. Ein Reich der Gerechtigkeit. Versöhnung mit Gott. Ein Knecht. Ein Geschlagener. Ein Retter für alle. Viele Leute, die den Jesaja gehört hatten, wurden nachdenklich. Viele dachten: Vielleicht erlebe ich es noch ... Hoffentlich dauert es nicht lange, bis all das wahr wird.

52. Große Gefahr

Gerüchte ... Man weiß nie genau, woher sie kommen und wieviel man davon glauben soll. Aber die Leute reden. Sie werden unsicher. In Jerusalem bekam man Angst. Immer wieder konnte man hören: Die Assyrer kommen. Niemand kann sie aufhalten. Sie können ein Reich von der Landkarte verschwinden lassen. Erinnerst du dich an den Norden, an Samaria? Und anderen Staaten ist es nicht besser ergangen. Im Süden hatte man sich den mächtigen Feinden freiwillig unterworfen. Jerusalem und das ganze Land Juda zahlten jahrelang den Assyrern Tribut und Abgaben. Doch König Hiskija hatte das geändert. Er wollte keinem fremden König dienen. Er wollte Gott dienen und sich auf ihn verlassen. Er konnte mit den Philistern fertig werden. Und dann räumte er im ganzen Lande auf: Die Götterbilder wurden zerschlagen. Die Altäre wurden niedergerissen. Hiskija sagte: Wer Gott dienen will, soll nach Jerusalem kommen, in den Tempel. Das Volk hielt sich wieder an die Regeln, die Zehn Gebote. Und bald konnte man überall merken, daß die Leute anders wurden. Sie wußten, daß sie im Freundschaftsbund Gottes lebten. Hiskija war einer der vielen Nachfolger des David und des Salomo auf dem Thron in Jerusalem. Er war ein frommer König. Aber er war auch ein tatkräftiger König. Und er wußte, daß die Assyrer gefährliche Feinde waren. Er ließ die Stadt Jerusalem befestigen. Er rechnete mit einer langen Belagerung.

Man hatte viel über die Assyrer gesprochen. Jetzt lag ihre Armee wirklich vor Jerusalem. Ihr Lager bildete einen Ring rund um die Stadt. Da kam ein Gesandter vor die Mauern und rief: „Hört, was der König von Assur euch sagt! Der König sagt: Euer Widerstand ist sinnlos. Unterwerft euch freiwillig. Dann bleibt ihr frei, bis ich selber komme und euch in ein anderes Land führe. Dort sollt ihr mir dienen. Ihr kommt mit dem Leben davon. Laßt euch nicht von Hiskija herumkriegen, wenn er sagt: Vertraut auf Jahwe. Der Gott-der-hilft wird euch retten. Hat denn ein anderer Gott sein Volk vor dem König von Assur gerettet? Hört nicht auf Hiskija. Unterwerft euch."

Von der Stadtmauer kam keine Antwort. Die es gehört hatten, überbrachten die Botschaft dem König. Hiskija wußte nicht, was er tun sollte. Er schickte zum Propheten Jesaja und ließ ihm sagen: „Heute ist ein Tag der Not. Die Assyrer beschimpfen nicht nur das Volk. Sie spotten über Gott. Bitte Gott. Vielleicht wird er uns retten." Jesaja aber ließ dem König sagen: „Hab keine Angst. Der

König von Assur wird eine Nachricht erhalten. Er wird in sein Land zurückkehren."
Noch einmal kam ein Gesandter des Königs von Assur. Er kam mit einem Brief: „Laßt euch nicht einreden, der Gott, dem ihr vertraut, werde euch retten! Gott steht auf der Seite des Königs von Assur. Ihr wißt doch, was die Assyrer mit allen anderen Ländern gemacht haben. Ihre Götter konnten sie nicht retten." Hiskija aber ging mit dem Brief in den Tempel und betete: „Herr, du bist der Gott Israels. Du bist der Gott aller Reiche der Erde. Höre alles, was der König von Assur schreibt, um dich zu verhöhnen. Es ist wahr, was er sagt. Alle Völker wurden vernichtet. Ihre Länder verwüstet. Befrei uns, Gott. Dann werden alle sehen, daß du der einzige Gott bist. Jahwe, der Gott-der-hilft. Du allein." Jesaja aber ließ dem Hiskija sagen: „Höre, was Gott dir sagt: Die Stadt Jerusalem wird nicht erobert. Die Feinde werden verschwinden."
Und in derselben Nacht kam der Tod in das Lager der Assyrer. Niemand weiß genau, was geschah. Doch am Morgen fand man viele Soldaten tot. Da gab der König von Assur die Belagerung auf. Er kehrte in sein Land, in seine Stadt Ninive zurück. Das geschah zur Zeit des Königs Hiskija. Gott hat Jerusalem gerettet. König Hiskija hat an Gott festgehalten. Er hat gebetet. Und das Gebet ist stärker als viele Waffen.

53. Ein König fragt nach Gott

Das waren schlimme Zustände in Jerusalem! Die Diener des Königs machten eine Verschwörung. Sie ermordeten den König in seinem Palast. Doch im Volk gab es Männer, die sich das nicht gefallen lassen wollten. Sie erschlugen die Mörder und machten den Kronprinzen Joschija zum König. Damals war Joschija erst acht Jahre alt. Er fand gute Berater und lernte bald, wie man als König regiert.
Als König Joschija sechzehn Jahre alt war, begann er zu fragen: An wen kann ich mich halten? Was war das für ein Gott, dem König David diente? Und er lebte von nun an so, wie König David

gelebt hatte. Er wich nicht nach rechts oder nach links. Denn er hatte das Geheimnis entdeckt, das diesen berühmten König stark gemacht hatte: Dies Geheimnis war sein Glaube. Mit sechzehn Jahren hat Joschija entschieden, wem er glauben wollte und wem nicht.

Als Joschija zwanzig Jahre alt war, begann er seinen Kampf für Jahwe, den Gott-der-hilft. Im ganzen Land ließ er die Altäre, die man dem Baal gebaut hatte, niederreißen. Er ließ die Götterbilder zertrümmern und die heiligen Plätze verwüsten. Im selben Jahr beschloß er, den Tempel, den Salomo gebaut hatte, zu erneuern. Er hatte genug Geld beisammen. Der Tempel war damals mehr als dreihundert Jahre alt. Da gab es viel zu erneuern. Joschija wollte alles wieder so haben, wie es zu Salomos Zeit gewesen war. Dann

sollte es wieder feierliche Gottesdienste geben im Tempel. Das Volk sollte wieder lernen, sich an die Regeln zu halten. So wie es früher war.
Da fand man bei den Bauarbeiten eine alte Buchrolle. Gleich meldete man dem König, was man gefunden hatte. Es war ein Buch voller Spielregeln, ein Buch der Gebote und Weisungen, die dem Menschen sagen, wie er mit den Menschen und mit Gott leben soll. Der König hörte, was da geschrieben stand. Und er erschrak. Denn in seinem Land galt nichts von dem, was er da hörte.
„Du darfst keine anderen Götter neben mir haben; denn ich bin der Gott, der euch aus Ägypten befreit hat . . . Weh dir, wenn du vor den Götterbildern kniest . . . Glücklich bist du, wenn du die Regeln achtest; du, dein Sohn und dein Enkel . . . Höre, Israel! Jahwe ist unser Gott; er allein. Darum sollst du Jahwe, deinen Gott, lieben, mit deinem ganzen Herzen, deiner ganzen Seele und

deiner ganzen Kraft. Das sollst du deinen Kindern weitergeben ... Vergiß Gott nicht, wenn es dir gutgeht; wenn du im Überfluß lebst ... Gott schaut nicht auf Rang und Reichtum. Gott läßt sich nicht bestechen. Er hilft den Witwen und Waisen. Er betrügt sie nicht. Er nutzt den Wehrlosen nicht aus. Er liebt die Fremden. Er gibt ihnen Nahrung und Kleidung. Und so sollt auch ihr es halten ..."

Joschija hörte, was in der Schriftrolle stand. Er rief: „Wie zornig muß Gott sein über uns! Wir haben nichts von dem getan, was in diesem Buch geschrieben steht." Joschija ließ alle Priester, alle Propheten und alle Männer im Tempel zusammenkommen. Dort las er selber die Buchrolle vor. Und alle erschraken. Sie sagten: „Wir wollen einen neuen Bund schließen mit Gott." Damals versprachen sie feierlich: „Von nun an wollen wir an Gott festhalten. Ihm dienen mit unserem ganzen Herzen und all unseren Kräften. Mit allem, was wir haben. Wir wollen die Regeln halten." Joschija aber befahl den Priestern: „Schafft alle Götterbilder aus dem Tempel und zertrümmert sie!" Auch die Pferde und den Wagen des Sonnengottes, der am Eingang des Tempels stand, ließ er verbrennen. War das eine Aufregung in Jerusalem! Manch einer war gewiß nicht gleich einverstanden mit dem, was der König tat. Doch bald konnte man es spüren: Die Menschen wurden anders. Sie betrogen einander nicht mehr. Sie konnten einander vertrauen. Sie dachten an Gott. Es war ein ganz neues Leben. Und so blieb es, solange Joschija lebte. Er war ein König, der sein Volk zu Gott zurückbrachte.

Die Buchrolle, die man damals gefunden hat, steht in der Bibel. Im Buch Deuteronomium kannst du lesen, wie die Menschen miteinander und mit Gott leben sollen.

54. Ihr müßt das Joch tragen!

Was für ein Verrückter! Alle gafften ihm nach. Durch die Straßen von Jerusalem lief ein Mann, der trug ein großes Ochsenjoch auf dem Nacken. Es sah fast aus, als wäre er ein Tier, das eine schwere Last schleppen muß. Als er stehenblieb, sammelten sich die Leute um ihn. Jeder kannte ihn. Es war derselbe Prophet, der am Tempeltor einen Auflauf verursacht hatte. Dort hatte er gesagt: „Gott wird die Stadt Jerusalem zerstören und auch den Tempel. Denn ihr habt Gott und das, was ihr versprochen habt, bald wieder vergessen."

Der Prophet hieß Jeremia. Doch was hat das Joch zu bedeuten? Nichts Gutes! Das merkte man gleich. „Ihr alle wißt, daß der König von Babel mit seinem Heer vor Jerusalem liegt. Ihr alle wißt – ich sagte es euch seit Jahren –, daß Gott nicht helfen wird! Wir müssen unseren Kopf beugen. Wir müssen das Joch des Königs von Babel tragen. Das ist unsere Strafe. Gott wird uns nicht ganz vergessen. Er wird uns retten. Aber erst müssen wir das Joch der Babylonier tragen. So wie ich dies Ochsenjoch trage." Das gefiel den Zuhörern nicht. Sie riefen: „Niemals!" „Du bist ein Landesverräter!" „Du nimmst den Soldaten den Mut!" „Man müßte dich . . ." Da trat einer nach vorn. Er riß dem Jeremia das Joch von den Schultern, zerbrach es und warf die Stücke auf die Straße. Er rief: „Nein! Wir müssen nicht . . . Genau das, was ich getan habe, wird mit den Babyloniern geschehen. Wir werden sie kleinkriegen!" Das hörten die Leute gern. Sie klatschten Beifall. Sie waren zufrieden. Den Propheten und seine Botschaft wollten sie nicht hören.

Was sollte Jeremia tun? Wie konnte er noch sagen, was Gott ihm aufgetragen hatte? Er rief seinen Freund Baruch. Ihm diktierte er, was Gott ihm über das Volk Israel und die Völker gesagt hatte. Baruch schrieb alles in eine Buchrolle. Und weil Jeremia Tempelverbot hatte, schickte er den Baruch an einem Festtag dorthin, damit er die Rolle vorlese. „Vielleicht kommen die Leute zur Einsicht. Vielleicht kehren sie um. Vielleicht wird Gott uns vergeben." Baruch las im Tempel. Auch Beamte des Königs hörten ihn. Sie ließen den Baruch samt der Buchrolle holen. Sie nahmen ihm die Rolle weg und sagten: „Versteck dich gut. Und sag auch dem Jeremia, er solle sich verstecken." Dann gingen sie zum König. Es war Winter. Ein Feuer brannte. Einer der Beamten las dem König die Buchrolle vor. Und sooft er drei oder vier Spalten gelesen hatte, schnitt sie der König mit einem Schreibermesser ab und warf sie in das Feuer auf dem Kohlebecken. Da siehst du, was der König von den Worten eines Propheten hielt. Als die Rolle verbrannt war, wollte er den Jeremia und auch den Baruch verhaften lassen. Doch die beiden waren spurlos verschwunden.

Als Jeremia später wiederauftauchte, wurde er sofort verhaftet.

König Zidkija ließ ihn noch einmal heimlich kommen. „Hast du ein Wort von Gott für mich?“ fragte er den Propheten. „Ja. Gott sagt: Du wirst dem König von Babel ausgeliefert werden.“ Jeremia blieb in Haft. Zuerst kam er in den Wachhof. Dann warfen sie ihn in eine Zisterne. Später hat ihn ein Fremder, ein Kuschiter, wieder herausgezogen. Doch Jeremia blieb gefangen, bis Nebukadnezzar, der König von Babel, ihn befreite.
Mit eigenen Augen sah Jeremia, wie seine Worte Wirklichkeit wurden: Feinde in der Stadt. Die vornehmen Leute weggeschleppt. Der Palast und viele Häuser verbrannt. Der Tempel ausgeraubt und niedergerissen. Die Mauern der Stadt abgetragen . . . Jeremia sang Klagelieder über die Stadt Jerusalem:

Weh, wie einsam sitzt sie da, die einst volkreiche Stadt.
Ihre Bedränger sind an der Macht, ihre Feinde im Glück.
Schwer gesündigt hat Jerusalem; darum ist es zerstört.
Ihr alle, die ihr vorbeigeht, schaut doch und seht,
ob ein Schmerz ist wie mein Schmerz, den man mir angetan hat . . .
Führe uns, Herr, zu dir zurück!
Erneuere unsere Tage, daß sie werden wie früher!
Oder hast du uns ganz verworfen?

55. In der Verbannung – in Babel

Du hast nicht immer Lust zu singen. Manchmal bist du traurig. Dann bleiben dir die fröhlichen Lieder im Halse stecken. So ging es den Leuten von Jerusalem, die man nach Babel geführt hatte. Sie lebten weit weg von ihrer Heimat. Sie arbeiteten in Babel. Und nun sagte man zu ihnen: „Warum seid ihr traurig? Singt uns Lieder von Jerusalem. Singt uns Lieder von eurem Land. Singt uns von eurem Gott.“ Aber wenn die Verbannten ein Lied anstimmen wollten, mußten sie an Jerusalem denken. Sie mußten an den Tempel denken. Sie bekamen Heimweh. Sie konnten nicht singen für diese Fremden, die ihnen all das genommen hatten. Die Musiker hingen ihre Instrumente in die Bäume. Dort konnte der Wind mit den Sai-

ten spielen. Nein, im fremden Land konnten sie die Lieder nicht singen, die sie früher gesungen hatten.
Sie waren mutlos. Sie wußten nicht, wie es mit ihnen weitergehen würde. War nun, in Babel, das Abenteuer zu Ende, das Gott mit dem Abraham begonnen hatte?
Doch unter ihnen gab es einen Mann, an den konnte man sich halten. Er sprach von dem, was hinter ihnen lag, und von dem, was kommen würde. Das war Ezechiel. Wenn er sprach, hörte man ihm zu. Und man glaubte auch, was er sagte. Alle vertrauten ihm. Ezechiel war ein Prophet, ein Mann Gottes.
Noch bevor das Unglück über Jerusalem hereingebrochen war, hatte er etwas Merkwürdiges getan: Mit Kreide hatte Ezechiel ein Bild der Stadt auf die Straße gezeichnet. Ein Kriegslager rund um die Stadt; Sturmböcke vor den Mauern. Und den Leuten, die seine Zeichnung anschauten, sagte er: „Feinde werden unsere Stadt erobern. Sie werden alles zerstören. Weil wir die Regeln vergessen. Weil wir nicht mehr danach fragen, was Gott von uns will."
Derselbe Ezechiel hatte im voraus gesagt, daß viele Leute aus Jerusalem mit den Siegern nach Babel gehen würden. Gefangen. Auch andere Ereignisse hat er im voraus gesagt. Und alles ist Wirklichkeit geworden. Darum wußten die Leute in Babel, daß Ezechiel ein Mann Gottes war. Sie waren froh, daß er bei ihnen war. Und weil all die schlimmen Dinge, die Ezechiel im voraus gesagt hatte, Wirklichkeit geworden waren, glaubten die Menschen ihm auch die guten Dinge, die er in Babel sagte. „Ihr müßt anders werden. Ihr müßt Gott festhalten. Dann wird er euch eines Tages in euer Land zurückkehren lassen."
Einmal sprach Ezechiel von Gott. Er sagte: „Stellt euch einmal vor, wir seien wie eine Schafherde. Doch was für Hirten haben wir in unserem Land? Sie sorgen nur für sich selber. Sie denken nicht an ihre Tiere. Die Schafe irren umher. Keiner sucht, wenn eines sich verirrt. Wenn ein Schaf sich das Bein bricht, dann verbindet niemand. Keiner wacht, wenn die wilden Tiere kommen. So wie diese Hirten sind unsere Könige und ihre Ratgeber gewesen. Darum sind wir die Beute unserer Feinde geworden. Doch da ist Gott. Er ist ein guter Hirt. Er kümmert sich. Er sucht. Er verbindet.

Er schützt. Er wacht. Und wie ein guter Hirt seine verirrten Schafe sammelt und sie nach Hause führt, so wird Gott seine verirrten und verstreuten Menschen suchen und sie nach Hause bringen. Dann werden wir wieder ganz sicher wissen, daß Gott zu uns hält."
Ein andermal erzählte Ezechiel von einer Vision. Er hatte Jerusalem gesehen. Nicht das frühere, ein neues Jerusalem. Nicht den zerstörten, einen neuen Tempel. Keinen Trümmerhaufen, neue Mauern. Die Menschen lebten im Frieden mit Gott und miteinander. Das war nur ein Traum. Aber es war ein Traum, an den man sich halten konnte. In Babel gab es sonst keine Hoffnung. Man konnte daran glauben, daß dieser Traum Wirklichkeit werden würde.

56. Das Königreich, das bleibt

Babel war ein Weltreich. Stark und selbstbewußt. An das Siegen gewöhnt. Großtuerisch. Das muß jeder zugeben. In Babel meinte man, alle Weisheit zu kennen. Den wahren Göttern zu dienen. Die Israeliten hatten als Gefangene die Babylonier kennengelernt. Sie wußten, wie sie sind. Noch lange erzählte man bei den Juden Geschichten von der Größe und Herrlichkeit der Stadt Babel, aber auch von ihrer Gewalttätigkeit, ihrer Sünde. Wenn man irgendeine große Stadt traf, verdorben, voll Sünde, konnte man sagen: Das ist ein Babel! Davon erzählte man. Aber die Juden vergaßen nicht, daß der Gott Israels größer und mächtiger ist als die Götter Babels. Viel später wurden einige dieser Geschichten aufgeschrieben. Du findest sie in der Bibel. Im Buch Daniel.
Da steht, daß Daniel zu den nach Babel verschleppten Juden gehörte. Aber Daniel war kein gewöhnlicher Gefangener, kein Zwangsarbeiter. Er hat es weit gebracht in Babel. Er arbeitete am Hof des Königs Nebukadnezzar. Weil er klug und begabt war, dachten alle: Der könnte ein echter Babylonier werden. Aber Daniel hielt nichts von den Göttern Babels. Er hielt am Gott Israels fest, am Gott des Himmels. Eines Morgens wachte König Nebukadnezzar unruhig auf. Man konnte ihm ansehen, daß er einen

aufregenden Traum gehabt hatte. Und das Aufregendste war, daß er nicht wußte, was dieser Traum bedeuten sollte. Er ließ all seine Weisen, all seine Zeichendeuter, Wahrsager und Beschwörer kommen. Von ihnen verlangte er: „Erzählt mir meinen Traum und sagt mir, was er bedeutet. Wenn ihr das nicht könnt, seid ihr unfähig. Dann werde ich euch töten lassen.“ Sie alle wußten sich keinen Rat. Woher konnten sie wissen, was der König geträumt hatte? Woher konnten sie wissen, was der Traum bedeutet? Der König war über dies Versagen so erbost, daß er befahl: „Ruft Daniel, den Obersten der Leibgarde. Er soll das Urteil vollstrecken!“ Daniel hörte, was auf dem Spiel stand. Er hatte eine Eingebung und sagte: „Gebt mir ein wenig Zeit, dann will ich dem König sagen, was sein Traum bedeutet.“ Am Abend betete Daniel mit seinen drei Freunden. Und in der Nacht sah er in einer Vision alles vor sich, den Traum und seine Auslegung. Daniel dankte Gott: „Von dir kommt alle Weisheit und Kraft. Du herrschst über alle Könige. Gott meiner Väter, du hast mir Weisheit und Kraft gegeben. Jetzt kenne ich das Geheimnis des Königs.“

Nebukadnezzar war verblüfft, als Daniel kam und sagte: „O König, kein Mensch kann deinen Traum kennen. Aber ich kenne deinen Traum, nicht weil ich klug bin, sondern weil es einen Gott im Himmel gibt. Und Gott hat mich wissen lassen, was du geträumt hast. Es geht um die Zukunft dieses Reiches. Du hast ein gewaltiges Standbild gesehen. Groß und glänzend. Zum Fürchten. Das Haupt war aus Gold. Die Brust und die Arme aus Silber. Der Bauch aus Erz. Die Beine aus Eisen. Die Füße zum Teil aus Eisen, zum Teil aus Ton. Du sahst das Standbild. Und du hast gesehen, wie sich plötzlich vom Berg ein Stein loslöste. Er rollte auf das Standbild zu, traf die Füße, und der ganze Koloß stürzte zusammen. Ein Haufen Trümmer. Der Stein wurde groß und größer. Es sah aus, als fülle er die ganze Erde . . . Und jetzt die Deutung: Du, o König, hast deine Macht von Gott bekommen. Du bist das goldene Haupt. Nach dir kommt ein anderes Reich, weniger wert als das deine. Dann ein drittes Reich, das ist noch weniger wert. Ein viertes, das ist noch schwächer. Und das fünfte schließlich wird kaum noch Kraft haben. Sie werden zusammenbrechen. Alle diese

Reiche. Denn es wird ein neues Reich kommen: das Königreich Gottes."

Der König war überwältigt. Er kniete nieder und sagte: „Dein Gott ist der wahre Gott. Der König über alle Könige. Er hat dir diese Geheimnisse anvertraut. Dir, Daniel, gebe ich das höchste Amt an meinem Hof."

Vielleicht meinst du jetzt, daß Nebukadnezzar endlich begriffen hatte, wer Gott ist. Da würdest du dich täuschen. Der König ließ bald darauf ein Standbild aus Gold machen und befahl: „Jeder muß dieses Standbild anbeten. Ob er will oder nicht. Wer sich weigert, wird bei lebendigem Leib verbrannt werden." Daniel selbst

war nicht dabei, als das Standbild eingeweiht wurde, aber seine drei jüdischen Freunde weigerten sich, das Standbild anzubeten. Da waren sie geliefert. Sie wurden in einen glühenden Feuerofen geworfen. Doch Gott hat sie beschützt. Als Nebukadnezzar das sah, war er noch einmal überwältigt. Doch er dachte mehr an sein eigenes Reich als an das kommende Königreich Gottes. Auf dieses Königreich warten die Juden. Daniel und seine Freunde. Denn aus ihrem Volk sollte ja der Retter kommen. Der König über alle Könige.

57. In der Löwengrube

Die Juden sind oftmals um ihres Glaubens willen verfolgt worden. Auch damals, als die Griechen ihr Land erobert hatten. Sie dachten: Unsere Art zu leben und zu denken ist die einzig richtige. Unsere Götter sind die richtigen. Und jeder, der in unserem Reich lebt, soll leben und denken wie wir. Wer das nicht will, der muß die Folgen tragen. Damals dachten die Juden viel an Babel. Hatten sie nicht in Babel erfahren, wie Gott schützt? Wie er retten kann? Sie erzählten von mutigen Männern. Sie erzählten von Gott. Und sie wollten sich mit diesen Geschichten von Babel Mut machen. Denn Jahwe, der Gott-der-hilft, ist der einzige Gott. An ihm muß man festhalten, sonst ist alles verloren. Hör eine solche Geschichte:

Beten kann gefährlich sein. Das merkte Daniel, als das babylonische Reich unter die Herrschaft der Perser geriet. Auch beim neuen König hatte Daniel einen hohen Posten. Doch da gab es andere Beamte, die wollten sich von Daniel nichts sagen lassen. Sie waren eifersüchtig. Sie wollten Daniel stürzen. Darum überwachten sie ihn. Doch sie konnten keinen schwachen Punkt finden. Daniel arbeitete gut, und er war beliebt. Das einzige, wodurch Daniel auffiel, war seine Religion. Er betete nicht zum Mond oder zu den Sternen, auch nicht zu den Göttern, sondern zu dem einen Gott des Himmels. So nannte er ihn. Vielleicht konnte man Daniels Glauben angreifen? Aber Daniel konnte beten, zu wem er wollte. Das war nicht strafbar. Die Beamten steckten die Köpfe zusammen und sagten: „Wir machen ein neues Gesetz. Dreißig Tage lang darf

niemand im Reich zu einem anderen beten als zu Darius, dem König der Perser. Das wird dem König sicher gefallen. Und Daniel wird es gar nicht gefallen.“ Gedacht, getan. Der König unterschrieb das Gesetz. Nun hatten sie es schwarz auf weiß. Und jeder, der sich weigerte, den König anzubeten, sollte in die Löwengrube geworfen werden.
Als Daniel von dem neuen Gesetz erfuhr, erschrak er. Aber er ließ sich nicht von seinem Glauben abbringen. Dreimal am Tag betete er in seinem Haus, am offenen Fenster, das Gesicht nach Jerusalem gewandt. Daniel betete laut.
Die Männer, die es auf Daniel abgesehen hatten, schlichen heran. Sie fanden ihn im Gebet. Nun hatten sie ihren Beweis. Sie gingen zum König und klagten Daniel an: „Der Jude Daniel übertritt dein Gesetz. Er betet dreimal täglich zu seinem Gott. Er verachtet dich, den König.“ Der König wollte Daniel retten, denn er schätzte ihn

hoch. Aber die Ankläger gaben nicht nach: „Ein Gesetz ist ein Gesetz! Da darf es keine Ausnahme geben!“ Schließlich gab der König nach. Er ließ Daniel holen und sagte zu ihm: „Dein Gott, dem du treu bleibst, möge dich retten!“ Dann warf man Daniel zu den Löwen in die Grube. Die Grube aber verschloß man mit einem großen Stein, der versiegelt wurde.
In dieser Nacht konnte König Darius nicht schlafen. Früh am Morgen ging er gleich zur Löwengrube. Er rief: „Daniel, du Diener des lebendigen Gottes! Hat dein Gott, dem du treu bleibst, dich retten können?“ Und aus der Grube kam tatsächlich eine Antwort: „Gott hat mich beschützt. Die Löwen konnten nicht an mich. Ich habe nichts Unrechtes getan.“ Sofort ließ der König den Daniel aus der Grube heraufziehen. Und nun ließ er die Beamten holen, die den Daniel angeklagt hatten. Nun mußten sie in die Löwengrube. Und sie entkamen nicht.
Danach schickte König Darius einen Brief in sein ganzes Reich: „An alle Völker und Länder. Friede sei mit euch. In meinem ganzen Reich soll man den Gott Daniels ehren. Er ist der lebendige Gott. Sein Reich vergeht nicht. Seine Herrschaft geht nie zu Ende. Er rettet und befreit. Er hat den Daniel vor den Löwen beschützt.“

58. Eine schöne Königin

Gott hat sein Volk nicht nur durch Wunder gerettet. Er hat Menschen gefunden, die ihn verteidigen. Frauen und Männer, die für ihren Gott, für ihren Glauben und für ihr Volk einstehen. Hör die Geschichte von dem Mädchen Ester. Hör, wie sie das jüdische Volk gerettet hat.
Ester war ein Waisenkind. Sie hatte Vater und Mutter verloren. Nun lebte sie bei ihrem Onkel. Ihr Onkel sorgte für Ester wie für sein eigenes Kind. Ester war ein schönes Mädchen. Als sie heranwuchs, merkte sie, daß die Jungen sich nach ihr umdrehten. Sie konnte so viele Freunde haben, wie sie nur wollte.
Auch Mordechai, Esters Onkel, sah, daß das Mädchen eine Schönheit war. Und so kam er zu einem Plan: König Artaxerxes suchte

eine neue Königin. Und weil er unter allen schönen Mädchen seines Landes das schönste haben wollte, hatte er einen Schönheitswettbewerb ausgeschrieben. Alle Mädchen, die in seinem Reich wohnten, konnten teilnehmen. Warum nicht auch Ester?
Die Mädchen kamen in den Frauenpalast in der Burg Susa. Dort wurden sie mit allen Schönheitsmitteln behandelt, die man damals kannte. Zwölf Monate waren die Mädchen im Frauenpalast. Dann durften sie zum König gehen. Und das Mädchen, das dem König am besten gefiel, sollte Königin werden.
Schließlich war Ester an der Reihe. Sie war noch schöner geworden. Und Ester gefiel dem König nicht nur, er liebte sie mehr als alle anderen Frauen zuvor. Darum gab er ihr den Schmuck der Königin. Dann wurde für Ester ein großes Festmahl veranstaltet. Ester aber hatte niemand gesagt, daß sie Jüdin war. Nur ihr Onkel und ihre Verwandten wußten, wer die Königin des persischen Weltreichs war.
Unauffällig blieb Ester mit ihrem Onkel in Verbindung. Das war nicht schwer, denn er war Wächter und wohnte in einem Haus am Tor. Von Mordechai erfuhr Ester auch, als das Unglück über die Juden kam. Vizekönig Haman nämlich war ein eingebildeter und stolzer Mann. Er verlangte, daß alle königlichen Angestellten, sooft sie ihn sahen, vor ihm niederknieten und ihm huldigten. Mordechai aber weigerte sich, das zu tun. Ein Jude kniet nur vor seinem Gott und huldigt nur ihm allein. Jeden Tag kam Haman durch das Tor und sah den widerspenstigen Mordechai. Da wurde er zornig. Er wollte die Juden bestrafen. Nicht nur Mordechai, der eine Mann, das ganze Volk sollte es zu spüren bekommen. Waren es nicht immer und überall die Juden, die an ihren eigenen Sitten festhielten? Wenn es keine Juden mehr gäbe, könnte man dann nicht besser im persischen Reich regieren? Darum erließ Haman ein Gesetz, daß an ein und demselben Tag alle Juden im ganzen Reich umgebracht werden sollten. Jede Provinz bekam eine Abschrift. Die Boten ritten überall hin; alle sollten bereit sein für den Tag X.
Mordechai, Esters Onkel, hatte von dem bösen Plan erfahren. Er klagte und betete. Überall im Land, wo Juden wohnten, wurde geklagt und gebetet. Und Mordechai ließ Ester sagen: „Geh zum Kö-

nig und bitte für unser Volk!" Doch Ester antwortete: „Niemand darf ungerufen zum König gehen. Sonst muß er sterben." Mordechai aber sagte: „Glaube nicht, du könntest dich als einzige von allen Juden retten, nur weil du im Königspalast lebst. Wenn du in diesen Tagen schweigst, dann werden wir auf andere Weise gerettet werden. Weißt du denn, ob du nicht nur darum Königin geworden bist, daß du uns retten kannst?" Königin Ester fürchtete sich sehr vor dem Zorn des Königs. Trotzdem lud sie ihn zum Festmahl ein. Ihn und den Vizekönig Haman. Als sie beim Wein saßen, fragte der König: „Ester, was wünschst du dir? Und wenn du die Hälfte meines Reiches wolltest, du sollst sie bekommen." Ester antwortete dem König: „Ich bitte für mein Volk. Laßt uns leben. Wir Juden haben einen Feind, der uns alle totschlagen will." Der

König fragte: „Wer ist der Mann, der es wagt, so etwas zu tun?“ Ester antwortete: „Haman ist dieser gefährliche und böse Feind.“ Und noch an demselben Tag wurde Haman an dem Galgen aufgehängt, den er für Mordechai gebaut hatte.
Der König aber erließ ein Gesetz, das in seinem ganzen Reich gelten sollte. Eilboten ritten auf königlichen Pferden in die entferntesten Gegenden. Nach diesem neuen Gesetz durften sich die Juden in den Städten versammeln. Sie durften nach ihren eigenen Bräuchen leben. Sie durften sich verteidigen, wenn sie angegriffen wurden.
Zum Gedächtnis daran feiern die Juden in jedem Jahr das Purimfest, das Fest der Rettung. An diesem Tag erzählen sie sich von Ester, der Königin, die für das Volk eingetreten ist.

59. Enttäuschungen und Erwartungen

Erinnerst du dich an den Propheten Ezechiel? Vielleicht fragst du: Was ist mit den Juden geschehen? Mußten sie in Babel bleiben? Und was ist mit der Stadt Jerusalem geschehen? Mit dem Tempel? Hat Gott sein Volk vergessen? Das Abenteuer ist weitergegangen. Das mächtige Babel wurde von einem noch mächtigeren Feind erobert. Und Cyrus, der König der Perser, erlaubte den Juden die Rückkehr in ihr eigenes Land. Vielleicht meinst du nun, alle seien voll Freude aufgebrochen? So war es nicht. Die Zeit war vergangen. Ein Junge, der zehnjährig mit nach Babel gezogen war, war sechzig Jahre alt, als die Juden zurückkehren durften. Viele waren in Babel gestorben. Ihre Kinder kannten die frühere Heimat nur aus Erzählungen. Dann gab es Juden, die hatten in Babel ein Geschäft angefangen . . . Aber die Treuen kehrten zurück nach Jerusalem. Voller Hoffnung. Sie freuten sich auf den neuen Anfang. Sie träumten davon, wie es früher gewesen war und wie es wieder werden sollte.
Aber schon kam die Enttäuschung. Jerusalem war eine andere Stadt geworden. Nichts mehr von dem alten Glanz. Die Stadtmauern zerstört. Die großen und prächtigen Häuser in Trümmern. Der

Tempel ... Du kannst dir denken, daß jede Familie anfing, sich ein Haus zu bauen oder ein altes zu erneuern. Du kannst dir vorstellen, daß die Leute, die in Jerusalem geblieben waren, und auch die, die in der Zwischenzeit dorthin gezogen waren, nicht gerade begeistert waren über die neuen Bürger. Jeder mußte sehen, wie er zurechtkam. Jeder hatte mit sich selber zu tun. Man hatte keine Zeit, an die Stadtmauern zu denken oder gar an den Tempel.
Nach ein paar Jahren sah die Stadt wieder wohnlicher aus. An der Stelle des Tempels stand ein einfacher Altar. Dort konnte man die Opfer darbringen. Aber es gab auch Männer, die mahnten: „Baut den Tempel wieder auf! Nicht nur die Familien brauchen ein Haus. Denkt an Gott! Ohne ihn sind wir verloren." Schließlich hatte man genug Geld gesammelt. Nach einigen Jahren konnte man den neuen Tempel einweihen. Die jungen Leute freuten sich. Aber die Alten waren traurig; sie wußten, daß der Tempel Salomos viel schöner und kostbarer gewesen war.
Damals gab es zwei Propheten in Jerusalem: Haggai und Sacharja. Sie machten den Leuten Mut. Und vor allem Sacharja sprach von einem geheimnisvollen König des Friedens. Er würde nicht mit großem Prunk nach Jerusalem kommen, sondern unauffällig. Auf einem Esel. An solche Worte konnte man sich halten. Man fragte wieder nach den Regeln. Man fragte, was Gott will in dieser anderen Zeit. Man fragte danach, wie man im Freundschaftsbund Gottes leben konnte. Und man war gespannt, wie das Abenteuer mit Gott und seinen Menschen weitergehen werde.
Man fing an, die alten Geschichten zu sammeln und aufzuschreiben, damit nichts vergessen werde. Manchmal träumte man von den Vätern und davon, was sie mit Gott erlebt hatten. Manchmal träumte man, der König, der Messias, von dem die Propheten sprachen, sei schon da. Würde man es merken, wenn er wirklich kam?

DAS NEUE TESTAMENT

Jesus kommt

60. Weißt du, wer Jesus ist?

Stell dir vor, du hättest eine Freundin oder einen Freund, der nichts von Jesus wüßte. Stell dir vor, du müßtest ihm sagen, wer Jesus ist. Was würdest du tun? Gewiß würdest du ihm zuerst sagen, was dir selber am wichtigsten ist. Dann könntest du ein Buch suchen, in dem alles aufgeschrieben ist ... Doch in der Zeit nach dem ersten Osterfest gab es noch keine Bücher über Jesus. Aber es gab Menschen, die nach ihm fragten. Und es gab Menschen, die von ihm erzählen konnten. Sie erzählten, was sie mit ihm erlebt hatten; das, was ihnen wichtig war: Auf Jesus kannst du dich verlassen. Mit ihm kannst du leben. Durch ihn findest du Freunde ... Er ist der Retter, der Messias, den die Propheten versprochen haben.

Wenn wir zusammenkommen, wenn wir beten und sein Brot brechen, ist er mitten unter uns; du kannst es merken ... Schade, daß wir erst nach seinem Tod begriffen haben, wer er eigentlich ist. Aber jetzt sind uns die Augen aufgegangen. Seit Jesus wieder beim Vater ist, glauben wir, daß seine Geschichte nicht bei den Menschen, sondern bei Gott begonnen hat. Nur Gott kennt Jesus voll und ganz; wir Menschen begreifen jeweils nur ein Stück von seinem Geheimnis.

Die Freunde Jesu erzählten, was sie begriffen hatten. Sie sagten: Gott, der Vater, hat uns Jesus geschenkt. Von Gott hat Maria erfahren, daß sie Jesu Mutter werden soll. Er schickte den Engel Gabriel nach Nazaret. Dort wohnte Maria. Sie war mit Josef verlobt. Und sie gehörte zu den Menschen, die Gott kennen, ihn lieben und verstehen, was er ihnen sagt. Der Engel kam zu Maria und sagte: „Sei gegrüßt, Maria. Gott hat dich lieb. Er will dir ein Kind schenken, einen Sohn. Du sollst ihn Jesus nennen. Durch ihn können alle begreifen, wie Gott seine Menschen liebt." Maria fragte: „Wie ist das möglich?" Doch der Engel sagte ihr: „Gott wird dir seinen lebendigen Geist schenken. Für ihn ist nichts unmöglich." Da antwortete Maria: „Ich bin bereit; Gott will ja nur Gutes." Als Maria wie-

der allein war, dachte sie über alles nach, was der Engel ihr gesagt hatte.
Maria hat etwas vom Geheimnis Jesu erfahren. Sie wurde seine Mutter. Wenn du die Geschichte Jesu verstehen und sein Freund werden willst, darfst du sein Geheimnis nicht vergessen; das Geheimnis Gottes.

61. In Betlehem wurde er geboren

Du fragst vielleicht, woher wir wissen, wie es war, als Jesus auf die Welt kam. Damals gab es ja keine Fernsehreporter und keine Fotoapparate. Und alles ist beinahe im verborgenen passiert. Trotz-

dem können wir Weihnachten feiern. Denn nach dem ersten Osterfest erzählten die Freunde Jesu auch die Geschichte von Jesu Geburt. Sie erzählten sie so, daß jeder merken kann, wer Jesus ist.
Damals waren viele Leute nach Betlehem gekommen. Die Römer hatten wieder mal etwas ausgedacht! Und weil sie die Herren im Land waren, mußte man gehorchen. Sie wollten genau wissen, wie viele Menschen es gab, woher sie stammten und wo sie wohnten. Und dazu mußte jeder sich in seinem Geburtsort in eine Liste eintragen lassen. Das war für jemand, der in Betlehem geboren war, aber in Nazaret wohnte, ziemlich umständlich. Josef und Maria hatten eine lange Reise hinter sich. Und das, obwohl Maria ein Kind erwartete. Das Baby konnte jeden Tag auf die Welt kommen. Am Abend versuchten die beiden, eine Unterkunft zu finden. Doch überall hörten sie dasselbe: Kein Platz. Kein Platz. Und weil sie sich keinen anderen Rat wußten, suchten sie sich eine Ecke in einem Stall. Sie machten ein Bett aus Stroh. Und in dieser Nacht kam ihr Kind auf die Welt. Sie legten es in eine Krippe. Die beiden freuten sich, so wie Eltern sich über ihr Baby freuen. Aber vielleicht waren sie auch nachdenklich. Sie wußten ja, daß dies Kind nicht ihnen allein gehörte. Es gehörte Gott. Und es gehörte allen

Menschen. Das ist ein Geheimnis, von dem man immer nur ein Stückchen versteht. Jesus – so sollten sie ihn nennen; denn das bedeutet: Gott rettet.
Maria und Josef wären mit ihrem Kind am liebsten allein geblieben. Doch mitten in der Nacht kamen Hirten zu ihnen in den Stall. Sie suchten das Kind und waren froh, als sie es gefunden hatten. Sie erzählten von einem Engel, der in der Nacht zu ihnen gekommen war, von einer Botschaft und von einem Lied. Vom Licht, das aus dem Himmel kam und die Erde hell machte. Sie erzählten von diesem Kind, dem Zeichen Gottes dafür, daß nun alles Wirklichkeit werden würde, was die frommen Leute erwarteten: Gott ist bei seinen Menschen; durch Jesus will er ihnen Frieden schenken. Die Hirten waren voll Freude. Sie erzählten allen, was sie erlebt hatten.
Maria und Josef mußten mit ihrem Kind eine Weile in Betlehem bleiben. Und da geschah es, daß andere Besucher kamen. Weise Männer aus einem fernen Land im Osten. Sie sagten, sie seien einem Stern nachgegangen und sie suchten den König. Nicht den, der in Jerusalem auf dem Thron saß und das jüdische Volk regierte, sondern einen anderen, der über alle Völker herrscht und sie zu Freunden macht. Als die weisen Männer Maria, Josef und das Kind in Betlehem fanden, freuten sie sich sehr. Sie verneigten sich bis zur Erde und brachten dem Kind Gold, Weihrauch und Myrrhe – Gaben, die man dem König schenkt.
Die Hirten kehrten zu ihren Herden zurück. Die weisen Männer reisten in ihre Heimat zurück. Maria und Josef sorgten für ihr Kind. „Eine ganz gewöhnliche Familie mit einem ganz gewöhnlichen Baby“, sagten die einen. Doch andere dachten nach: Jesus. Gott rettet. Jesus. Gott rettet.

62. Zum erstenmal im Tempel

Der zwölfte Geburtstag ist für einen jüdischen Jungen ein ganz besonderer Tag. Vorher hat er viel in den heiligen Büchern gelesen. Er hat die Regeln gelernt und weiß nun, wie man im Freundschaftsbund mit Gott lebt. Er kennt die Geschichte der Väter Abra-

ham, Isaak und Jakob. Er kennt viele Worte der Propheten. Und nun bekommt er in der Synagoge – so heißt das jüdische Gebetshaus – einen neuen Rang. Er muß nicht länger bei den Müttern und den Kindern sitzen, sondern hat seinen Platz bei den Männern. Wie alle Männer darf er im Gottesdienst aus den heiligen Büchern vorlesen. Aber er kann sich nun auch nicht mehr herausreden, wenn er die Gebote verletzt oder den Freundschaftsbund bricht. Er ist erwachsen.
Als Jesus zwölf Jahre alt war, zog er mit Josef und Maria zum Paschafest nach Jerusalem hinauf. Erinnerst du dich an die Nacht, als Gott die Hebräer aus Ägypten befreite? Das Paschafest ist das wichtigste Fest im jüdischen Jahr. Viele Familien zogen nach Jerusalem. Dort wollten sie das Pascha feiern. Das Lamm essen. Das ungesäuerte Brot in die Bitterkräuter tauchen. Dort wollten sie den Freundschaftsbund feiern und die eigene Freiheit, die Gott seinem Volk schenkt.
Die Reisenden fanden sich in Gruppen zusammen. Zu Fuß zogen sie in langen Prozessionen in die große Stadt Jerusalem. Es ist aufregend für einen Jungen, wenn er zum erstenmal mit nach Jerusalem ziehen darf. Unterwegs sang man die Lieder, die David gesungen hatte. Fröhliche Lieder.

Ich freute mich, als man mir sagte:
Zum Haus des Herrn wollen wir pilgern.
Schon stehen wir in deinen Toren, Jerusalem:
Jerusalem, du starke Stadt ...

Kannst du dir vorstellen, wie lebhaft es vor dem großen Fest zuging? Viele Menschen waren von überall her gekommen. Sie alle waren fröhlich. Doch auf dem Tempelplatz wurden sie still. Dort war der Ort, wo man zu Gott reden konnte. Dort brachte man ihm seine Gaben. Dort hörte man, wie aus den heiligen Büchern gelesen wurde. Vielleicht das geheimnisvolle Wort aus dem Propheten Jesaja: „Er wird nicht aussehen wie ein König. Man wird ihn verachten und allein lassen. Ein Mann der Schmerzen. Wie ein Lamm wird man ihn töten und opfern."
Als die Festtage vorbei waren, sammelten sich die Pilgergruppen

zur Heimreise. Josef und Maria machten sich mit der Gruppe aus Nazaret auf den Heimweg. Jesus war nicht bei ihnen. Aber sie machten sich keine Sorgen, denn sie dachten, er gehe mit den Jungen. Aber als er auch nach Stunden nicht zu ihnen kam, fingen sie an, ihn bei den Verwandten und Bekannten zu suchen. Schließlich mußten sie feststellen, daß er überhaupt nicht bei der Pilgergruppe war. Jetzt machten sie sich Sorgen. Rasch kehrten sie um und reisten nach Jerusalem zurück. Zwei Tage lang suchten sie ihn. Das ist eine lange Zeit für einen Vater und eine Mutter, die nicht wissen, wo ihr Kind geblieben ist. Am dritten Tag fanden sie Jesus. Er

saß im Tempel. Mitten unter den Lehrern. Er hörte ihnen zu, und er stellte ihnen Fragen. Und die Lehrer waren erstaunt über seine Fragen und über die Antworten, die Jesus gab.
Maria und Josef waren froh, daß sie Jesus gefunden hatten. Aber verständlicherweise waren sie auch aufgeregt. Maria sagte: „Kind, warum hast du uns das angetan? Dein Vater und ich suchen dich voll Angst!“ Doch Jesus gab zur Antwort: „Habt ihr denn nicht gewußt, daß ich in dem Haus meines Vaters sein muß?“ Er hatte kein schlechtes Gewissen, das konnte man merken. „. . . im Haus meines Vaters!“ Wie sollten seine Eltern das verstehen? Ist Gott sein Vater? Da ist wieder das Geheimnis . . . Maria und Josef haben darüber nachgedacht.
Jesus aber ging nun mit ihnen nach Nazaret zurück. Er lebte mit ihnen, wie Kinder mit ihren Eltern leben. Er gehorchte ihnen, wie Kinder ihren Eltern gehorchen. Er wurde größer. Ein Junge, der Gott und den Menschen gefiel.

63. Bei Johannes am Jordan

„Hast du es schon gehört? Am Jordan ist ein Prophet. Er sagt ganz neue Dinge. Er ist in Ordnung. Alle gehen zu ihm. Und man kommt als anderer Mensch zurück. Sollen wir auch hingehen? Heute noch?“ – Im ganzen Land sprach man von Johannes. Und wenn man dorthin kam, sah man einen Mann. Ungefähr dreißig Jahre alt. Er hatte ein Gewand aus Kamelhaaren an und einen ledernen Gürtel. Wie man es von den Propheten der früheren Zeit erzählt. Man sagte, er esse nur Heuschrecken und wilden Honig. Er lebte in einer der Höhlen, die man in den kahlen Felsen in der Wüste findet. Doch jeden Tag kam er zu der Stelle, an der man den Jordan überqueren konnte. Dort sprach er zu den Menschen. Und er sagte es ihnen richtig:
„Was denkt ihr euch eigentlich? Glaubt ihr, daß alles in Ordnung ist, nur weil ihr von Abraham abstammt, so wie wir alle? Denkt ihr, daß ihr dann von selbst zu Gott gehört? Soll ich euch etwas sagen? Ein Baum, der keine guten Früchte bringt, wird mit der Axt umgehauen. Und wenn ein Mensch nicht nach Gott fragt, wird auch er

mit der Axt umgehauen. Es ist höchste Zeit, daß ihr aufwacht. Besinnt euch. Bekehrt euch! Ändert euch! Denn jetzt fängt das Reich Gottes an. Wenn ihr keine Zeit versäumt, wenn ihr euch an die Gebote haltet, dann kommt ihr hinein. Ich tauche euch in den Fluß. Dann vergibt Gott eure Sünden. Als neue Menschen kehrt ihr nach Hause zurück."

Wer Johannes hörte, war mitgerissen von seinen Worten. Ein jeder mußte zugeben, daß er recht hatte. Die Leute fragten den Johannes: „Was sollen wir tun?" Und Johannes sagte: „Wer zwei Kleider hat, gebe dem eines, der keines hat!" Zu den Zöllnern sagte er: „Fordert nicht mehr, als ihr müßt." Und zu den Soldaten: „Seid nicht gewalttätig! Erpreßt niemand." Viele Menschen ließen sich von Johannes im Jordan untertauchen. Und viele haben begriffen, daß sie anders geworden waren. Sie gehörten zum Reich Gottes. Natürlich haben die Leute auch gefragt: „Johannes, wer bist du? Bist du der Messias, den die Propheten versprochen haben?" Johannes aber sagte: „Nein, ich bin es nicht. Ich bin sein Vorläufer. Ich bin sein Prophet. Er ist viel größer als ich."

Viele Menschen kamen zu Johannes an den Jordan. Viele ließen sich untertauchen. Sie alle erwarteten etwas von Gott. Sie wollten bereit sein für das neue Leben in seinem Reich. Und eines Tages kam ein junger Mann aus Nazaret in Galiläa zu Johannes an den Jordan. Er war ungefähr gleich alt wie Johannes der Täufer. Jesus. Niemand kannte ihn. Niemand wußte, daß er es war, auf den sie warteten. Jesus stellte sich in eine Reihe mit den anderen. Er ließ sich im Jordan untertauchen. Wie alle anderen. Doch dann blitzte das Geheimnis wieder auf: Der Himmel öffnete sich. Der Heilige Geist kam auf Jesus herab; so wie eine Taube durch die Luft schwebt. Und Jesus hörte eine Stimme: „Du bist mein geliebter Sohn, an dir habe ich Gefallen gefunden."

Vielleicht hat niemand von denen, die damals dabei waren, etwas gemerkt. Aber Jesus selber hat etwas gemerkt. Er wußte jetzt ganz sicher, daß Gott sein Vater war und er der Sohn. Darum ist Jesus auch nie unsicher geworden, wenn man ihn fragte: „Wer hat dir erlaubt, zu sprechen wie Gott? Wer hat dir erlaubt, zu tun, was nur Gott tun darf?"

64. In der Wüste

Erinnerst du dich daran, wie Gott die Hebräer aus Ägypten herausgeführt hat? Gott hatte ihnen ein Land versprochen. Gott hatte ihnen durch das Meer hindurchgeholfen. Aber als sie gerettet waren, kamen die Hebräer nicht gleich in das neue Land. Sie kamen in die Wüste.

In der Wüste gibt es keine Städte oder Dörfer. Wer dort lebt, ist auf sich allein gestellt. Er muß die Sonne ertragen und die kühlen Nächte. Nur selten findet er eine Oase mit einer Quelle. In der Wü-

ste kann ein Volk – ein Mensch – lernen, was es heißt: Ich halte fest an Gott. Ich verlasse mich auf ihn. Die Hebräer haben es langsam gelernt: Sie waren unzufrieden, sie wollten umkehren. Sie wollten Brot und Fleisch. Einen Gott, den man sieht . . . In der Wüste kann ein Mensch lernen, was sein Glaube wert ist. Jesus hat sein ganzes Leben hindurch, in allem, was er gesagt und getan hat,

an Gott festgehalten. Er hat ihm ganz vertraut. Nie hat er Gott verraten. Sein ganzes Leben lang. Das wußten alle, die Jesus gekannt haben, darauf kannst du dich verlassen. Und darum erzählen sie eine Geschichte, in der du deutlich merkst: Keine Macht der Welt kann Jesus von Gott abbringen.

Vom Jordan weg ging Jesus in die Wüste. Vierzig Tage und vierzig Nächte lang war Jesus allein in der Wüste. Und in dieser ganzen Zeit hat er nichts gegessen. Nach vierzig Tagen hatte er Hunger. Und da kam der Versucher. Er sagte: „Du bist doch Gottes Sohn. Warum befiehlst du diesem Stein nicht, daß er Brot werde?“ Doch Jesus wußte es, und er sagte es auch: „Der Mensch lebt nicht nur vom Brot. Der Mensch lebt davon, daß er tut, was Gott will.“

Und noch einmal kam der Versucher. Diesmal nahm er Jesus mit auf das Dach des Tempels in Jerusalem. Diesmal sagte er: „Du bist doch Gottes Sohn. Stürz dich hier hinunter. In den heiligen Bü-

chern steht geschrieben, daß Gottes Engel dich auffangen werden." Doch Jesus sagte: „Richtig, es steht geschrieben, daß Gott dich schützt. Wer sich aber leichtfertig in Lebensgefahr bringt, der fordert Gott heraus. Und Gott läßt sich nicht herausfordern."
Der Versucher versuchte es ein drittes Mal. Er nahm Jesus mit sich auf einen sehr hohen Berg. Von dort aus zeigte er ihm alle Königreiche der Welt. Er sagte: „Dies alles will ich dir geben, wenn du vor mir niederfällst und mich anbetest." Da antwortete Jesus: „Weg mit dir. Gott allein sollst du anbeten. Gott allein sollst du dienen." Nun ging der Versucher. Gott selbst sorgte für Jesus.
Jesus widerstand dem, der viele Menschen von Gott abbringt. Er zeigte ihm, daß Gott stärker ist als die Macht des Bösen. Und er zeigt uns, daß sich seit seinem Kommen die Welt verändert. Gott ist nah. Wir können ihm die Treue halten.

65. Komm, geh mit mir!

Kafarnaum ist ein kleiner Ort am See von Galiläa, der auch See Gennesaret heißt. Stell dir vor, wie es war, als ein fremder junger Mann nach Kafarnaum kam. Bald wußte jeder: Das ist Jesus. Er kommt aus Nazaret. Er ist Zimmermann von Beruf, so wie sein Vater. Und am Festtag, am Sabbat, konnte man Jesus in der Synagoge treffen. Dort las er aus den heiligen Büchern vor. Dort erklärte er die Worte der Propheten. Gleich wenn man ihn zum erstenmal hörte, konnte man merken: Das ist kein gewöhnlicher Zimmermann. Das ist ein Lehrer. Ein besonderer Lehrer. Er redet kraftvoll. Er sagt, was die Schrift bedeutet. Aus Überzeugung.
Damals gab es keine Ärzte, wie wir sie kennen, keine Krankenhäuser. Wer krank war, mußte einen Menschen finden, der ihm helfen konnte. Einen, der viele Heilmittel kannte; oder einen anderen, dem Gott die Gabe geschenkt hatte, Kranke zu heilen. Es gab nicht sehr viele, denen Gott diese Gabe geschenkt hatte. Aber von Jesus erzählte man, er habe diese Gabe. Und die Leute in Kafarnaum konnten es selbst erleben. Am Sabbat, in der Synagoge, hat er einen Mann geheilt, der ganz und gar außer sich war. Und danach

hat er eine fieberkranke Frau geheilt. Es dauerte nicht lang, da brachte man alle Gebrechlichen und die Kranken zu ihm. Er heilte sie. Da sprach man in ganz Galiläa von Jesus.
Jesus war allein nach Kafarnaum gekommen. Er ging am See entlang. Dort sah er zwei Fischer. Sie warfen gerade das Netz aus. Zwei Brüder: Simon und Andreas. Zu ihnen sagte Jesus: „Kommt, folgt mir nach! Ich werde euch zu Menschenfischern machen." Die beiden besannen sich nicht lang. Sie ließen ihre Netze liegen und gingen mit Jesus.
Ein Stück weiter sah Jesus zwei andere Fischer. Die waren gerade in ihrem Boot und richteten die Netze her. Zwei Brüder: Jakobus und Johannes. Auch diese beiden rief Jesus. Und auch sie überlegten nicht lang. Sie ließen ihren Vater und die Arbeiter bei dem Boot zurück und gingen mit Jesus.
Später kamen andere dazu. Einmal sah Jesus einen Zöllner am Zollhaus sitzen. Auch zu ihm sagte er: „Folge mir!" Und auch Matthäus stand sofort auf und ging mit. Zöllner waren damals keine sehr angesehenen Leute. Sie arbeiteten für die Römer, für die Fremden. Im Auftrag der Römer zogen sie die Steuern ein. Viele Zöllner nahmen mehr ein, als sie abgeben mußten. Sie wollten ja selber auch etwas verdienen. Man schimpfte oft über die Zöllner, und meist schimpfte man zu Recht. Doch Jesus hat den Zöllner Matthäus zu seinem Jünger gemacht. Er hat mit Zöllnern gegessen und mit ihnen gesprochen. Auch wenn die frommen Leute ihn deswegen beschimpften.
Es kamen andere Jünger dazu. Philippus, der aus Betsaida stammte. Bartholomäus und Thomas, ein zweiter Jakobus; Thaddäus und ein zweiter Simon und schließlich Judas.
Zwölf Männer gingen mit Jesus. Sie blieben bei ihm. Sie lebten mit ihm. Sie lernten von ihm. Sie wurden seine Freunde. Sie wanderten mit Jesus durch das Land. Von einem Ort zum andern. Sie hörten, was er sagte. Sie sahen, wie er den Menschen begegnet ist. Sie wurden seine Zeugen. Und langsam begriffen sie auch, was Jesus gemeint hatte, als er sagte: „Ich werde euch zu Menschenfischern machen."

66. Beim Fest

Oft kann man den Menschen ansehen, wie sie gelaunt sind. Wenn du nur ein wenig darauf achtest, siehst du gleich, ob sie fröhlich sind oder traurig, ob böse oder mißmutig. Doch wenn du zu einer Hochzeitsfeier kommst, erwartest du nur fröhliche Gesichter. Man hält ein festliches Hochzeitsmahl. Man trinkt guten Wein. Es gibt Musik und Tanz.
So war es auch bei einer Hochzeit in dem kleinen Dorf Kana. Aber mitten im Fest hatte sich etwas geändert. Man konnte es auf den Gesichtern sehen. Etwas stimmte nicht mehr. Wer einen der Diener fragte: „Was ist denn los?“, hat es rasch erfahren: „Der Wein ist aus. Sie haben keinen Wein mehr.“ Und das mitten im Fest – jetzt, wo alle so fröhlich sind. Diese Panne war schlimm für das Brautpaar. Hätte man nicht rechtzeitig daran denken können . . .
Jesus war bei dieser Hochzeit. Die Jünger waren mit ihm gekommen. Auch Maria, seine Mutter, war dort. Als der Wein ausging, sagte seine Mutter zu Jesus: „Sie haben keinen Wein mehr.“ Doch Jesus sagte zu ihr: „Ich kann jetzt noch nichts tun.“ Trotzdem sagte Maria zu den Dienern: „Tut alles, was er zu euch sagt.“
In dem Saal standen sechs große Wasserkrüge. Und Jesus sagte zu den Dienern: „Füllt diese Krüge mit Wasser.“ Die Diener füllten die Krüge bis zum Rand. Als die Krüge voll waren, sagte Jesus: „Schöpft aus einem der Krüge und bringt es dem, der für die Getränke sorgt.“ Die Diener taten, was Jesus sagte. Und gleich nachdem der Getränkemeister einen Schluck getrunken hatte, ließ er den Bräutigam holen und sagte: „Jeder schenkt zuerst den guten Wein aus, und dann kommt der schlechtere. Du hast es umgekehrt gemacht. Du hast den guten Wein bis jetzt zurückgehalten.“
Die beiden werden verdutzt gewesen sein. Denn keiner der beiden wußte ja, was geschehen war. Vielleicht haben die Diener erzählt, daß Jesus ihnen befohlen hatte, Wasser in die sechs Krüge zu füllen. Doch wie aus dem Wasser Wein geworden war, das konnten sie sich nicht erklären.
Die Jünger aber hatten gesehen, was Jesus getan hatte. Sie hatten gehört, was er gesagt hatte. Und sie schenkten ihm ihr Vertrauen.

Dies Zeichen wirkte Jesus in Kana in Galiläa. Er schenkte Wein und er schenkte Freude. Wo Jesus ist, da werden Menschen froh. Und auch das gehört zu seinem Geheimnis.
Später hat Jesus noch einmal von der Hochzeit gesprochen und von der Freude, die Gott den Menschen schenken will. Wenn zwei Menschen Hochzeit halten, weil sie einander lieben, dann wollen sie beieinander bleiben. Ihr Fest dauert nicht nur einen Tag, sondern ein ganzes Leben. Und ebenso, wie Mann und Frau zueinander gehören, so gehören auch Gott und die Menschen zueinander. Und ihr Fest dauert nicht nur einen Tag, nicht nur ein ganzes Leben, sondern noch darüber hinaus. Daran solltest du denken, wenn du von der Hochzeit in Kana hörst und von der Freude, die Jesus den Menschen bringt.

67. Wieder in Nazaret

Alte Freunde trifft man gern wieder. Zumal dann, wenn man sie eine Zeitlang nicht gesehen hat. Man ist gespannt, was der andere zu erzählen hat, was er erlebt hat, wie er sich verändert hat. So gespannt waren die Leute in Nazaret, als sie hörten, Jesus sei wieder einmal in seine Heimat zurückgekommen.
„In der Synagoge wird man ihn treffen ... Dort kann man hören, was er zu sagen hat ... Dort wird man sehen, was an dem Gerede ist, das man aus Kafarnaum über ihn hört ... Soll er doch versuchen, uns zu überzeugen, wenn er kann ..." So werden sie miteinander geredet haben.
Und richtig. Am Sabbat war Jesus in der Synagoge. Man gab ihm die Schriftrolle. Welche Stelle wird er vorlesen? Ein Wort aus dem Propheten Jesaja: „Gott hat mir seinen Geist geschenkt. Gott hat mir einen Auftrag gegeben. Gute Nachricht für die Armen, für die Gefangenen, für die Blinden und für alle, die es schwer haben ..."
Und dann sagte Jesus: „Heute hat sich das Wort erfüllt, das ihr eben gehört habt." Die Leute von Nazaret werden zuerst nicht richtig verstanden haben, was Jesus gesagt hatte: „Heute ... Erfüllt ..." Das klang doch gut. Also waren zunächst alle begeistert. Sie sagten zueinander: „Wie gut er auftreten kann ... Wie überzeugend er redet ... Wo hat er das nur gelernt? Er ist doch nur der Sohn des Zimmermanns Josef ... Wir kennen ihn ..." Und damit fing das Zweifeln an. Nun klang das: „Heute ... Erfüllt ..." schon ganz anders. Jesus stand noch einmal auf und sagte: „Ich weiß, jetzt verlangt ihr von mir, daß ich euch überzeuge. Ihr verlangt, daß ich hier bei euch Kranke heile und Gottes Taten vollbringe, so wie in Kafarnaum. Ihr verlangt, daß ich euch einen Beweis gebe, dann ... Aber denkt einmal nach: Damals, als der Prophet Elija lebte, war im ganzen Land eine Hungersnot. Es gab viele hungrige Frauen in Israel. Doch Elija wurde zu einer fremden Frau geschickt. Und damals, als der Prophet Elischa lebte, gab es viele Aussätzige in Israel. Doch Elischa heilte einen fremden General. Das geschah nicht zufällig. Denkt einmal darüber nach ..."
Die Leute von Nazaret dachten nicht darüber nach. Sie waren wü-

tend: Was bildet dieser Jesus sich ein? Will er uns kritisieren? Will er etwa sagen, das Volk Gottes, das im Freundschaftsbund lebt, sei schlechter als die anderen Völker, die Gott nicht kennen? Wer ist er schon? Ein Zimmermann! Wir kennen seine Familie. Ganz ge-

wöhnliche Leute. Und der will seine Bekannten und Mitbürger beleidigen? Das lassen wir uns nicht gefallen. Soll er doch wieder gehen. Er hat hier sowieso nichts mehr zu suchen.
Die Leute sprangen auf: „Aus der Synagoge mit ihm!" Sie trieben Jesus durch die Stadt und aus der Stadt hinaus. Sie zerrten ihn an den Berghang, auf dem die Stadt erbaut war. Sie wollten ihn hinunterstürzen. Weg mit ihm!
Und nun geschah etwas, das keiner verstand. Gerade noch war Jesus da. Gerade noch wollten sie ihn packen. Aber plötzlich drehte er sich um und ging fort. Mitten durch die Menge hindurch. Und niemand konnte ihn halten.
Viel später erst verstanden die Freunde Jesu, daß Gott ihn geschützt hat. Denn Jesus sollte noch zu vielen Menschen sprechen. Alle sollten die gute Nachricht erfahren. Und viele haben ihm vertraut. Doch die Leute in Nazaret haben ihm nicht vertraut. Dort hat Jesus keinen Glauben gefunden.

68. Gott und sein Reich

Noch vor kurzer Zeit hatte niemand gewußt, wer Jesus war. Ein Zimmermann. Ein Handwerker. Doch mit einemmal kennen ihn viele. Man spricht über ihn. Man denkt darüber nach, was er meint, wenn er vom Reich Gottes spricht. Wie wird es sein, wenn Gott mit seinem Reich kommt? Was haben denn die Propheten darüber gesagt? Und da sind auch die Kranken, die Jesus heilt. Die Menschen, die er froh macht. Das neue Leben, das beginnt. Es verändert sich etwas. Man konnte es spüren. Immer wieder triffst du glückliche Menschen. Mitten auf der Straße singen sie ein Loblied. Sie danken Gott. Das alles wirkt Jesus.
Doch was er vom Königreich sagte, das konnte man nicht so rasch verstehen. Die Männer werden damals darüber diskutiert haben. Schließlich gab es bei den Juden längst keinen König mehr. Die Römer hatten die Herrschaft. Natürlich wäre es schön, wenn sie nicht mehr befehlen dürften. Wenn die Römer nicht mehr da wären. Vielleicht ein Israel wie zur Zeit von König David? Ein neuer

David auf einem neuen Thron in Jerusalem. Einer, der das Volk kennt. Dann würden sie selber Gesetze machen. Selber Steuern einziehen. Eine Armee haben. Sich verteidigen ... Wenn das Reich Gottes so wäre, dafür könnte man kämpfen.
Doch wer Jesus sah, der konnte Zweifel bekommen. Wer genauer zuhörte, mußte zugeben: Er redet nicht davon, daß ein Volk herrscht und andere dienen. Er redet von einem Reich, das innen beginnt. Im Herzen eines jeden Menschen.
Einmal sprach Jesus zu vielen Menschen. Er war auf einem Berg. Zu Hunderten saßen sie im Gras und schauten hinab auf den See Gennesaret. Wer damals zuhörte, der konnte etwas vom Geheimnis des Königreiches verstehen:
„Ihr gehört zum Königreich des Himmels, wenn ihr einfach und arm seid. Ihr gehört zum Königreich des Himmels, wenn ihr Kummer habt. Ihr gehört zum Königreich des Himmels, wenn ihr auf

Gewalt verzichtet. Ihr gehört zum Königreich des Himmels, wenn ihr für Gerechtigkeit einsteht. Ihr gehört zum Königreich des Himmels, wenn ihr den Menschen helft. Ihr gehört dazu, wenn ihr redlich seid. Ihr gehört dazu, wenn ihr Frieden stiftet. Ihr gehört dazu, wenn ihr an Gott festhaltet, auch wenn man euch deswegen auslacht und für dumm hält."
So sprach Jesus auf dem Berg über das Königreich Gottes. Kein Wort über einen Palast, einen Thron, über Waffen. Jesus will die Herzen der Menschen erobern – und so will er die ganze Welt erobern. Von Herz zu Herz. Von einem Menschen zum anderen. So kommt das Königreich des Himmels auf die Erde.
Ein andermal sagte Jesus seinen Jüngern, wie sie beten sollen.

„So sollt ihr beten:
Vater unser im Himmel!
Geheiligt werde dein Name.
Dein Reich komme.
Dein Wille geschehe,
wie im Himmel so auf Erden.
Unser tägliches Brot gib uns heute.
Und vergib uns unsere Schuld,
wie auch wir vergeben unsern Schuldigern.
Und führe uns nicht in Versuchung,
sondern erlöse uns von dem Bösen."

Und weil wir nicht an irgendein Reich glauben, sondern an das Königreich, das Jesus will, darum beten wir weiter:
„Denn dein ist das Reich und die Kraft
und die Herrlichkeit in Ewigkeit. Amen."

69. Ein neues Leben

Jesus ist für alle Menschen da. Jeder kann ihm begegnen: Kinder und Erwachsene, Frauen und Männer, Handwerker, Künstler, Gesunde und Kranke, Arbeiter und Bauern. So ist es von Anfang an gewesen. Die einen haben es leicht mit Jesus. Sie hören sein Wort, sie vertrauen ihm. Andere haben es schwerer. Sie haben vielleicht viel nachgedacht. Sie sind vielleicht oft enttäuscht worden. Sie haben Zweifel. Ist es wahr, was Jesus sagt? Kann man sich auf sein Wort mehr verlassen als auf das Wort gelehrter Männer?

Nikodemus war einer, der es schwer hatte. Er war ein Pharisäer. Einer der Männer, die sich viel Gedanken machten über Gott und darüber, wie die Menschen ihm dienen können. Nikodemus war ein angesehener Mann. Ein Ratsherr. Wir wissen nicht, wer ihm von Jesus erzählt hat. Doch Nikodemus wollte mit Jesus reden. Über die Menschen und über Gott. Er wollte Antwort auf die Frage, wie ein Mensch leben muß; was wichtig ist und was nicht. Und weil er wohl nicht gesehen werden wollte, kam er in der Nacht zu Jesus.

Nikodemus hat viel nachgedacht. Das merkst du gleich, wenn du hörst, was er mit Jesus gesprochen hat. Nikodemus sagte: „Jesus. Du bist ein Lehrer. Gott hat dich geschickt. Denn niemand kann die Zeichen tun, die du tust, wenn Gott nicht mit ihm ist.“ Nikodemus fragte nicht: „Was soll ich tun?“ – aber er hat das gemeint,

und Jesus verstand ihn. Er sagte: „Du mußt noch einmal anfangen, als neuer Mensch. Nur dann wirst du in das Königreich kommen." Das war auch für Nikodemus schwer zu verstehen. Wie soll man neu anfangen, wenn man schon alt ist? Aber Jesus sagte es dem Nikodemus noch einmal: „Man muß neu anfangen." Und er sagte ihm auch, wie wir neu anfangen können, selbst wenn wir erwachsen sind: „Gott hat die Welt so lieb, daß er seinen einzigen Sohn für sie hingibt. Er tut das, damit jeder, der seinem Sohn vertraut, für immer lebt. Denn Gott hat seinen Sohn nicht in die Welt geschickt, damit er Gericht halte, sondern damit er die Welt rette." Das sind schwere Worte. Man versteht sie nicht das erste Mal. Aber Nikodemus wußte nun: Man muß sich an Jesus halten, und man kann sich an ihn halten, dann kommt man zu Gott. Aber vielleicht dachte Nikodemus auch daran, daß viele Menschen gar nicht zu Gott kommen wollen. Sie fühlen sich wohl, so wie sie leben. Sie wollen nichts verändern. Auch dazu sagte Jesus dem Nikodemus etwas: „Gott schickte das Licht in die Welt. Und das Licht ist in der Welt. Du kannst es finden. Doch es gibt Menschen, die wollen lieber im Finstern bleiben." Das ist ein Bildwort, aber man kann es leicht verstehen.
Nikodemus konnte mit Jesus sprechen. Er konnte ihn fragen. Und weil Nikodemus nicht nur fragen, sondern auch hören konnte, verstand er, wer Jesus ist. Er hat ein neues Leben angefangen. Mit Jesus, im Licht. Und das mitten in der Nacht . . .

70. Am Brunnen

Jesus war mit seinen Jüngern unterwegs. Sie gingen durch Samarien. Dort liegt in der Nähe der Stadt Sychar der Jakobsbrunnen. Und weil Jesus müde war von der Wanderung, setzte er sich bei dem Brunnen nieder. Es war um die Mittagszeit. Seine Jünger gingen in die Stadt, um Essen zu kaufen.
Da kam eine Frau aus der Stadt Sychar an den Brunnen. Sie trug ihren Krug. Sie wollte Wasser schöpfen. Es war keine sehr angesehene Frau, die da kam. Sie wußte, warum sie um die heiße Mittags-

zeit an den Brunnen ging: Da war niemand sonst da. Man brauchte nicht zu warten. Die anderen Frauen schauten einen nicht schief an. Gewiß sah sie schon von weitem, daß beim Brunnen jemand saß. Ein Fremder. Ein Jude. Was tut er im Land der Samariter? Du mußt wissen, daß die Juden und die Samariter damals nicht gut aufeinander zu sprechen waren.
Der Fremde sagte: „Kannst du mir Wasser zu trinken geben?" Die Frau erwiderte erstaunt: „Noch nie habe ich erlebt, daß ein Jude eine Samariterin um etwas bittet!" Doch Jesus sagte: „Wenn du wüßtest, wer ich bin, dann würdest du mich um Wasser bitten. Und ich würde dir Wasser zum Leben geben."
„Wie soll das möglich sein? Du hast ja kein Schöpfgefäß. Der Brunnen ist sehr tief. Wie willst du an das Wasser herankommen?"
„Du verstehst noch nicht, wovon ich rede. Ich meine etwas anderes. Wenn du dies Wasser hier trinkst, dann wird es nicht lange dauern, bis du wieder durstig wirst. Aber es gibt ein anderes Wasser. Wer es trinkt, wird nie mehr durstig."
„Das wäre eine Erfindung! Wenn ich dies Wasser hätte, brauchte ich nicht mehr Tag um Tag zum Brunnen zu gehen. Gib mir dieses Wasser."
Vielleicht sagte sie das ein wenig spöttisch. Denn natürlich glaubte sie nicht an ein Zauberwasser. Aber Jesus schaute sie ernsthaft an. Er sagte, sie solle ihren Mann herbringen. Aber sie war ja nicht verheiratet. Darum sagte die Frau: „Ich habe keinen Mann." „Richtig", sagte der Fremde zu ihr, „du hast schon fünf Männer gehabt, und der sechste, mit dem du jetzt lebst, ist nicht dein Mann."
Da erschrak die Frau. Ihr ganzes Leben fiel ihr ein. Alles, was sie falsch gemacht hatte. Das mußte ein Prophet sein! Sonst könnte er nie wissen . . .
Die Frau aus Sychar unterhielt sich am hellen Tag mit Jesus. Darüber, wie man zu Gott beten soll. Darüber, ob man in Jerusalem beten soll oder – wie die Samariter es tun – auf dem Berg Garizim. Und Jesus sagte ihr, daß man überall zu Gott beten kann. Nicht auf den Ort kommt es an, sondern einzig und allein auf den Menschen. Darauf, daß er ehrlich betet. Darauf, daß er wahrhaft betet.
Die Frau sagte zu Jesus: „Ich weiß, daß der Retter kommen wird.

Der Messias. Er wird uns alles endgültig sagen." Da sagte Jesus: „Du sprichst mit ihm. Ich bin es."
Da erschrak die Frau noch einmal. Sie konnte es nicht fassen. Und nun gerade kamen die Jünger zurück. Sie wunderten sich darüber, daß Jesus mit einer fremden Frau sprach. Die Frau aber ließ ihren Krug stehen und rannte in die Stadt zurück. Sie konnte es nicht für sich behalten: „Kommt! Dort ist ein Mann. Er hat mir alles gesagt, was ich getan habe. Er ist vielleicht der Messias." Und sie kamen zu Jesus. Zwei Tage blieb Jesus in der Stadt Sychar. Zuerst glaubten viele an ihn, weil sie hörten, was diese Frau über ihn sagte. Aber später glaubten sie, weil sie ihm selbst begegnet waren. Sie

sagten: „Gott hat seine Menschen und seine Welt nicht im Stich gelassen. Er macht einen neuen Anfang. Mit dir und mit jedem Menschen. Jesus ist der wahre Retter der Welt. Er ist die Quelle für das neue Leben."

71. Bei Zachäus in Jericho

Jesus kam mit seinen Jüngern nach Jericho. Natürlich liefen die neugierigen Leute zusammen. Unter ihnen war einer, den alle kannten. „Schau mal her! Da kommt auch der kleine Schwindler. Wie er rennt mit seinen kurzen Beinen! Was will der denn hier? Will er vielleicht fromm werden? Daß ich nicht lache!" So mögen die Leute in Jericho gesagt haben, als sie Zachäus sahen.
Zachäus war schon daran gewöhnt, daß die Leute ihn auslachten. Er war nun einmal ein kleiner Mann. Und trotzdem hatten viele Angst vor ihm. Zachäus war mächtig. Alle mußten ihre Steuern an ihn bezahlen. Sonst schickte er ihnen die römischen Soldaten auf den Hals. Und er selbst verdiente auch gut bei dem Geschäft. Zachäus war reich. Und trotzdem fühlte er sich nicht immer wohl in seiner Haut. Es ist ja auch nicht angenehm, wenn keiner in der Stadt dich leiden mag. Und wenn du zudem selber weißt, daß du die Leute betrügst. Man kann zwar reich werden dabei, aber glücklicher wird man nicht.
Zachäus hatte von Jesus gehört. Nun wollte er ihn auch sehen. Jesus kam nach Jericho, und das war seine Chance. Aber auch andere Leute wollten Jesus sehen. Leute, die größer waren. Du kannst dir denken, daß Zachäus sich ärgerte, als er die Menschen-

menge sah. Und du kannst dir auch denken, daß die Leute, die Zachäus kannten, dem kleinen Mann nicht gern Platz machten, damit er nach vorn kommen und etwas sehen konnte.
Aber Zachäus fand einen Ausweg. Sicher hast du schon einmal Jungen auf einem Baum oder einer Laterne sitzen sehen, bei einem Festzug oder bei einem Fußballspiel. Von oben hat man einen guten Überblick. Zachäus fand einen Baum. Er kletterte hinauf und saß bald oben. Ein guter Platz. Man konnte sehen und wurde nicht gleich von jedem gesehen.
Als Jesus kam, schauten alle nach ihm. Jesus ging die Straße entlang. Plötzlich blieb er stehen. Direkt vor dem Baum, auf dem Zachäus saß. Jesus schaute nach oben: „Komm schnell herab, ich will heute bei dir einkehren!"
Wer hätte gedacht, daß Jesus den kleinen Zachäus auf dem Baum bemerken würde? Zachäus wußte selbst nicht, wie schnell er von seinem Baum herunterkam. Er ging mit Jesus in sein Haus. Er kümmerte sich nicht darum, daß die Leute hinter ihnen hertuschelten: „Wie kann Jesus bei einem Zöllner einkehren! Da gäbe es bessere Menschen in Jericho! Es ist eine Schande!"
Jesus brauchte dem Zachäus eigentlich gar nichts zu sagen. Wenn du im Irrtum bist, wenn du andere beschwindelst, dann weißt du selber recht gut, was du anders machen solltest. Zachäus wußte, daß er zuviel Steuern gefordert hatte. Er wußte, daß er die Leute angelogen und oft auch erpreßt hatte. Er mußte alles zurückzahlen, was er zuviel eingenommen hatte. Alle entschädigen. Wiedergutmachen. Den Armen helfen . . . Und diesen Entschluß faßte er sofort. Dabei war ihm leicht ums Herz. Und Jesus sagte zu ihm: „Heute wird deinem Haus mehr geschenkt, als du hergibst. Die Freundschaft Gottes. Und eben deshalb bin ich gekommen: Ich suche die Verlorenen und rette sie. Ich bringe sie zurück in den Freundschaftsbund Gottes."
Du kannst dir denken, daß Zachäus sich nun nicht mehr klein und verächtlich fühlte. Von nun an konnte er als ehrlicher Mensch leben. Vielleicht glaubten ihm die Leute in Jericho nicht gleich. Aber mit der Zeit konnte er ihnen sicher beweisen, daß er es ernst meinte.

Jesus macht heil

72. Ein hoffnungsloser Fall

Wenn du am Rand eines Abgrunds stehst, kann es dir leicht schwindlig werden. Aber es kann auch andere Augenblicke im Leben eines Menschen geben, in denen er das Gleichgewicht verliert. Stell dir vor: Ein Mann wacht morgens auf und entdeckt, beinahe zufällig, einen kleinen weißen Fleck auf seiner Hand. Er hofft, daß es etwas Harmloses ist; aber er denkt doch auch an das Schlimmste. Wenn sich dann herausstellt, daß er wirklich den Aussatz hat, dann steht er am Rande eines Abgrunds. Sein ganzes Leben kommt ins Wanken. Er weiß, daß er unheilbar krank ist. Aussatz kann ansteckend sein. Der Kranke darf also nicht zu Hause bleiben. Er muß die Stadt verlassen. Er darf nicht mehr mit Gesunden zusammenkommen. Er darf nicht mehr mit den anderen beten und singen. Er kann seiner Familie nicht einmal zum Abschied die Hand geben. Draußen vor der Stadt, in der Wildnis, kann er eine Höhle finden. Dort leben seine neuen Freunde: Menschen, die an derselben Krankheit leiden wie er. Ein Aussätziger hat alles verloren: seine Familie, seine Freunde, seine Arbeit, seine Gesundheit.
Die Geschwüre werden größer. Sie tauchen überall am Körper auf. Der Kranke stirbt einen langsamen und sicheren Tod. Und dazu weiß er, daß die Menschen sagen, diese Krankheit sei eine Strafe Gottes für seine Sünden. Er weiß, daß sie sich fragen: Was für eine Schuld hat er wohl begangen? Gott wird ihn doch nicht umsonst so strafen. Die Gesunden denken ja nicht daran, daß alle Menschen aussätzig sein müßten, wenn Gott die Sünde wirklich so strafen würde.

Hin und wieder erfährt der Aussätzige, wie es seiner Familie geht. Man bringt ihm das Essen heraus. Die Angehörigen wollen helfen, so gut sie können. Aber sie wagen nicht, näher heranzukommen. Sie meiden den Kranken, sie haben Angst vor ihm. Aussätzige reden miteinander darüber, wie ihnen geholfen werden könnte. Nur Gott, und er allein, kann einen Aussätzigen heilen. Und seit der Zeit des Propheten Elischa hat man nie mehr gehört, daß ein Aus-

sätziger rein geworden wäre. Ich kann mir vorstellen, daß die Kranken auch über den Wundermann Jesus von Nazaret gesprochen haben. Ob er einen unheilbar Kranken heilen kann? Ob er der Messias ist, der Retter? Ob Gott durch ihn wirkt? Und wenn er helfen kann, wird er es dann auch tun . . .
Da war ein aussätziger Mann. Der hatte von Jesus gehört. Er wollte ihn sehen. Er sah Jesus und fiel vor ihm nieder und bat: „Wenn du willst, kannst du mich rein machen."

Jesus hatte Mitleid mit dem kranken Mann. Er streckte seine Hand aus, rührte ihn an und sagte: „Ich will es. Werde rein." Und der Kranke spürte, wie die Krankheit wich. Die Flecken und Geschwüre verschwanden. Er war geheilt.
Jesus sagte zu ihm: „Geh. Sag niemand etwas davon. Posaune es nicht aus. Geh zum Priester und zeig dich. Er soll dich für rein erklären. Danke Gott und bring das Opfer, das jeder bringt, der geheilt ist."
Wenn ein Aussätziger rein wird, dann mußte der Priester doch merken, was geschehen war. Er mußte merken, daß die Königsherrschaft Gottes da war. Er mußte merken, daß der Messias da war.
Vielleicht wollte der geheilte Mann tun, was Jesus ihm aufgetragen hatte. Aber seine Freude war wohl zu groß. Er konnte es nicht für sich behalten. Allen Leuten erzählte er: Jesus ... ein Wunder ... neues Leben ...

Die Menschen, die davon hörten, liefen hinter Jesus her. Alle suchten den Wundermann. Alle wollten geheilt werden. Viele fragten nicht mehr nach Gott und seinem Reich. Sie dachten nur noch an sich selbst, an ein leichteres Leben.

73. Ein blinder Bettler

Auch für einen Bettler gibt es gute Tage. Wenn viele Leute in der Stadt sind; wenn ein Fest gefeiert oder ein Markt abgehalten wird. Oder auch wenn Jesus kommt. An einem solchen Tag kann ein Bettler sich einen guten Platz suchen und darauf hoffen, daß die Leute ihm etwas geben.
Bartimäus war blind. Und weil er nicht arbeiten konnte, war er ein Bettler geworden. Er lebte in Jericho. Viele Leute kannten ihn. Er

saß oft an denselben Plätzen und rief den Vorübergehenden zu: „Gebt mir etwas. Gott wird euch belohnen. Gebt mir etwas ...“
Doch an diesem Tag sollte Jesus nach Jericho kommen. Da hatten die Leute anderes im Kopf. Jeder wollte möglichst vorn stehen. Jesus sehen. Sehen, was er tat; hören, was er sagte. Da hat man keine Zeit für einen Bettler. Und vielleicht dachte manch einer: Dieser Bartimäus sollte an einem solchen Tag besser zu Hause bleiben. Was macht es für einen Eindruck, wenn gleich ein Bettler an der Straße sitzt? Und vielleicht fängt er gar noch an zu rufen ...
Bartimäus merkte, daß Jesus kam. Er spürte die Bewegung unter den Wartenden. Und nun war er nicht still. Nein, er rief, so laut er konnte: „Jesus, hab Erbarmen mit mir!“
Natürlich haben sich die anderen geärgert. Sie sagten: „Sei still!“ Und: „Hör auf zu rufen.“ Aber Bartimäus rief noch einmal, noch lauter: „Jesus, hab Erbarmen mit mir!“
Jesus hörte den Ruf. Er blieb stehen und sagte: „Bringt ihn zu mir her.“ Da konnten sie nicht anders. Sie mußten zu Bartimäus gehen und ihm sagen, daß Jesus ihn sehen wollte. „Hab keine Angst. Steh auf und komm mit. Jesus ruft dich.“
Bartimäus ließ seinen Mantel liegen. Er stand auf und ging mit. Und Jesus fragte ihn: „Was soll ich für dich tun?“ „Ich möchte wieder sehen können!“ Und Jesus sagte: „Geh. Dein Glaube hat dir geholfen.“ In diesem Augenblick konnte Bartimäus wieder sehen. Er sah Jesus, die Menschen, die Häuser, den Himmel. Bartimäus war glücklich. Er ging mit Jesus.
Ein andermal sprach Jesus über das richtige Sehen. Er sagte: „Ihr habt Augen, und trotzdem könnt ihr nicht sehen. Ihr seht nur das, was außen liegt. Das Innere seht ihr nicht.“ So ein Wort versteht man nicht auf das erste Mal. Man muß darüber nachdenken, was Jesus meint. Doch je mehr ein Mensch Jesus kennenlernt, desto mehr lernt er das Sehen, von dem Jesus spricht. Er bekommt einen neuen Blick für das Leben. Wenn du Jesus vertraust, dann siehst du mit den Augen des Glaubens. Du siehst das unsichtbare Königreich. Du siehst die Menschen, die arm sind, krank oder böse. Und du weißt: Gott liebt sie alle. Du besinnst dich nicht lang, du hilfst, wenn du helfen kannst. Denn du weißt, daß wir nur glücklich wer-

den, wenn Menschen einander lieben. – Blind sein ist schlimm. Aber es ist auch schlimm, wenn du gute Augen hast und trotzdem das nicht siehst, was am allerwichtigsten ist.

74. Ein gelähmter Mann

Es war in Kafarnaum. Wenn du wissen wolltest, ob Jesus da ist, brauchtest du niemand zu fragen. Du brauchtest nur zu dem Haus zu gehen, in dem er wohnte. Da sahst du schon die vielen Menschen. Sie drängten sich an der Tür. Jeder versuchte, ob er sich nicht doch noch hineindrängeln konnte.
Die Leute flüsterten einander zu: „Es sind schriftgelehrte Männer gekommen. Sie wollen sehen, was Jesus tut; hören, was er sagt. Vielleicht sind sie sogar aus Jerusalem hierhergekommen . . ." Sicher sprach man auch in Jerusalem von Jesus. Von dem Propheten, der die Menschen froh macht; der Kranke heil macht. Diese Schriftgelehrten waren mißtrauische Männer. Sie wollten mit eigenen Augen sehen, was in Kafarnaum vor sich ging. Sie wollten sehen, ob die einfachen Leute sich hereinlegen ließen. Was werden sie sagen, wenn sie Jesus gesehen haben? Werden sie ihm vertrauen? Werden sie glauben, daß Gott durch Jesus wirkt?
Draußen auf der Straße kamen vier Männer. Sie trugen eine Bahre. Darauf lag ein Mann. Er konnte nicht gehen. Er war gelähmt. Die vier Männer sahen gleich: Zu der Tür kommen wir nicht hinein. Aussichtslos. Doch weil sie ihren kranken Freund unbedingt zu Jesus bringen wollten, fiel ihnen ein Ausweg ein. Hinauf aufs flache Dach. Es ist nicht schwer, das Dach abzudecken, ein paar Balken beiseite zu rücken. Bald war das Loch groß genug, daß die vier die Tragbahre mit ihrem kranken Freund hinunterlassen konnten. Direkt vor Jesus.
Jesus sah, wie sehr diese Männer ihm vertrauten. Und darum sagte er zu dem gelähmten Mann: „Deine Sünden sind dir vergeben."
Der gelähmte Mann wurde sehr froh. Er spürte die Freundschaft Gottes. Darüber kann man seine lahmen Beine vergessen. Darüber kann man froh werden.

Doch die gelehrten Männer saßen in ihrer Ecke. Sie machten sich ihre Gedanken über das, was vorging: Wie kann dieser Jesus sagen: „Deine Sünden sind dir vergeben ..." Das kann doch nur Gott ... Das ist ein Frevel ...
Jesus wußte, was sie dachten. Er drehte sich zu ihnen um und sagte: „Warum macht ihr euch solche Gedanken? Was kann ich leichter sagen: Deine Sünden sind dir vergeben, oder: Steh auf und geh umher? Jetzt sollt ihr merken, daß Gottes Reich angefangen hat. Jetzt sollt ihr merken, daß Gott durch mich wirkt." Und er wandte sich dem Mann zu, der auf der Tragbahre lag: „Steh auf! Nimm deine Tragbahre unter den Arm und geh!"
Der Mann spannte seine Muskeln. Er konnte aufstehen. Er nahm seine Tragbahre und ging. Alle konnten es sehen. Und alle waren

sprachlos. Selbst die gelehrten Männer wußten nichts mehr zu sagen.
Aber kaum waren die Leute draußen vor dem Haus, da fingen sie an zu reden. Sie sagten zueinander: „So etwas haben wir noch nie gesehen!“ Und sie fingen an, Loblieder zu singen, um Gott zu danken. Dafür, daß er uns Jesus geschenkt hat.
Den gelehrten Männern aber wollte das alles gar nicht gefallen. Sie waren beleidigt. In ihrem Stolz gekränkt. Denn sie meinten, sie allein dürften im Namen Gottes reden. Sie steckten die Köpfe zusammen und berieten, ob man nicht etwas gegen Jesus unternehmen müßte. Doch Jesus kümmerte sich nicht darum.

75. Hungrige Menschen

Hast du schon einmal eine Schafherde gesehen? Kannst du dir vorstellen, was den vielen Tieren passieren würde, wenn sie keinen Hirten hätten?
„Eine Herde ohne Hirten . . . die ist verloren. Die Schafe laufen auseinander. Sie verirren sich. Raubtiere kommen in der Nacht . . . Menschen ohne Gott . . . die sind verloren. Sie laufen auseinander. Sie verirren sich. Sie können nicht glücklich werden. Darum bin ich gekommen. Ich will sie zueinander bringen. Dafür gebe ich alles her. So wie ein Hirt sich für seine Schafe einsetzt, Tag und Nacht. Immer mehr Menschen werden zu meiner Herde kommen. Einmal wird es nur eine Herde geben und einen einzigen Hirten . . .“
Dies und noch viel mehr sagte Jesus zu den Menschen. Er redete mit ihnen am Ufer des Sees Gennesaret. Alle hörten ihm zu. Sie konnten nicht genug bekommen. Sie liefen Jesus nach, als er in eine einsame Gegend ging. Sie wollten ihn nicht allein lassen. Sie brauchten seine Worte zum Leben, so dringend, wie man Essen und Trinken braucht. Sie spürten, mit diesen Worten kann man leben.
Wieder einmal waren viele bei Jesus gewesen. Den ganzen Tag waren sie geblieben. Bis zum Abend. Da machten die Jünger sich Sor-

gen. Sie kamen zu Jesus und sagten: „Es ist schon spät. Schick die Leute weg. Sie sollen in die nächsten Häuser und Dörfer gehen und sich etwas zu essen kaufen.“ Jesus aber sagte etwas Erstaunliches: „Gebt ihr ihnen zu essen.“ Doch woher soll man Essen für so viele nehmen? Dazu in einer verlassenen Gegend. Was dachte sich Jesus? Philippus rechnete nach: „Auch wenn wir für zweihundert Silberstücke Brot kaufen würden, bekäme jeder nur ein kleines Stück.“ Und Andreas: „Hier ist ein Junge. Er hat fünf Gerstenbrote und zwei Fische. Doch was ist das schon für so viele!“
Jesus sagte: „Die Leute sollen sich ins Gras setzen.“ Und alle setzten sich. Dann nahm Jesus die Brote. Er sprach das Tischgebet, mit dem die Juden Gott dafür danken, daß er für seine Menschen sorgt. Dann teilte Jesus aus: Brot und Fisch. Ein jeder konnte soviel bekommen, wie er wollte. Und alle aßen, bis sie satt waren. Ja, am Ende blieben noch zwölf Körbe voll übrig. Und bis heute verstehen alle, die davon hören, wie Jesus für seine Menschen sorgt. Er gibt ihnen alles, was sie brauchen.
Damals sagten die Menschen zueinander: „Jesus ist wirklich der Mann, von dem die Propheten reden. Er ist der Retter, den Gott versprochen hat.“ Und sie überlegten: Jesus zum König ma-

chen ... Mit Gewalt natürlich ... Wenn alle Juden gemeinsam kämpften ... Wenn Gott auf ihrer Seite war ... Die Römer verjagen ... Das Königreich aufrichten ...
Jesus wußte, was sie dachten. Er wußte, daß sie ihn zwingen wollten. Aber er wußte auch, daß Gott sein Königreich anders aufrichten wollte: Ein Reich im Innern. Ein Reich für alle Menschen ... Jesus ging weg. Er ging allein.
Vielleicht fragst du nun: Wer ist eigentlich dieser Jesus? Ein Hirt für die Menschen ... Einer, der Brot gibt ... Ein König ohne Thron ... Aber die wichtigste Frage ist und bleibt: Willst du selbst zu Jesus gehören?

76. Ängstliche Jünger

Jesus und seine Jünger waren immer unterwegs. Immer zu Fuß. Am See entlang. Mitten durch das Land. Von einem Dorf zum anderen. Und überall waren Menschen. Gesunde und Kranke. Junge und Alte. Fröhliche und traurige Menschen. Jesus suchte die Menschen. Er sprach mit ihnen. Er machte die Traurigen froh. Die Kranken machte er heil. Und allen zeigte er, wie man glücklich leben kann. Er zeigte allen, daß die Freundschaft Gottes schön ist. Manchmal fragten sich die Menschen: „Wird Jesus immer bei uns bleiben?“ Aber zuallermeist freuten sie sich einfach darüber, daß er da war.
Die Jünger waren immer bei Jesus. Sie kannten ihn gut. Sie wurden seine Freunde. Sie hörten ihm zu. Aber verstanden sie auch, was Jesus sagte? Haben sie begriffen, daß der Mensch dort, wo Jesus ist, keine Angst zu haben braucht? Ganz gleich, was passiert ... Die Jünger haben es langsam begriffen. Du wirst es gleich merken. Jesus war oft am Ufer des Sees Gennesaret. Dort sprach er zu den Menschen. Manchmal mußte er in ein Boot steigen, von dort aus reden, damit alle ihn sehen und hören konnten. Manchmal am Abend war Jesus müde. Dann ließ er seine Jünger über den See fahren. Am anderen Ufer wollte er allein sein mit ihnen. Ausruhen. Beten.

Eines Abends sagte Jesus zu seinen Jüngern: „Wir wollen an das andere Ufer fahren." Die Jünger schickten die Leute nach Hause. Sie nahmen Jesus in dem Boot mit, von dem aus er geredet hatte. Andere Boote begleiteten sie ein Stück auf den See hinaus. Allein fuhren sie weiter. Da plötzlich schlug das Wetter um. Die Jünger kannten die Anzeichen; es waren ja Fischer unter ihnen. Es wurde finster. Der Himmel wurde drückend. Der Wind ließ nach. Eine merkwürdige Stille. Die Stille vor dem Sturm. Und da kam er auch schon. Die ersten Windstöße. Fallwinde, von den Bergen herab. Die Wellen wurden hoch und wild. Und auch ein erfahrener Fischer wußte: Jetzt wird es gefährlich. Die Wellen schlugen ins Boot. Man mußte Wasser schöpfen. Das war ein Kampf ums Leben. Die Jünger hatten Angst.

Vielleicht fragst du: Und wo war Jesus? Er war doch auch in das Boot eingestiegen? Jesus lag hinten im Boot auf einem Kissen. Er schlief. Mitten im Sturm. Wie kann er schlafen, wenn seine Jünger um ihr Leben kämpfen müssen? Sie weckten Jesus. Vorwurfsvoll: „Jesus, kümmert es dich nicht, daß wir untergehen?"

Jesus stand auf. Er sprach zu dem Wind; er sprach zu dem See: „Schweig! Sei still!" Als ob man dem Wind befehlen könnte. Und dann geschah es: Der Wind legte sich. Es wurde ganz still. Mit einemmal. Und in dieser Stille fragte Jesus seine Jünger: „Warum habt ihr solche Angst? Habt ihr denn keinen Glauben?"

Damals begriffen die Jünger ein wenig, was es heißt, an Jesus glauben. Mit ihm leben. Natürlich hat ein jeder Mensch Angst, wenn er mit einem kleinen Boot in einem großen Sturm unterwegs ist.

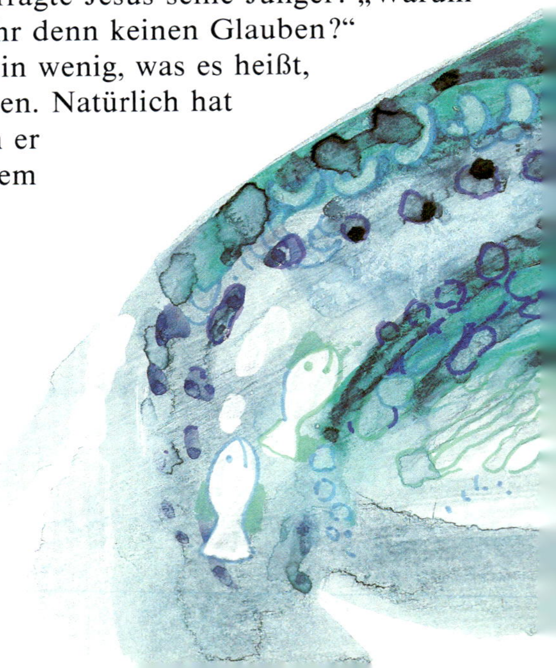

Doch wenn Jesus da ist, braucht man keine Angst zu haben. Nicht vor einem Sturm. Nicht vor dem Tod.

77. Ein Fremder

Die meisten Menschen, die dir begegnen, sind gesund. Sie wissen, was sie tun und sagen. Doch vielleicht hast du schon einmal erlebt, daß ein Mensch furchtbar zornig wurde, ganz außer sich war. Er sagte in seiner Wut Dinge, die er gar nicht so meinte. Worte, die du nie von ihm erwartet hättest. Es ist, als sei ein solcher Mensch plötzlich anders geworden. Fremd. Wild und unberechenbar.

Wenn der Zorn sich legt, der Schreck vorbei ist, kommt ein solcher Mensch wieder zur Besinnung.
Aber es gibt auch Menschen, die krank sind. Sie kommen nicht so rasch wieder zur Besinnung. Sie sind verwirrt. Die Krankheit ist stärker als sie. Solche Menschen können eine Gefahr sein für die anderen. Sie wissen ja nicht, was sie reden und tun. Sie haben sich selbst verloren. Bei uns im Land leben solche Menschen in einem Sanatorium. Aber damals, als Jesus lebte, gab es keine Häuser, in denen man für diese Kranken sorgt.
Jesus und seine Jünger sind solchen Menschen begegnet. Jesus hat solche Menschen geheilt. Denn er wollte ja alle glücklich machen.
Jesus kam mit seinen Jüngern an das andere Ufer des Sees; dort lebten Fremde. Als Jesus aus dem Boot stieg, lief ihnen ein Mann entgegen. Er kam aus einer der Höhlen. Dort lebte er. Der Mann war ganz und gar außer sich. Verwirrt. Manchmal mußte man ihn fesseln, sonst hätte er sich selbst und andere verletzt. Er zerriß seine Kleider. Manchmal schrie er laut. Er war so stark, daß alle ihn fürchteten.
Dieser Mann sah Jesus. Er lief auf ihn zu. Und Jesus sagte zu ihm: „Du böser Geist, verlaß diesen Mann!" Der Mann warf sich vor Jesus nieder und schrie laut: „Jesus, du bist der Sohn des höchsten Gottes. Aber was habe ich mit dir zu tun? In Gottes Namen, quäle mich nicht." Dieser kranke Mann merkte sofort, wer Jesus ist. Er wußte, daß Jesus stärker ist als die Krankheit. Er wußte aber nicht, was er sagte. Die Krankheit und das Böse waren stark in ihm.
Doch Jesus heilte ihn. Er schenkte dem kranken Mann die Gesundheit wieder. Nun konnte er die Dinge und die Menschen wieder richtig sehen. Seine Verwirrung war vorbei.
Die Leute aus dem Dorf staunten, als sie sahen, daß der kranke Mann gesund geworden war. Dieser Mann war kein Jude. Er wollte trotzdem bei Jesus bleiben. Doch Jesus sagte zu ihm: „Geh nach Hause. Erzähl deiner Familie, wie Gott dir geholfen hat." Und das tat dieser Mann. Er sagte es allen. Und alle staunten.

78. Wer an Jesus glaubt

Jesus zog mit seinen Jüngern von einem Ort zum anderen. Nie blieben sie lange in derselben Stadt. Jesus sagte einmal: „Ich kann nicht bleiben. Ich muß zu allen gehen. Alle sollen die große Botschaft vom Reich Gottes erfahren." Überall traf Jesus Menschen. Kranke, Unglückliche, Leute, die Pech gehabt hatten, Leute, die es falsch gemacht hatten ... Solche Menschen hatte Jesus besonders lieb. Und das spürten sie. Darum kamen sie zu ihm. Und wenn sie von ihm weggingen, dann lachten sie. Sie sangen und dankten Gott. Es war wie ein großes Fest. Man konnte erleben, wie Gott die Menschen gewollt hatte. Keine Krankheit. Keine Sünde. Freundschaft. Frieden.

Das alles sahen die Jünger. Aber sie sahen auch das andere: Sie sahen die Gesetzeslehrer, die Männer, die sich in den heiligen Büchern auskannten, die Tempelbeamten. Sie paßten gut auf, was Jesus tat und was er sagte. Sie wollten wissen, ob Gott durch Jesus wirkt. Sie wollten hören, wie Jesus über Gott sprach und darüber, wie Menschen Gottes Freunde werden. Sie fragten einander: „Kann dieser Jesus recht haben? Soll jetzt wahr werden, was Gott versprochen hat? Durch Jesus? Wenn es wirklich so wäre, würden wir es merken. Wir kennen die heiligen Schriften. Wir, die Gelehrten ... Wir, die Beamten am Tempel ... Wir, die Frommen ... Wir sind die Freunde Gottes, nicht die Jesusleute ... Wenn nötig, werden wir uns wehren ... Gott verteidigen ..."

Solange Jesus mit den Jüngern in den kleinen Dörfern umherzog, konnten die Gesetzeslehrer nicht viel gegen ihn unternehmen. Aber wenn er einmal in die Nähe von Jerusalem kommen sollte ... Dann ...

Jesus war unterwegs. Da bekam er eine Nachricht: „Komm nach Betanien. Lazarus, dein Freund, ist todkrank." Als Jesus das hörte, sagte er nur: „Diese Krankheit führt nicht zum Tod. An Lazarus sollen die Menschen merken, daß Gott lebendig ist. Sie sollen merken, wer der Sohn Gottes ist." Und Jesus blieb noch zwei Tage an dem Ort, an dem sie waren.

Dann sagte er zu seinen Jüngern: „Kommt, wir wollen nach Beta-

nien gehen.“ Du kannst dir vorstellen, daß die Jünger sich fürchteten. Betanien liegt nämlich nahe bei Jerusalem. Doch Thomas sagte: „Kommt. Wir wollen mit ihm gehen. Wir wollen mit ihm sterben.“
Als sie nach Betanien kamen, erfuhren sie, daß Lazarus, der Freund Jesu, schon vier Tage im Grab lag. Maria und Marta, die Schwestern des Lazarus, führten Jesus zum Grab. Viele Leute waren dorthin gekommen. Sie wollten die Schwestern trösten. Sie trauerten um Lazarus. Als Jesus an das Grab des Lazarus kam, da weinte er. Ein paar Leute sahen es und sagten: „Wenn er einem Blinden die Augen aufmachen konnte, warum konnte er seinem Freund Lazarus nicht helfen?“
Und Jesus sagte: „Nehmt den Stein vom Grab weg.“ Dann sprach Jesus zu seinem Vater im Himmel: „Vater, ich weiß, daß du mich hörst. All die Menschen hier sollen wissen, daß du mich in die Welt geschickt hast. Alle sollen wissen, daß du das Leben

schenkst." Und dann rief Jesus laut: „Lazarus, komm heraus!" Der Tote kam aus seinem Grab. Er war noch in die Leichentücher gewickelt. Lazarus lebte.
Die Freunde Jesu haben später oft an Lazarus gedacht. Damals, am ersten Osterfest, als der Stein vom Grab Jesu weggewälzt war. Damals, als sie Jesus suchten und ihn nicht fanden. Damals haben sie von Lazarus erzählt.
Und heute noch denken Jesu Freunde an Lazarus. Wenn einer gestorben ist, den man gekannt und geliebt hat. Wenn alle traurig sind. Wenn das Grab sich schließt. Dann denken die Freunde Jesu an das Grab Jesu und an das Grab des Lazarus. Und sie wissen: Wer an Jesus glaubt, braucht keine Angst zu haben. Nicht vor dem Sturm. Nicht einmal vor dem Tod.

Jesus erzählt

79. Vom Bauern und seinem Feld

Jesus sprach so zu den Menschen, daß alle ihn verstehen konnten: die Fischer vom See Gennesaret, die Bauern, die Frauen aus den Dörfern und Städten, die gelehrten Männer aus Jerusalem. Auch wir, die Kinder und die Erwachsenen. Jesus erzählte viele Geschichten, und wer gut hinhört, merkt gleich, daß Jesus mit diesen Geschichten eigentlich etwas anderes sagen will. Wer Jesus kennt, merkt gleich, daß er von Gott spricht, von sich selber und davon, wie die Menschen glücklich werden können.
Einmal war Jesus am Ufer des Sees. Viele Leute kamen. Da setzte er sich in ein Boot und erzählte:
„Ein Sämann ging auf sein Feld. Er wollte den Samen auf seinen Acker streuen." Vielleicht weißt du nicht, wie man mit der Hand sät. Der Bauer bindet sich ein Tuch um. Darin trägt er den Samen. Mit der einen Hand hält er das Tuch. Mit der anderen streut er in großem Schwung die Körner aus. Weit im Bogen. Die Körner fallen hierhin und dorthin.
„Ein Teil der Körner fiel auf den Weg. Gleich kamen die Vögel und pickten sie auf. Ein anderer Teil fiel auf Erde, die einen felsigen Grund hatte. Die Körner gingen zwar auf, aber weil sie keine

Wurzeln schlagen konnten, verdorrten die jungen Pflanzen in der glühenden Sonne. Ein anderer Teil der Körner fiel unter die Dornen. Das Unkraut wuchs, es erstickte die Pflanzen. Doch ein Teil der Körner fiel auf guten Boden. Er ging auf und wuchs. Er brachte Frucht. Man konnte ernten. Viel, viel mehr, als man erwarten konnte."
Vielleicht werden die Leute diese Geschichte nicht gleich verstanden haben. Vielleicht haben sie gedacht: Der Bauer hätte besser aufpassen können, wohin der Same fällt . . . Aber vielleicht haben sie auch begriffen, daß Jesus nicht einen Bauern, sondern Gott gemeint hatte. Gott ist gut. So gut, daß er zu allen Menschen spricht, allen seine Freundschaft anbietet. Aber die Menschen sind verschieden. Die einen wollen nichts von ihm wissen. Andere sind rasch begeistert, und ebenso rasch vergessen sie ihn wieder. Und wieder andere fangen an, Gott zu lieben. Mit ihm zu leben . . . Wer zuhören kann, der wird verstehen, was Jesus sagen wollte.
Noch einmal hat Jesus von einem Bauern erzählt. Er sagte: Da war ein Mann, der hatte guten Samen auf seinen Acker gesät. Doch in der Nacht, als die Leute schliefen, kam sein Feind. Der säte Unkraut mitten unter den Weizen. Dann ging er weg. Als die Saat aufging, da wuchs auf dem Acker der Weizen. Aber auch das Unkraut. Die Arbeiter liefen zu ihrem Herrn und sagten: „Du hast doch guten Samen gesät? Woher kommt das viele Unkraut?" „Das hat ein Feind von mir getan." „Sollen wir hingehen und das Unkraut ausreißen?" Doch der Bauer sagte: „Nein. Tut es nicht. Sonst reißt ihr auch den Weizen aus. Wartet bis zur Erntezeit. Dann werden wir zuerst das Unkraut sammeln, bündeln und verbrennen. Nur den Weizen werde ich nach Hause holen."
Wenn du Jesus kennst, kannst du auch diesmal merken, daß er von Gott spricht und von den Menschen. Unkraut und Weizen, miteinander vermischt. Auf demselben Acker. Menschen, die Gottes Freunde sind, und Menschen, die nichts von ihm wissen wollen – miteinander vermischt. Auf derselben Erde. Soll man die Feinde Gottes bekämpfen? Beschimpfen? Verurteilen? Nein, sagt Jesus. Habt Geduld. Redet mit ihnen. Helft ihnen. Wenn Gott kommt, dann wird er entscheiden, wer in sein Reich gehört und wer nicht.

80. Von einem Menschen und seinem Nächsten

Stell dir vor, du müßtest eine Reise machen. Von Jerusalem nach Jericho. Da ist man ein paar Stunden unterwegs. Der Weg ist einsam. Eine felsige Landschaft. Du kannst nicht damit rechnen, daß dir viele Leute begegnen. Du gehst. Und da, plötzlich kommen Räuber aus einem Hinterhalt. Sie fallen über dich her. Sie schlagen dich zusammen. Sie plündern dich aus. Sie nehmen mit, was sie haben wollen. Dich selbst lassen sie einfach liegen.
Du hast Schmerzen. Deine Wunden brennen. Du bist allein. Aber plötzlich hörst du etwas. Da kommt doch jemand. Richtig. Es ist ein Priester. Der wird dir gewiß helfen. Er dreht den Kopf. Er schaut dich an. Aber er kommt nicht zu dir herüber. Er geht an dir vorbei. Vielleicht hat er Angst? Aber er hat dich doch gesehen ...
Ein wenig später hörst du wieder ein Geräusch. Wieder kommt jemand. Du schaust. Es ist ein Levit. Man kann ihn an seinen Kleidern erkennen. Vielleicht wird er ... Der Levit schaut zu dir herüber. Er sieht dich. Aber auch er bleibt auf dem Weg. Er hält nicht an. Er hilft dir nicht.
Du liegst. Du wartest. Da hörst du wieder etwas. Diesmal ist es ein Mann auf einem Esel. Ein Reiter. Er kommt näher. Er sieht dich an. Er kommt heran. Er steigt ab. Und nun kannst du ihn erkennen. Das ist kein Jude, sondern ein Samariter. Einer aus dem Norden. Einer, von dem man sagt, daß er den falschen Glauben habe.
Aber dieser Samariter hilft dir. Er reinigt deine Wunden. Er verbindet sie. Dann hilft er dir auf seinen Esel und bringt dich zu einem Gasthaus. Dort sorgt er für dich. Ja, er gibt dem Wirt Geld, damit er dich pflegt, bis du dich erholt hast. Und jetzt kommt die Frage, die ich dir stellen möchte: Wer von den dreien, die auf der Straße vorbeikamen, ist dein Nächster und dein Freund?
Jesus wartet auf eine Antwort. Sie ist wirklich nicht schwer: „Natürlich derjenige, der geholfen hat." Und Jesus sagt: „Genauso ist es. Wer in der Freundschaft Gottes leben will, für den ist eines ganz wichtig: Du sollst Gott lieben mit deinem ganzen Herzen und mit deiner ganzen Seele und mit all deiner Kraft. Und deine Mitmenschen, deine Nächsten sollst du so lieben wie dich selbst."

Und wenn du nun fragst: „Wer sind meine Nächsten? Woran erkenne ich sie?“, dann brauchst du nur an die Geschichte zu denken, die Jesus erzählt hat. Alle, die dich brauchen, sind deine Mitmenschen. Ganz gleich, wer sie sind. Ganz gleich, wo du sie triffst. Also nicht nur die Leute, die du kennst . . ., nicht nur deine Freunde, von denen du weißt, daß sie in Ordnung sind . . ., nicht nur die, denen du gern hilfst . . . Mein Nächster . . . Das kann praktisch jeder sein. Jeder kann mich einmal brauchen . . . Auch diejenigen, mit denen du Streit hast . . . Auch diejenigen, die du nicht magst . . . Durch Menschen, die Nächste sind für andere, läßt Gott sein Königreich wachsen. Solchen Menschen will er es schenken.

81. Zum Beispiel: Ein reicher Mann

Es war einmal ein reicher Mann. Der zog jeden Tag schöne Kleider an. Er lebte herrlich und in Freuden. Er war zufrieden. Vor seiner Tür aber saß ein armer Mann. Der hieß Lazarus. Lazarus war nicht nur arm, er war auch krank. Am ganzen Körper hatte er Geschwüre. Und dazu hatte Lazarus Hunger. Gern hätte er die Reste und Abfälle gegessen, die der Reiche einfach unter den Tisch warf. Manchmal kamen die Hunde und leckten an seinen Geschwüren.
Eines Tages starb der arme Lazarus. Und bald danach starb auch der reiche Mann. Und dann, nach dem Tod, gingen dem reichen Mann die Augen auf. Er sah den Lazarus. Und er sah, daß Lazarus glücklich war. Lazarus war bei Abraham und den anderen, die Gott vertraut hatten. Er selber war unglücklich. Er konnte nicht zu Abraham kommen und nicht zu Gott. Nun hatte er selber Durst; er wollte haben, was Lazarus hatte. Leben wie Lazarus.
Der reiche Mann sagte zu Abraham: „Vater Abraham, schick mir

den Lazarus. Er soll mir eine Erfrischung bringen." Aber Abraham sagte: „Keiner, der bei uns lebt, kann zu dir kommen. Und du kannst nicht zu uns kommen. Denk doch nach: Du hast es immer gut gehabt. Lazarus aber hat immer in Not gelebt. Jetzt ist es umgekehrt. Du kannst dem Lazarus nichts mehr befehlen." Da sagte der reiche Mann: „Dann schick doch bitte den Lazarus in mein Elternhaus. Ich habe noch fünf Brüder. Lazarus soll sie warnen. Dann werden sie lernen, worauf es ankommt." Doch Abraham sagte: „Deine Brüder haben die heiligen Bücher. Dort können sie lernen,

worauf es ankommt. Wenn sie den heiligen Büchern nicht glauben, werden sie sich auch nicht überzeugen lassen, wenn einer von den Toten aufersteht."

Das ist das Beispiel von dem reichen Mann, der nicht lernen wollte. Noch nach seinem Tod glaubte er, er sei besser als der Arme. Er könne ihn einfach hierhin oder dorthin schicken. Das ist das Beispiel von dem armen Mann, dem Gott nach seinem Tod das Glück schenkte, das er bei den Menschen nicht gefunden hat. Und das ist auch eine Warnung für uns alle: Wir haben die heiligen Bücher. Wir haben Mose und die Propheten. Wir können ihnen vertrauen. Dann werden wir auch merken, was es bedeutet, daß Gott einem Toten das Leben schenkt.

82. So sind die Menschen

Jesus erzählte seinen Freunden viele Geschichten. Die einen versteht man gleich. Bei anderen mußt du nachdenken. Du mußt versuchen, die Bedeutung zu erraten. Fast wie bei einem Rätsel. Hier ist eine solche Geschichte.

Da war ein Mann. Er kaufte sich ein Grundstück. Dort legte er einen Weinberg an. Ringsherum zog er einen Zaun. Er baute einen Wachtturm und eine Kelter in seinen Weinberg. Die Rebstöcke begannen zu wachsen. Es war ein guter Weinberg.

Dann ging der Mann für einige Zeit ins Ausland. Darum vermietete er seinen Weinberg an eine Gruppe von Pächtern. Und als die Zeit der Ernte kam, schickte er seine Knechte zu den Pächtern, damit sie den Teil der Trauben abholten, auf die er ein Recht hatte. Aber die Pächter griffen seine Knechte an. Den einen verprügelten sie. Den zweiten schlugen sie tot, und auf einen dritten warfen sie so lange mit Steinen, bis auch er tot war. Der Mann schickte andere Knechte, doch denen erging es nicht besser. Die Männer, denen er seinen Weinberg vermietet hatte, wollten die ganze Ernte für sich behalten. Sie wollten dem Besitzer nichts geben. Sie wollten mit dem guten Weinberg machen, was sie wollten. Vielleicht dachten sie: Wir arbeiten. Also gehört auch die Ernte uns. Am be-

sten wäre es, wenn wir mit dem Besitzer des Weinbergs nichts mehr zu tun hätten. Sein Weinberg soll jetzt uns gehören.
Der Besitzer aber dachte: Diese Pächter haben keine Achtung vor meinen Knechten. Ich will meinen Sohn schicken. Auf ihn werden sie hören. Aber als die Pächter den Sohn sahen, sagten sie zueinander: „Das ist der Erbe. Kommt, wir wollen ihn töten. Dann können wir seinen Weinberg behalten." Gesagt, getan: Als der Sohn kam, da packten sie ihn. Sie warfen ihn aus dem Weinberg hinaus und brachten ihn um.
Und Jesus fragte: Wenn nun der Besitzer dieses Weinbergs selber kommt, was wird er mit diesen schlechten Pächtern anfangen? Es bleibt ihm nur eines: Er wird den bösen Pächtern ein böses Ende machen. Seinen Weinberg aber wird er anderen geben. Leuten, die den Weinberg pflegen und die Trauben abliefern, wenn es Zeit ist.
Diese Geschichte erzählte Jesus in Jerusalem. Auf dem Tempelplatz. Die Leute hörten ihm zu. Dazwischen standen Priester und Lehrer, die sich in den heiligen Schriften auskannten. Auch sie hörten zu. Und ich glaube, daß sie rasch begriffen haben, wen Jesus meinte. Sie selbst waren gemeint. Ihnen, den Priestern und den Lehrern, hatte Gott selber sein Volk anvertraut. Und als Gott seine Knechte sandte, die Propheten, da wollten sie sich nichts dreinreden lassen. Sie wollten nicht hören. Aber mancher fragte sich, wer wohl mit dem Sohn gemeint sei.
Die Freunde Jesu haben diese Erzählung nicht vergessen. Sie erzählten sie nach dem ersten Osterfest, als sie längst wußten, wie man den Sohn aus dem Weinberg seines Vaters vertrieben hatte. Denn Gott schickt seine Boten ja immer noch. Und immer noch gibt es Menschen, die das Volk Gottes führen und leiten. Damit sie nie vergessen, daß sie einen Herrn haben und nur Stellvertreter sind, darum erzählt man die Geschichte vom Weinberg und den Pächtern auch heute noch.

83. So ist Gott

Gott ... Wenn du das Wort hörst, denkst du vielleicht an jemand, der ganz groß und ganz fern ist. Und du hast recht. Gott ist ganz groß und ganz fern. Doch wenn du Jesus kennst, wirst du merken, daß Gott ganz nahe ist. So nahe, daß du mit ihm reden kannst, wie mit deinem Vater. Du denkst vielleicht manchmal: Es gibt so viele Menschen. Wie kann Gott sie alle kennen? Doch wenn du Jesus kennst und auf ihn hörst, erfährst du, daß Gott jeden von uns kennt. Und einen jeden liebhat. Vielleicht denkst du: Wo ist Gott eigentlich? Er läßt mich allein. Ich merke nichts von ihm. Doch wenn du auf Jesus hörst, erfährst du, daß Gott sich um dich kümmert, auch wenn du gerade nichts davon merkst. Du denkst vielleicht manchmal: Jetzt ist es aus mit der Freundschaft Gottes. Ich habe mich nicht an die Regeln gehalten. Jetzt hat Gott recht, wenn er zornig auf mich ist. Mich vergißt. Doch wenn du auf Jesus hörst, erfährst du, daß Gott dich nicht aufgegeben hat, weil er dich liebt. Darüber erzählte Jesus eine Geschichte:

Da war ein Vater. Der hatte zwei Söhne. Eines Tages kam der jüngere Sohn zu ihm und sagte: „Vater! Gib mir das Geld, das ich von dir erben werde, jetzt schon. Ich will weg von zu Hause. Ich will meine eigenen Wege gehen." Der Vater gab ihm seinen Teil. Und der jüngere Sohn packte seine Sachen und zog in ein fernes Land. Dort lebte er in Saus und Braus. Er verschleuderte sein ganzes Geld. Und gerade als er nichts mehr hatte, brach in dem Land eine Hungersnot aus. Nun ging es dem jungen Mann schlecht. So schlecht, daß er eine Arbeit als Schweinehirt annehmen mußte. Und auch dabei hatte er Hunger. Gern hätte er die Futterschoten der Schweine gegessen, aber niemand gab ihm davon.

Und jetzt begann der Junge nachzudenken: Mein Vater zu Hause hat viele Arbeiter. Sie alle haben zu essen. Mehr als genug. Ich aber sterbe hier noch vor Hunger. Ich will zu meinem Vater zurückkehren und ihm sagen: Vater, ich habe die Regeln nicht eingehalten. Ich habe gesündigt gegen Gott und gegen dich. Ich bin nicht mehr wert, dein Sohn zu sein. Mach mich zu einem deiner Arbeiter.

Der Vater sah seinen Sohn von ferne kommen. Er wartete nicht lange. Er lief seinem Jungen entgegen, fiel ihm um den Hals und küßte ihn. Und als der Junge um Verzeihung bat, wollte der Vater nichts davon hören. Er gab seinem Sohn neue Kleider und veranstaltete ein großes Freudenfest. So glücklich war er, daß sein Sohn zu ihm nach Hause gekommen war.
Aber da war ja noch der ältere Sohn. Der war zu Hause geblieben. Er hatte jeden Tag für seinen Vater gearbeitet. Ein guter Sohn. Als er vom Feld zum Haus kam, hörte er die Musik, und man sagte ihm: „Dein Bruder ist zurückgekommen. Darum veranstaltet dein Vater ein großes Freudenfest.“
Du kannst wohl verstehen, daß der ältere Sohn wütend wurde. Zornig. Er wollte nicht ins Haus gehen. Er begann zu rechnen: Noch nie hatte der Vater für ihn ein Fest veranstaltet. Und er hatte gut gearbeitet. Der Vater kam zu ihm heraus und versuchte, ihm

zuzureden: „Du bist immer bei mir. Alles, was ich habe, gehört auch dir. Aber dein Bruder war tot, jetzt lebt er wieder. Er war verloren und wurde gefunden. Darum müssen wir ein Freudenfest feiern."
Damit endet die Erzählung Jesu. Wir wissen nicht, wie es weiterging. Vielleicht ist der ältere Sohn doch noch ins Haus zu dem Fest gegangen. Vielleicht blieb er zornig draußen vor der Tür. Wenn du gut zugehört hast, hast du längst gemerkt, daß Jesus nicht nur von einem Vater und seinen zwei Söhnen erzählt. Er erzählt von Gott. Er erzählt von den Menschen, die von Gott weggehen. Die probieren wollen, wie man ohne Gott lebt. Jesus meint, daß jeder, der von Gott weggegangen ist, zurückkommen kann. Immer. Und für jeden gibt es ein Freudenfest. Aber Jesus meint auch die Menschen, die bei Gott bleiben, die ihr ganzes Leben lang den Freundschaftsbund halten. Die Gott nicht loslassen. Sie müssen manchmal etwas Schweres lernen: daß Jesus die guten Menschen zu seinen Freunden macht, aber auch die Verlorenen. Lernen, daß Gott jeden Menschen will, diejenigen, die bei ihm bleiben, aber auch die anderen, die davonlaufen.

84. Warten, bis das Fest beginnt

Gott ist nah. Du kannst mit ihm reden. Du darfst wissen, daß er dich kennt und dich liebhat. Du darfst auch wissen, daß er für alle Menschen ein Fest machen wird. Alle sollen sich freuen. Auch du. Vielleicht fragst du, wie schon die Jünger gefragt haben: Wann wird das Fest Gottes anfangen? Und: Wie sollen wir uns vorbereiten? Darüber erzählt Jesus eine Geschichte von einer Hochzeit. Jesus erzählt so, wie man damals Hochzeit gefeiert hat. Abends geht der Bräutigam in das Haus seiner Braut. Er will sie abholen. Brautjungfern warten vor dem Haus des Bräutigams. Dort soll das Fest gefeiert werden.
Da waren also zehn Mädchen. Sie warteten vor dem Haus des Bräutigams. Es war Abend. Sie warteten. Es wurde dunkel. Das war nicht schlimm, sie hatten ja ihre Lampen mitgebracht. Immer

noch nichts zu sehen. Bestimmt weißt du, wie leicht man ungeduldig wird, wenn man lange warten muß. Die einen überlegen sich: Rentiert es sich, so lange auszuhalten? Vielleicht wäre es unterhaltsamer, wegzugehen und etwas anderes zu tun? Andere werden gleichgültig. Sie sagen sich: Ich kann ja dableiben. Vielleicht passiert doch noch etwas. Und die dritten denken: Es ist wahr, es dauert lange. Aber das Warten auf das Fest lohnt sich ganz gewiß. Wir müssen auf Abruf bereit bleiben.
Auch die zehn Mädchen, die auf den Beginn des Festes warteten, wurden ungeduldig. Ihre Lampen brannten. Der Bräutigam kam nicht. Das Öl ging ihnen aus. Die einen hatten keine Lust, sich neues Öl zu kaufen. Sie schliefen einfach ein. Die anderen sagten sich: „Wir kaufen auf jeden Fall neues Öl. Unsere Lampen sollen brennen, wann immer das Fest beginnt." Und schließlich schliefen alle zehn.
Plötzlich, mitten in der Nacht, gab es Lärm. „Der Bräutigam kommt!" Die zehn Mädchen wachten auf. Rasch zündeten sie ihre Lampen an. Doch nur fünf Lampen brannten. Fünf Lampen blieben dunkel. Kein Öl. Da sagten die Mädchen, die kein Öl hatten, zu den anderen: „Gebt uns von eurem Öl, unsere Lampen brennen nicht." Doch die sagten: „Nein. Dann würde es für uns nicht reichen und für euch auch nicht. Geht zum Händler und kauft." Die fünf Mädchen gingen. Als sie unterwegs waren, kam der Bräutigam. Das Fest begann. Die Mädchen mit den brennenden Lampen

gingen zum Fest. Hinter ihnen wurde die Tür zugeschlossen. Als die fünf anderen kamen, klopften sie an die Tür und riefen: „Herr, mach uns auf!" Doch der antwortete ihnen: „Was wollt ihr? Ich kenne euch nicht."
Die Menschen, die zuhörten, verstanden, was Jesus meinte. Er hatte ihnen gesagt, daß er wieder zu seinem Vater im Himmel gehen werde. Und daß er wiederkommen werde. Und daß er die ganze Welt neu machen werde. Ein großes Fest für alle Menschen. Kein Streit mehr. Keine Krankheit. Keine Angst. Kein Tod.
Doch wer bei diesem Fest dabeisein will, der muß warten können. Er darf nicht gleichgültig werden und denken: Das Warten lohnt sich nicht. Jesus kommt nicht wieder. Wer ungeduldig wird, kann an die Geschichte von der Hochzeit denken, die Jesus erzählt hat. Jesus selbst ist der Bräutigam. Die ganze Welt ist die Braut. Und alle Menschen sind seine Gäste. Die Lampe, die wir in den Händen tragen, das ist unser Vertrauen. Und mit dem Öl ist gemeint, daß wir an Gott festhalten müssen. Denn wer nicht an Gott festhält, kann bald nicht mehr vertrauen. An Gott festhalten aber heißt: zu ihm sprechen, beten. Sich an die Regeln halten. Die Menschen lieben und für sie dasein.

Jesus gibt sein Leben

85. Palmsonntag

Jesus wanderte mit seinen Jüngern am Ufer des Sees entlang. Er ging mit ihnen in die Dörfer und in die kleinen Städte. Man sprach über ihn. Davon, daß er aus der Familie des großen Königs David stamme. Davon, daß er das Volk befreien werde. So, wie es die Propheten versprochen hatten. Und die Worte, die Jesus sagte, die Zeichen, die er wirkte, konnten einem Hoffnung machen.

Wann würde Jesus nach Jerusalem kommen? Denn dorthin mußte er ja kommen: in die Hauptstadt. In den Tempel. Und vielleicht fragten sich die Freunde Jesu, was dann geschehen würde. Die Priester und Lehrer wollten nicht glauben, daß mit Jesus Gott selbst zu seinem Volk gekommen ist. Und in Jerusalem gab es auch viele römische Soldaten. Konnte Jesus es mit denen aufnehmen?
Jesus kam wirklich nach Jerusalem. In Jerusalem haben die Freunde Jesu erfahren, wie er die Menschen liebt. Sie haben auch erfahren, wie Gott seinen Sohn liebt. Gleich nach dem ersten Osterfest erzählten sie von diesen letzten Tagen mit Jesus. Sie erzählten von ihrer Angst und von der neuen Freude.
Alles geschah in einer einzigen Woche. Viele Menschen aus nah und fern waren unterwegs nach Jerusalem. Dort wollten sie das große Paschafest feiern. Sie sangen die Lieder Davids, wenn sie durch die Tore in die Stadt einzogen. Alle, die zum Fest in die Stadt kamen, wußten, daß sie zueinander gehörten. Zueinander und zu Gott. Wie eine große Familie.
Auch Jesus war mit seinen Freunden auf dem Weg nach Jerusalem. Diesmal ging er nicht zu Fuß. Er ritt auf einem Esel in die Stadt. Mitten unter all den Menschen, die zum Fest dorthin unterwegs waren. Die Menschen erkannten ihn. Sie drängten sich um ihn. Sie holten Palmzweige von den Bäumen und winkten ihm damit zu. Sie legten ihre Kleider vor ihm auf den Weg. So zog Jesus beinahe wie ein Fürst in Jerusalem ein. Und alle jubelten ihm zu: „Gepriesen sei Jesus! Er kommt im Namen Gottes. Gepriesen sei der Sohn Davids. Gepriesen sei Gott!"
Doch der Zug ging nicht zum Palast, wie einige gedacht hatten. Jesus ging auch nicht zur römischen Burg, wie andere gedacht hatten, sondern schnurgerade in den Tempel. Dort war allerhand los. Die Händler wollten vor den Festtagen gute Geschäfte machen. Als Jesus den Jahrmarkt sah, wurde er ärgerlich. Er nahm ein paar Stricke und verknüpfte sie zu einer Peitsche. Damit vertrieb er die Händler mit ihren Tieren. Er stieß die Tische der Geldwechsler um und rief: „Ihr macht daraus ein Geschäft! Aber ihr wißt doch, daß das Haus meines Vaters zum Beten da ist."
Die Händler verdrückten sich. Und als es wieder ruhig wurde um

den Tempel herum, kamen Kranke zu Jesus, Lahme und Blinde. Und er heilte sie. Da begannen die Kinder noch einmal zu singen: „Gepriesen sei Jesus! Er kommt im Namen Gottes. Gepriesen sei der Sohn Davids. Gepriesen sei Gott!"
Die Priester ärgerten sich darüber. Aber Jesus sagte: „In den Liedern Davids steht geschrieben, daß Kinder singen, um Gott zu ehren." Dagegen konnten sie nichts sagen. Doch sie ärgerten sich nicht nur über das Lied, sondern noch viel mehr darüber, daß die Leute Jesus liebten und zu ihm hielten. Sie ärgerten sich darüber, daß Jesus im Tempel war.

86. Das Ostermahl

Jesus war mit seinen Freunden in Jerusalem. Als das Fest herankam, fragten die Jünger Jesus: „Wo sollen wir das Paschamahl für dich vorbereiten?" Jesus sagte: „Geht zu dem Mann, den ich euch nenne. Dem sagt ihr: Jesus läßt dir sagen: Meine Stunde ist gekommen. Bei dir will ich mit meinen Jüngern das Paschamahl halten."
Die Jünger taten, was Jesus ihnen aufgetragen hatte. Der Mann gab ihnen einen Raum, und dort bereiteten sie alles für das Paschamahl vor.
Jesus hatte zu seinen Jüngern gesagt: „Meine Stunde ist gekommen." Die Jünger werden dies Wort wohl nicht gleich verstanden haben. Aber vergessen haben sie dies Wort auch nicht. Später haben sie es verstanden und auch gemerkt, daß Jesus wußte, was nun auf ihn zukommen würde.
Als es Abend wurde, waren die Jünger mit Jesus in dem Haus versammelt. Sie wollten die Befreiung aus Ägypten feiern. So, wie es die Juden an Pascha heute noch tun. Mit ungesäuertem Brot und Bitterkräutern.
Jesus sagte: „Ich habe mich sehr auf dieses Mahl gefreut. Denn es ist das letzte Mal, daß ich es essen kann, ehe das Königreich Gottes kommt."
Alle setzten sich zu Tisch. Und als sie zu essen begannen, sagte Jesus: „Einer von euch wird mich an meine Feinde ausliefern."

Du kannst dir denken, daß die Jünger allsamt sehr betroffen waren. Einer nach dem anderen fragte: „Meinst du mich, Herr?" Doch Jesus sagte noch einmal: „Einer, der mit mir jetzt aus derselben Schüssel ißt, wird mich ausliefern. Ich muß meinen Weg gehen, so wie es in der Heiligen Schrift vorhergesagt ist." Da fragte ihn Judas, der Mann, der Jesus verraten sollte: „Meinst du mich, Lehrer?" Und Jesus sagte zu ihm: „Dich meine ich."
Während sie aßen, nahm Jesus das Brot. Er dankte Gott dafür, brach es, reichte es seinen Jüngern und sprach: „Nehmet und esset alle davon: Das ist mein Leib, der für euch hingegeben wird."
Nach dem Mahl nahm Jesus den Becher mit dem Wein. Er dankte Gott dafür, gab ihn seinen Jüngern und sprach: „Nehmet und trinket alle daraus: Das ist der Kelch des Neuen und ewigen Bundes, mein Blut, das für euch und für alle vergossen wird zur Vergebung der Sünden. Tut dies zu meinem Gedächtnis."

Dann sang Jesus mit seinen Freunden die Lieder Davids, die man in ganz Israel beim Paschamahl singt. Und vielleicht dachten die Jünger diesmal nicht nur an die Befreiung ihres Volkes aus der ägyptischen Knechtschaft, sondern an das neue Volk, zu dem alle Freunde Jesu gehören; alle, die sein Brot essen und seinen Wein trinken.

87. Der Abschied

Johannes, einer der Freunde Jesu, kennt eine eigene Gründonnerstagsgeschichte. Er erzählt, wie Jesus Abschied nahm von seinen Freunden.
Nach dem Ostermahl stand Jesus auf. Er band sich ein Tuch um, goß Wasser in eine Schüssel und begann, den Jüngern die Füße zu

waschen und sie mit dem Tuch abzutrocknen. – Dazu mußt du wissen, daß man in der Heimat Jesu barfuß ging oder höchstens leichte Sandalen trug. Es ist klar, daß die Füße schmutzig werden. Jeder, der aus der Hitze und dem Staub in ein Haus kam, wusch sich zuerst die Füße. Oder er ließ sie sich waschen. Wenn du einem anderen die Füße waschen willst, mußt du dich vor ihm klein machen. Darum gab man diese Arbeit denjenigen, die im Haus am wenigsten zu sagen hatten.
Als Jesus seinen Freunden die Füße gewaschen hatte, setzte er sich

zu ihnen und sagte: „Begreift ihr, was ich getan habe? Ihr sagt Meister zu mir und Herr – ihr habt recht. Ich bin es. Wenn ich, euer Herr, mich vor euch gebückt und euch die Füße gewaschen habe, dann müßt auch ihr euch voreinander bücken, euch klein machen und einander die Füße waschen. Wie ich euch liebe, so sollt ihr einander lieben. Das soll euer Kennzeichen sein. Und die anderen werden sagen: Sie lieben einander, sie helfen einander; der Größte, der am meisten zu sagen hat, macht sich klein: das sind die Freunde Jesu."
Dann nahm Jesus Abschied. Er sagte: „Ich werde nicht mehr lange bei euch bleiben. Ich gehe zurück zu meinem Vater. Ich bahne den Weg für euch, damit auch ihr zum Vater kommen könnt." Die Freunde Jesu waren traurig und verwirrt. Sie dachten: Wie sollen wir den Weg finden, wenn wir Jesus nicht mehr sehen? Wie sollen wir miteinander leben, wenn er nicht mehr bei uns ist?
Jesus machte ihnen Mut: „Ich lasse euch nicht allein. Meine Liebe bleibt bei euch. Und einmal, am Tag Gottes, werde ich wiederkommen und die ganze Welt neu machen. Bis dahin wird Gott für euch sorgen. Ihr werdet die Kraft bekommen, die ihr braucht. Manchmal werdet ihr es schwer haben. Verliert den Mut nicht. Glaubt daran: Die Welt gehört nicht dem Bösen, sie gehört Gott."
Nach dem Mahl ging Jesus mit seinen Jüngern hinaus in die Nacht. In die dunkelste Nacht seines Lebens. Doch Jesus drehte sich nicht um. Er ging vorwärts, weil er Gott liebte und weil er die Menschen liebte.

88. Verraten und ausgeliefert

Es war in der Nacht. Die Menschen schliefen. Die Straßen waren verlassen. Man konnte die Schritte weithin hören. Jesus ging mit seinen Jüngern aus der Stadt hinaus. Vor dem Tor lag ein Tal. Dort war am Fuß des Ölbergs ein Garten. Jesus war mit seinen Jüngern schon öfter dorthin gegangen. Manchmal hatten sie dort geschlafen.
Die meisten Jünger blieben am Eingang zurück. Drei seiner

Freunde durften mit Jesus weiter in den Garten hineingehen. Mit Jesus beten. Schließlich ließ Jesus auch diese drei zurück und ging allein ein Stück weiter in die Dunkelheit. Die drei blieben nah beieinander. Sie waren müde. Sie hatten Angst. Und trotzdem fielen ihnen die Augen zu.
Auch Jesus war müde. Auch er fürchtete sich vor dem, was kommen würde. Er betete zum Vater: „Mein Vater, wenn es möglich ist, dann verschone mich. Aber nicht das, was ich will, dein Plan soll sich durchsetzen."
Danach ging Jesus zu den drei Jüngern zurück. Und er fand sie schlafend. Er sagte zu Petrus: „Könnt ihr nicht einmal diese eine Stunde mit mir wach bleiben?" Und er ging zum zweitenmal in die Dunkelheit und betete: „Vater, wenn ich nicht verschont werden kann, dann geschehe dein Wille." Auch als er diesmal zu seinen Jüngern zurückkam, fand er sie schlafend. Und er ging noch einmal in die Dunkelheit und betete zum drittenmal. Dann ging er zu seinen Jüngern zurück. Er weckte sie auf und sagte: „Jetzt könnt ihr nicht mehr schlafen und ausruhen. Die Stunde ist gekommen. Jetzt werde ich ausgeliefert. Steht auf, wir wollen gehen. Der Mann, der mich ausliefert, ist da."

Als er dies sagte, konnte man sie auch schon hören. Eine Gruppe von Männern mit Knüppeln und Fackeln. Römische Soldaten? Leute von der Tempelwache? So genau konnte man sie nicht erkennen.
Jesus ging auf sie zu und fragte: „Wen sucht ihr?" Sie antworteten: „Jesus von Nazaret." Und er sagte: „Ich bin es."
Judas aber, einer von den zwölf Jüngern, die immer bei Jesus waren, kam heran. Er umarmte Jesus und küßte ihn. Das war das vereinbarte Zeichen. Die Bewaffneten gingen auf Jesus zu und nahmen ihn fest. Da zog einer der Jünger sein Schwert. Er wollte Jesus verteidigen und hieb auf einen Knecht des Hohenpriesters ein. Jesus aber wehrte ihm und sagte: „Steck dein Schwert in die Scheide. Weißt du denn nicht, daß ich meinen Vater um Hilfe bitten könnte? Er würde mir Hilfe schicken. Doch das, was jetzt geschieht, muß geschehen. Gott will es."
Jesus wurde gefesselt und abgeführt. Die Jünger blieben zurück.

Was sollten sie tun? Sie waren verzweifelt. Sie hatten Angst. Sie liefen weg. Sie ließen Jesus allein.

89. Angeklagt

Es gibt viele Menschen, die wissen nicht, wie ein Gerichtssaal von innen aussieht. Sie haben mit Anklage und Verteidigung nichts zu tun. Sie sind keine Übeltäter. Doch was hat Jesus von Nazaret vor Gericht zu suchen? Immer hat er den Menschen geholfen. Trotzdem bringen sie ihn noch in der Nacht, in der er festgenommen wurde, vor das jüdische Gericht. Man wollte kurzen Prozeß mit Jesus machen. Schon lange hatte man sich über ihn geärgert. Die Priester und die Lehrer glaubten ja, Jesus trete für eine falsche Lehre ein. Sie glaubten, sie müßten Gott verteidigen gegen einen falschen Propheten. Sie konnten nicht glauben, daß Gott hinter Jesus steht.

Jesus war allein. Keiner von seinen Freunden war bei ihm geblieben. Er hatte keinen Verteidiger. Die Richter waren versammelt. Auch der Hohepriester Kajaphas war da. Er würde den Prozeß führen. Aber wie konnte die Anklage lauten? Sollten sie ihn anklagen, weil er so viele Menschen geheilt hatte? Weil er geholfen hatte? Weil er ihnen von Gott und seinem Reich erzählt hatte? Aber man fand sogenannte Zeugen. Sie klagten Jesus an. Sie redeten mal so und mal so. Jesus antwortete ihnen nicht einmal. Und weil die Zeugen mal so und mal so redeten, hatten die Ankläger keine Beweise.

Schließlich fragte der Hohepriester Kajaphas: „Warum antwortest du nicht auf die Anklagen, die diese Zeugen gegen dich vorbringen?“ Jesus sagte nichts. Noch einmal fragte der Hohepriester: „Sag uns, ob du der Messias bist, der Sohn Gottes?“ Diesmal antwortete Jesus: „Du sagst es.“ Da rief der Hohepriester: „Er hat Gott gelästert! Er hat behauptet, er sei der Messias! Was brauchen wir jetzt noch Zeugen. Ihr alle habt es selbst gehört. Wie lautet euer Urteil?“ Und der ganze Rat antwortete: „Darauf steht die Todesstrafe.“

Nun sprangen sie von ihren Plätzen auf. Sie verspotteten Jesus. Sie spuckten ihn an. Sie schlugen ihn und fragten: „Du bist doch ein Prophet. Sag uns, wer dich geschlagen hat?“

Im Neuen Testament kannst du lesen, wie die Juden Jesus angeklagt und verurteilt haben. Dort erfährst du, wie der römische Statthalter Pontius Pilatus das Urteil bestätigt hat. Denn nur die Römer durften damals ein Todesurteil vollstrecken. Und im Neuen Testament erfährst du auch, daß Gott dabei war, als Jesus angeklagt und verurteilt wurde. Jesus ist nicht gestorben, weil die Menschen es wollten. Er ist gestorben, weil Gott es wollte. Er ist für uns gestorben. Auch das ist ein Stück von seinem Geheimnis.

90. Verleugnet

Jesus hatte viele Freunde. Zwölf Männer zogen seit der Taufe im Jordan mit ihm, bis nach Jerusalem. Sie kannten ihn besser als alle anderen. Sie hatten mit ihm gegessen und getrunken. Sie hatten gesehen, was er getan, und gehört, was er gesagt hatte. Sie hatten ihm die Freundschaft versprochen. „Wir werden immer bei dir blei-

ben!“ hatten sie gesagt. Und: „Auf uns kannst du dich verlassen!“
In der Nacht, in der Jesus verhaftet wurde, kam es darauf an. In dieser Nacht war es nicht leicht, zu sagen: Ich bin ein Freund Jesu. Petrus, einer der zwölf, war dem Trupp gefolgt, der Jesus aus dem Garten am Ölberg in den Palast des Hohenpriesters gebracht hatte. Nun saß er im Hof bei den Knechten. Er wollte abwarten, wie alles ausgehen würde. Eine Magd entdeckte ihn und fragte: „Du gehörst doch auch zu den Freunden dieses Jesus aus Nazaret?“ Petrus erschrak. Er überlegte nicht lang: „Ich kenne ihn nicht! Wovon redest du überhaupt?“ Alle, die dabei waren, konnten es hören. Petrus bekam Angst. Was würde ihm passieren, wenn man ihn wirklich erkennen würde? Am besten war es, wenn er sich unbemerkt aus dem Hof verdrückte. Doch eine andere Frau sah ihn und sagte zu den Leuten, die am Tor standen: „Der Mann da war mit Jesus zusammen!“ Wieder leugnete Petrus. Ja, er behauptete: „Ich kennen diesen Jesus nicht.“ Aber sie widersprachen ihm und hielten ihm vor: „Du gehörst doch zu den Freunden Jesu!“ Diesmal schwor Petrus: „Ich kenne diesen Jesus nicht!“
In dem Augenblick krähte ein Hahn. Petrus hörte ihn, und er erinnerte sich an ein Wort, das Jesus zu ihm gesagt hatte: „Noch bevor der Hahn am Morgen kräht, wirst du mich dreimal verleugnen.“ Petrus ging durch das Tor. Er wußte, was er getan hatte; er weinte. Das war eine schlimme Nacht für den Apostel Petrus.

91. Verurteilt

Am Morgen brachte man Jesus zum römischen Statthalter. Pilatus fragte, warum Jesus angeklagt sei. „Er verleitet das Volk. Er sagt, man brauche keine Steuern zu zahlen. Er sagt, er selber sei der König der Juden.“ Da war Pilatus in einer schwierigen Lage. Einerseits konnte er keine schwere Schuld feststellen. Andererseits wollte er die Juden nicht verärgern. Also schickte er Jesus zu Herodes, dem jüdischen Landverwalter. Auch der fand, Jesus sei kein gefährlicher Rebell. Er ließ ihm einen lächerlichen Königsmantel

umhängen und schickte ihn wieder zu Pilatus zurück. Pilatus versuchte noch einmal, Jesus freizulassen. Doch die Menge rief: „Ans Kreuz! Ans Kreuz! Ans Kreuz!“
Pilatus war wohl nur auf seine Ruhe bedacht. Kam es etwa auf das Leben eines einzigen Menschen an? Also verurteilte er Jesus zum Tod am Kreuz.
Jesus war unschuldig. Jesus wurde verurteilt. Menschen haben ihm Unrecht getan. Doch durch ihr Unrecht hindurch ist der Plan Gottes Wirklichkeit geworden.

92. Der Freitag

Das Urteil war gesprochen. Man verlor keine Zeit. Wie ein Verbrecher wurde Jesus zur Hinrichtung geführt. Die Leute trauten sich nicht nahe heran. Sie schauten aus der Ferne zu. Jesus ging zum letztenmal durch die Straßen von Jerusalem. Er trug einen Balken auf dem Rücken. Und manche Leute lachten ihn aus und verspotteten ihn. Vielleicht gab es auch Leute, die Jesus gern geholfen hätten. Aber ich denke mir, sie hatten Angst vor den Soldaten. Die hatten Jesus eine Dornenkrone aufgesetzt.

Als sie sahen, daß Jesus unter der Last zusammenbrechen würde, hielten sie einen Mann an, der gerade vorbeikam. Der mußte Jesus helfen, den Balken zu tragen. So zog man vor das Stadttor. Dort war ein kleiner Hügel. Er sah aus wie ein Schädel und hieß auch so: Golgota. Zwei Verbrecher sollten dort mit Jesus zusammen ans Kreuz gehängt werden. Ein verächtlicher Tod.

Kannst du dir denken, wie es den Freunden Jesu zumute war? Drei Jahre lang hatten sie mit ihm gelebt. Sie hatten ihn überallhin begleitet. Sie hatten gehört, was er gesagt hatte, und gesehen, wie er den Menschen geholfen hatte. Aber nun war Jesus allein. Auch Maria, die Mutter Jesu, war unter den Zuschauern. Auch sie mußte zusehen, wie ihr Sohn ans Kreuz geschlagen wurde. Ungefähr um die Mittagszeit.

Als Jesus schon am Kreuz hing, hat er noch einmal zu den Menschen gesprochen.

Diese letzten Worte haben seine Freunde nicht vergessen. Im Neuen Testament kannst du sie lesen.

Jesus hat für die Männer gebetet, die das Urteil vollstreckt haben: „Vater, vergib es ihnen. Sie wissen nicht, was sie tun.“

An seinem Kreuz wurde eine kleine Tafel festgenagelt. Darauf stand seine Schuld geschrieben: Jesus von Nazaret, der König der Juden. Jesus sagte: „Ich habe Durst.“

Da tauchte einer einen

KÖNIG

Schwamm in sauren Wein. Den steckte er an einen Stab und gab Jesus zu trinken. Jesus sprach mit den beiden Verbrechern, die mit ihm zusammen hingerichtet wurden. Der eine verspottete Jesus: „Wenn du der Messias bist, dann hilf dir selber. Und hilf uns!" Doch der andere bat Jesus um Hilfe. Zu ihm sagte Jesus: „Heute noch wirst du mit mir zusammen bei Gott leben."
Die Soldaten verteilten die Kleider Jesu untereinander. Und plötzlich rief Jesus: „Mein Gott, mein Gott, warum hast du mich verlassen?" Ist es nun zu Ende? Nein, er sieht seine Mutter Maria beim Kreuz stehen. Neben ihr Johannes, ein Jünger, den Jesus liebhatte. Jesus sagte zu Maria: „Mutter, neben dir steht dein neuer Sohn, Johannes." Und zu Johannes sagte er: „Neben dir steht deine Mutter. Willst du für sie sorgen?" Und dann betete Jesus den Anfang des Gebets, das die Juden am Abend beten: „Vater, ich vertraue ganz auf dich ..." Und noch einmal rief er laut: „Es ist vollbracht." Das war das Ende.
So ist Jesus gestorben. Seine Jünger konnten nicht mehr direkt mit ihm sprechen. Jesus war wie ein Licht, das vom Himmel her auf die Erde gekommen war. Ohne ihn wurde es dunkel auf der Erde. Man erzählt, daß es nach dem Tod Jesu finster geworden sei; mitten am Tag. Die Erde habe gebebt, und erst nach drei Stunden sei die Sonne wieder am Himmel erschienen.
Einer, der zu Jesus gehalten hatte, ging zum Statthalter und fragte, ob er Jesus in einem Grab, das ihm gehörte, beerdigen dürfe. Pilatus gab ihm die Erlaubnis. Jesu Leichnam wurde, ganz in der Nähe, in ein Felsengrab gelegt.
Die Freunde Jesu waren traurig. Verzweifelt. Sie wußten nicht, wie es weitergehen sollte. Und es dauerte Tage, bis sie begriffen, daß dieser schreckliche Freitag ein guter Freitag war.

93. Der Sonntag

Jesus war nicht mehr bei seinen Freunden. Sie waren allein. Sie waren traurig. All die Frauen und Männer, die ihn gekannt hatten. Sie hatten gesehen, wie er gestorben war, und wollten es doch nicht glauben. Sie hatten gesehen, wie man seinen Leichnam ins Grab gelegt hatte, und sie fragten sich: Ist jetzt alles aus? Aber am Sonntag erfuhren die Freunde Jesu, was Ostern ist: Jesus ist nicht im Grab. Er ist bei seinen Jüngern. Er lebt. Gott hat ihn auferweckt. Er ist seinen Freunden begegnet. Davon erzählen sie immer wie-

der. Etwa so: Ganz früh am Morgen kam Maria von Magdala zum Grab Jesu. Da sah sie, daß der große Stein weggewälzt war. Rasch lief sie zu Petrus. Ein anderer Jünger war bei Petrus. Maria sagte zu den beiden: „Jesus ist nicht mehr im Grab! Man hat ihn weggenommen!" Die beiden rannten zum Grab. Der eine Jünger lief schneller als Petrus. Er kam als erster zum Grab. Er beugte sich hinein. Als Petrus kam, gingen beide in das Grab hinein. Das Grab war offen. Das Grab war leer. Die beiden Jünger hatten Jesus gut gekannt. Sie hatten gehört, was er vom Leben bei Gott gesagt hatte. Doch als sie das leere Grab sahen, verstanden sie nicht, was das bedeuten sollte. Sie gingen nach Hause zurück.
Maria aber stand vor dem leeren Grab und weinte. Sie beugte sich in das Grab hinein. Da sah sie zwei Gottesboten, die fragten sie: „Maria, warum weinst du?" Maria sagte: „Man hat Jesus weggenommen, ich suche ihn." Dann drehte sie sich um und sah einen Mann im Garten stehen. Sie glaubte, es sei ein Gärtner und sagte zu ihm: „Wenn du ihn weggenommen hast, dann sag mir, wo du ihn hingelegt hast." Doch der Fremde sagte nur ein einziges Wort zu ihr: „Maria!" Und sie erkannte ihn. Jesus. Maria wußte es ganz sicher. Und Jesus sagte zu ihr: „Geh zu meinen Freunden und sag es ihnen! Ich gehe zu meinem Vater. Zu Gott, der auch euer Vater ist." Maria ging zu den Jüngern und sagte: „Ich habe den Herrn gesehen!" Und sie erzählte, was er ihr gesagt hatte.
Am Abend waren die Jünger beisammen. Sie hatten die Türen verschlossen. Woher sollten sie wissen, ob die Gegner Jesu nicht auch sie verfolgen würden? Sie fürchteten sich. Plötzlich war Jesus bei ihnen. Er sagte: „Schalom. Friede!" Er zeigte ihnen seine durchbohrten Hände und die Wunde an seiner Seite, wo die Soldaten ihm den Gnadenstoß gegeben hatten. Die Jünger sahen ihren Herrn. Sie freuten sich. Jesus sagte zu ihnen: „So wie mich der Vater im Himmel zu den Menschen geschickt hat, so schicke ich euch." – Ich glaube, daß die Jünger an diesem ersten Osterabend nicht wußten, ob sie weinen sollten, lachen oder singen vor Freude. Gottes Königreich wird kommen. Der Tod ist nicht stärker als Gott. Jetzt braucht kein Mensch mehr Angst zu haben. Jetzt ist alles möglich . . . Mit Jesus.

94. Auf dem Weg nach Emmaus

Die Jünger Jesu hatten sich in Jerusalem in ein Zimmer eingeschlossen: traurig, allein. Doch am Abend ist Jesus bei ihnen. Ein neues Leben beginnt: Ostern.

Lukas kennt eine besondere Ostergeschichte. Er erzählt, wie Kleopas und einem anderen Jünger die Augen und das Herz aufgehen, so daß sie sicher wissen: Jesus ist nicht tot; er hat uns nicht allein gelassen. Er ist bei uns. Für immer. Mit ihm kann man leben.

Lukas erzählt: Es war am Sonntagnachmittag. Kleopas und sein Freund waren unterwegs; mit jedem Schritt ein wenig weiter weg von Jerusalem. Sie wollten nach Emmaus, ein Dorf, das ungefähr elf Kilometer von Jerusalem entfernt lag.

Du kannst dir denken, daß die beiden traurig und niedergeschlagen waren. Du kannst dir denken, worüber sie sprachen. Sie erinnerten sich, hatten einander viel zu erzählen, immer wieder dasselbe. Dann merkten sie, daß da einer mit ihnen ging. Selbstverständlich, als gehöre er zu ihnen, als habe er dasselbe Ziel. Der Fremde fragte: „Was redet ihr? Warum seid ihr traurig?“ Die beiden hörten die Frage. Sie blieben stehen. Kleopas konnte es kaum glauben: „Gibt es wirklich noch jemand, der nicht weiß, was in den letzten Tagen in Jerusalem passiert ist? Alle reden darüber!“

„Wovon reden sie denn?“ fragte der Fremde.

Nun erzählten die beiden: „Das, was mit Jesus geschehen ist, meinen wir; Jesus aus Nazaret. Er war ein großer Prophet. Wo er war, da war Gott. Alle konnten es merken. Er heilte Kranke. Er sprach von Gott wie keiner vor ihm. Man konnte ihm glauben und froh werden ... Doch unsere Hohenpriester und Führer wollten ihm nicht glauben. Sie haben ihn angeklagt. Er wurde verhaftet. Pilatus hat ihn verurteilt. Vor drei Tagen ist er am Kreuz gestorben. Wie ein Verbrecher. Wir hatten so sehr gehofft, daß er der Retter sei, den Gott versprochen hat. Aus und vorbei ...“

Der Fremde hörte, was die beiden ihm klagten. Er spürte ihre Enttäuschung. Und er redete zu ihnen wie einer, der Bescheid weiß: „Begreift ihr nicht, was das alles bedeutet? Denkt doch an die heiligen Schriften. Denkt doch an das, was die Propheten vom Retter sagten, den Gott versprochen hat. Mußte der Messias nicht all das leiden, um so in seine Herrlichkeit zu gelangen? Mußte er nicht in das Leben und die Macht Gottes zurückkehren, damit er neu für euch und mit euch da sein kann?“

Der Fremde sprach, die Jünger waren ganz Ohr. Sie achteten nicht mehr auf den Weg. So kamen sie nach Emmaus. Der Fremde wollte weitergehen, doch Kleopas und sein Freund wollten ihn bei sich behalten: „Komm mit ins Haus!“ drängten sie ihn. „Bleib bei uns! Es wird ja schon Abend.“

Der Fremde ging mit ihnen hinein. Und wenig später saßen die drei am Tisch. Der Fremde nahm das Brot, dankte Gott dafür,

brach das Brot und gab es ihnen. Und da, mit einemmal gingen den beiden die Augen auf. Der Fremde ist nicht fremd: Jesus ist bei ihnen. Es dauerte nur einen Augenblick, dann war er verschwunden. Die beiden aßen das Brot und wußten ganz sicher: Jesus lebt. Er ist bei uns. Sie sagten zueinander: „Unser Herz ging auf, als er uns die heiligen Schriften erklärte, und unsere Augen gingen auf, als er uns das Brot brach! Wir müssen es auch den anderen sagen!"
Nichts und niemand konnte die beiden in Emmaus halten. Sie machten sich auf den Weg, zurück nach Jerusalem, zurück zu den Jüngern.

95. Eine Frage an Petrus

Nach dem Osterfest begann eine merkwürdige Zeit für die Freunde Jesu. Sie wußten: Jesus lebt! Aber sie konnten nur langsam begreifen, was das heißt. Sie wußten: Er bleibt bei uns. Aber sie mußten erst lernen, daß sie ihn nun nicht mehr fühlen, sehen und fragen konnten. Sie wußten: Er hat uns einen Auftrag gegeben. Wir sollen zu den Menschen gehen und die gute Nachricht von Gott und seinem Jesus weitersagen, damit alle Menschen zu Gott und zu seinem Fest kommen können. Aber sie mußten erst lernen, selber zu reden. Sie brauchten einen Führer.
Hör eine Erzählung, in der du erfährst, wie die Jünger Jesu nach Ostern gelernt haben:
Es war Abend. Die Jünger waren am See beisammen. Sie waren wieder zu ihren Booten zurückgekehrt. Da sagte Petrus: „Ich fahre hinaus zum Fischen." Und die anderen sagten: „Wir fahren mit dir." Sie stiegen in ihr Boot und fuhren hinaus. Sie warfen das Netz aus. Sie zogen es herein. Das Netz war leer. Sie warfen es wieder aus und wieder – doch sooft sie es einzogen: Das Netz blieb leer. Sie fingen nichts in dieser Nacht. Als der Morgen graute, trieben sie nahe am Ufer. Dort sahen sie eine Gestalt stehen. Im Nebel, verschwommen. Eine Stimme: „Habt ihr ein Stück Fisch für mich?" „Nein, wir haben nichts gefangen." Darauf die Stimme:

„Werft das Netz auf der rechten Seite des Bootes aus. Dort werdet ihr Fische fangen." Sie warfen das Netz aus. Und als sie es diesmal einziehen wollten, war das Netz so voll, daß sie es nicht mehr ins Boot holen konnten. So viele Fische waren darin.
Und da, ganz plötzlich, ging dem Johannes ein Licht auf: Die Stimme hatte etwas gesagt. Wir haben es getan. Und wir hatten Erfolg. Johannes sagte: „Es ist der Herr!" Petrus hörte das, sprang auf und ins Wasser und schwamm zu Jesus. Die anderen ruderten mit dem Boot ans Land. Bald saßen alle um ein Feuer. Bald aßen sie gemeinsam: Brot und Fisch. Jesus gab es ihnen.
Ob die Jünger es wohl wagten, Jesus in die Augen zu schauen? Sie alle hatten ihn allein gelassen, damals, als es gefährlich wurde in Jerusalem. Und Petrus schämte sich wohl am meisten. Ihn hatte man ja damals gefragt. Und dreimal hatte er ausdrücklich gesagt, daß er nichts mit dem Mann aus Nazaret zu tun habe. Derselbe Petrus, der hoch und heilig versprochen hatte, er werde immer zu Je-

sus halten, hatte ihn dreimal verleugnet. Und nun saßen sie mit dem Herrn am See. An demselben See, an dem er sie gerufen und ihnen gesagt hatte, er wolle sie zu Menschenfischern machen. Sie waren mit ihm gegangen. So wie Schafe mit ihrem Hirten gehen. Jesus war ihnen vorangegangen, wie ein Hirt vor seiner Herde geht. Und er hatte ihnen gesagt, daß er alle Menschen rufen wolle, eine einzige große Herde.

Jesus sah den Petrus an und fragte ihn: „Petrus, bist du der Freund, der mich am meisten liebt?" „Ja, Herr, du weißt, wie ich bin." „Dann sorge du von jetzt an für die Lämmer meiner Herde."

Und noch einmal: „Petrus, bist du wirklich der Freund, der mich am meisten liebt?" „Ja, Herr, du weißt, wie ich bin." „Dann sorge du von jetzt an für die Schafe meiner Herde."

Und zum drittenmal: „Petrus, bist du wirklich der Freund, der mich am meisten liebt?" „Ja, Herr, du weißt, wie ich bin." „Dann sorge du von jetzt an für meine ganze Herde."

Petrus hat Jesus dreimal verleugnet. Jesus aber hat Petrus dreimal den gleichen Auftrag gegeben. Seit der Zeit nach Ostern wurde Petrus zum Anführer der Jünger Jesu. Aus Petrus dem Fischer wurde Petrus der Hirt.

96. Schaut nicht zum Himmel

Jesus ist nicht tot. Er lebt. Er ist bei uns. Immer wieder ist er seinen Jüngern begegnet. Nur ihnen. Den Männern, die ihn kannten, die ihm vertrauten. Den Männern, denen er einen Auftrag geben wollte. Die anderen konnten glauben, Jesus sei tot; im Grab. Er ging ja auch nicht mehr auf die Straßen. Er heilte keine Kranken mehr und sprach nicht mehr direkt zu den Menschen. Er redete nur mit seinen Freunden und Jüngern über die neue Zeit, die an Ostern begonnen hat.
Als sie einmal miteinander beim Mahl saßen, sagte Jesus zu ihnen: „Geht nicht weg von Jerusalem. Bleibt dort, bis Gott euch ein Zeichen gibt und die Kraft, die ihr für eure Arbeit braucht.“ Denn nun sollten die Jünger tun, was Jesus getan hatte: zu den Menschen ge-

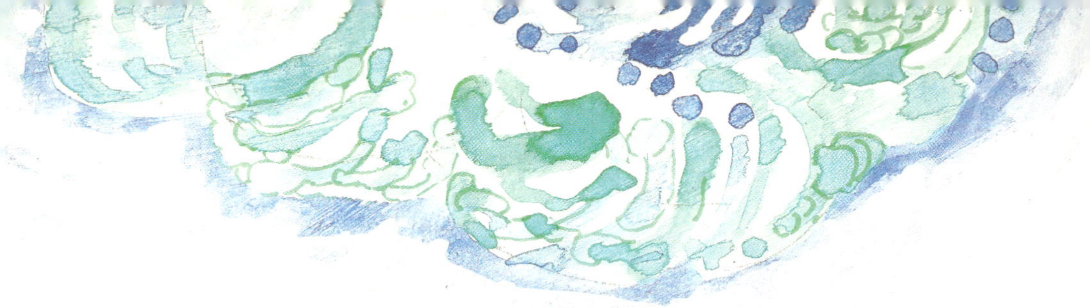

hen. Überallhin. In alle Länder der Erde. Von Jesus erzählen und von Gott, dem Vater, der alle Menschen zu seinem Fest einladen will. Die Jünger haben sich oft gefragt: Wird es lange dauern, bis das Fest beginnt? Und einmal haben sie Jesus gefragt: „Herr, kommst du jetzt bald mit deinem Reich?“ Doch Jesus sagte ihnen: „Ihr braucht die Zeiten nicht zu kennen. Es reicht aus, wenn der Vater sie kennt. Ihr sollt weitersagen, was ihr gesehen und gehört habt. Ihr sollt meine Zeugen sein.“
In den Tagen nach Ostern haben die Jünger begriffen, was Jesus von ihnen wollte. Und dann kam die Zeit, da Jesus seinen Jüngern nicht mehr so begegnet ist. Von diesem Abschied erzählt das Neue Testament:
Sie waren miteinander am Ölberg, in der Nähe von Jerusalem. Da plötzlich entschwand Jesus. Eine Wolke kam. Sie konnten ihn nicht mehr sehen. Da standen sie und starrten zum Himmel hinauf. Und ganz plötzlich waren zwei Männer da, Gottesboten. Die sagten: „Ihr Männer! Was steht ihr da und schaut zum Himmel hinauf? Jesus ist bei seinem Vater. Er wird ebenso wiederkommen, wie ihr ihn habt hingehen sehen.“

Es war wie ein Traum. Es war ein Fest. Jesus, der König, hat seinen Thron bestiegen. Den Thron, den der Vater ihm gibt. Und einmal, wenn er wiederkommt, werden alle Menschen zu seinem Reich gehören. Voll Freude gingen Jesu Jünger nach Jerusalem zurück. Sie hatten begriffen, daß Jesu Freunde nicht stehenbleiben und zum Himmel hinaufschauen dürfen. Sie müssen gehen, nach den Menschen sehen. Als sie wieder in Jerusalem waren, wählten sie den Matthias als Ersatzmann für Judas. Der war nämlich an seinem eigenen Verrat zugrunde gegangen. Nun waren sie wieder zu zwölft.

Jünger ziehen in die Welt

97. Der Funke zündet

Die Freunde Jesu blieben beieinander in Jerusalem. Sie dachten über alles nach, was sie erlebt hatten. Sie beteten miteinander. Und sie warteten auf das Zeichen von Gott, das Jesus ihnen versprochen hatte. Du kannst dir denken, daß die Fischer, die mit Jesus gegangen waren, nicht von einem Tag zum anderen zu Predigern und Missionaren werden konnten. Und doch sind sie es dann in einer Stunde geworden. Als Gott ihnen seine Kraft schenkte. Als Gott ihnen seinen Geist gab.
Es war am Tag des großen Erntefestes. Die ganze Stadt Jerusalem war voll fröhlicher Menschen. Auch die Freunde Jesu waren beisammen, um das Erntedankfest zu feiern. Und da geschah es. So wunderbar, daß man es kaum begreift. So plötzlich, daß man kaum davon erzählen kann. Da war ein gewaltiges Brausen. Vom Himmel her. Das ganze Haus war voll davon. Und in demselben Augenblick wurden sie alle von flammender Begeisterung erfüllt. Eine Kraft, die nicht aus ihnen selber kam; eine Kraft, die Gott ihnen geschenkt hatte. Sie waren ganz voll davon. Sie konnten nicht mehr im Haus bleiben. Sie konnten nicht mehr schweigen. Sie gingen auf die Straße, und sie begannen zu erzählen. Ihre Begeisterung wirkte ansteckend. Wie ein flammendes Feuer lief es durch die Stadt. Alle liefen zusammen: Juden, Araber, Römer; Menschen, die zum Fest gekommen waren. Und sie alle konnten verstehen, was die Jünger sagten. Sie waren sich nicht mehr fremd. Sie spürten: Es kommt nicht auf die Sprache an, nicht darauf, zu welchem Volk oder zu welcher Rasse einer gehört. Menschen, die auf Jesus hören, können einander verstehen.
So war es damals. Alle hörten von dem, was Jesus gesagt und getan hatte, von seinem Tod und von dem neuen Leben, das der Vater ihm geschenkt hat. Petrus hielt eine Rede. Und er hatte Erfolg. Die Leute kamen und fragten: „Was sollen wir tun, Brüder?“ Und Petrus sagte: „Ändert euer Leben. Vertraut. Laßt euch auf den Namen Jesu taufen. Dann werdet ihr zu Freunden Gottes. Gott will

euch und alle anderen, die in der Ferne sind, zu seinem Fest einladen."
Was Petrus sagte, traf die Leute ins Herz. Dreitausend kamen an diesem Tag. Sie ließen sich taufen. Sie machten einen neuen Anfang mit Jesus. Einen neuen Anfang mit den anderen, ihren Brüdern. Sie kamen zusammen, um das Wort Jesu von den Jüngern zu hören, um miteinander zu beten und das Mahl zu halten.
Dreitausend Menschen an einem Tag. Das war eine große Ernte und ein großes Fest. Doch auf der Welt leben viele, viele Menschen, die darauf warten, daß ein Jünger Jesu kommt, der den Funken überspringen läßt. Das erste Pfingstfest in Jerusalem war nur ein Anfang. Seitdem ist jeden Tag Erntezeit, überall, in der ganzen Welt.

98. Im Namen Jesu Christi

Nach dem ersten Pfingstfest traten die Apostel öffentlich auf. Sie redeten im Namen Jesu. Und sie taten, was Jesus getan hatte. Hör, was ein lahmer Bettler in Jerusalem erlebte.
Dieser Bettler saß an einem guten Platz. Alle Tage trug man ihn an eines der großen Tempeltore. Er sah die Menschen kommen. Mit ernsten Gesichtern. Sie brachten ihre Opfer und Gaben für Gott. Sicher würde der Bettler bald merken, daß nicht alle, die zum Tempel kamen, Gott dienen wollten. Manch einer wollte sich bloß zur Schau stellen und zeigen, was für ein frommer Mensch er war. Scheinheilig. Und längst nicht jeder sah den armen Mann vor dem Tor. Längst nicht jeder gab ihm etwas. Der Bettler wäre gern auch einmal in den Tempel hineingegangen. Doch wie sollte er mit seinen lahmen Füßen hineinkommen? Und außerdem hätten die Priester es nicht gern gesehen, wenn ein lahmer Mann beim Gottesdienst gewesen wäre, an dem nur Gesunde teilnehmen durften.
Ganz sicher aber hatte dieser lahme Mann von Jesus gehört. Vielleicht saß er schon an seinem Platz, als der Junge aus Galiläa hierherkam und die gelehrten Herren mit seinen Fragen und Antworten zum Staunen brachte. Sicher hatte er auch von Jesu Worten

und Wundern gehört. Und als Jesus dann wieder in den Tempel kam, gab es so viel Gedränge um ihn, daß einer, der auf der Erde saß, ihn nicht einmal zu Gesicht bekam. Und dann hatte ihn der Rat verurteilt, weil er zuviel sagte und tat, was den Herren nicht paßte. Und das schlimmste war, daß man ihn gekreuzigt hatte. Ein paar Tage danach konnte man ein unglaubliches Gerücht hören. Seine Jünger sagten, er lebe, sie hätten ihn gesehen! Und wenn Gott wirklich hinter Jesus stand – warum nicht? Gott läßt seinen geliebten Sohn nicht im Tod; er schenkt ihm sein Leben. Dann hörte man ein paar Wochen lang weniger von Jesus. Doch am großen Erntefest hatten seine Jünger die ganze Stadt in Aufregung versetzt. Sie redeten in Gottes Kraft. Ihr Glaube war wie ein Funke. Ansteckend. Viele Menschen konnten mit einemmal vertrauen.

Und nun kamen die Freunde Jesu jeden Tag in den Tempel, um zu danken und zu beten. Man konnte ihnen ansehen, daß sie zu Jesus gehörten, so froh und glücklich waren sie. Sie liebten jeden, und jeder liebte sie. Sie lebten in einer neuen Gemeinschaft. Keiner behielt etwas für sich. Sie teilten alles miteinander.

Eines Tages kamen Petrus und Johannes an dem Bettler vorbei. Zwei von den wichtigsten Freunden Jesu. Der lahme Bettler hielt seine Hand hoch. Er bat um Geld. Doch Petrus sagte: „Silber und Gold haben wir nicht. Aber ich habe etwas anderes für dich. Im Namen Jesu Christi sage ich dir: Steh auf!“ Und er faßte den lahmen Mann an der Hand und richtete ihn auf. Der spürte gleich, wie seine Füße und Knöchel kräftiger wurden. Er sprang auf und lief hin und her. Singend und springend kam er in den Tempel. Er sang Gott sein Lob, seinen Dank. Alle Leute, die im Tempel waren, sahen ihn. Sie wunderten sich. Denn die meisten kannten ihn: den lahmen Bettler, der jeden Tag am Tempeltor gesessen hatte. Sie staunten und wunderten sich; denn sie wußten nicht, was mit ihm geschehen war.

Auch die Priester wunderten sich darüber. Sie hatten gedacht, sie hätten nun mit Jesus nichts mehr zu tun. Aber da hatten sie sich geirrt. Petrus hielt im Tempel eine Rede über die Auferstehung von den Toten. Darüber empörten sich die Priester so sehr, daß sie Petrus und Johannes festnehmen ließen. Doch die beiden konnten sich und ihren Glauben verteidigen. Man mußte sie wieder freilassen. Nun waren sie jeden Tag im Tempel. Sie heilten alle Kranken und Unglücklichen, die zu ihnen kamen. Nicht aus eigener Kraft, sondern aus der Kraft des heiligen Gottesgeistes. Und die Gemeinschaft der Jesus-Leute wurde immer größer.

99. Sterben für Jesus

Die Jünger hatten erfahren, daß man mit Jesus leben kann. Und nun sollten alle Menschen das erfahren. Darum redeten sie wie Jesus, sie heilten Kranke wie Jesus. Aber konnten sie auch sterben wie Jesus? Reichte die Kraft des Gottesgeistes bis in den Tod? Trug das Vertrauen auf das Leben, das Jesus versprochen hatte, durch den Tod hindurch?
Hör, wie Stephanus, einer der Freunde Jesu, gestorben ist. Wenn du damals in Jerusalem gewesen wärst, hättest du es miterleben können.
„Der Mann muß verschwinden. Er ist gefährlich!“ So konnte man es auf der Straße hören. Eine Gruppe von Priestern und Lehrern. Voll Empörung und Wut. Sie schoben einen Gefangenen vor sich her. „Diese Jesus-Bewegung muß aufhören. Es darf nicht noch schlimmer werden. Selbst Priester wissen nicht mehr, wem sie glauben sollen. Jeder wird überredet. Damit muß endgültig Schluß gemacht werden . . .“ Sie schlugen Stephanus und trieben ihn aus der Stadt hinaus. Natürlich ging eine Menge Leute mit. Draußen haben sie sich in einem Kreis um Stephanus aufgestellt. Noch einmal brachten sie alle Anklagen vor. Denn sie wollten sagen, daß Stephanus zu Recht verurteilt war: „Wie kannst du es wagen, über Gottes Gesetze und unseren Tempel zu spotten? Du spottest über dein eigenes Leben. Wie kannst du behaupten, daß wir Gott nicht richtig dienen? Daß wir die Herde Gottes nicht richtig führen? Wie kannst du sagen, daß wir Jesus zu Unrecht angeklagt haben? Wir wissen, was wir tun. Alles für Gott. Du kannst uns nicht davon überzeugen, daß Jesus für die Sünde der Menschen gestorben ist.

Denk an die Opfer im Tempel; Gott sieht auf sie und vergibt. Deine Reden sind nichts wert. Wir werden dich zum Schweigen bringen, damit nicht noch mehr Menschen auf dich hereinfallen ..."

Einer griff nach dem ersten Stein und warf. Gleich begannen auch andere zu werfen. Ein Regen von Steinen fiel auf Stephanus nieder. Der blieb aufrecht stehen. Er wich nicht aus. Dann kniete er nieder und betete: „Vater, vergib ihnen, denn sie wissen nicht, was sie tun." Genauso hat Jesus gebetet. Am Kreuz. Woher hat Stephanus die Kraft? Wie kann er für seine schlimmsten Feinde beten? Wie sehr muß er die Menschen lieben. Wie sehr muß er auf Jesus vertrauen und auf Gott, den Vater.

Sie hielten sich wohl die Ohren zu, als Stephanus rief: „Jesus, ich vertraue mich dir an."
Dann trafen ihn die Steine so schwer, daß er niederfiel und starb. Stephanus starb im Vertrauen auf Jesus; im Vertrauen auf das Leben, das Gott den Freunden Jesu versprochen hat.
Stephanus war ein guter Mensch gewesen. Er hatte den Armen geholfen und den Witwen. Er hatte Kranke geheilt und voll Liebe über Jesus gesprochen. Gott stand hinter Stephanus.
Bei der Steinigung des Stephanus war auch ein junger Mann. Er hatte auf die Kleider der Zeugen und der Priester aufgepaßt. Und er war ganz mit dem einverstanden, was sie taten. Er selbst wollte ein Gesetzeslehrer werden, und er war fest entschlossen, gegen diesen neuen Glauben mit Feuer und Schwert zu kämpfen. Die Freunde Jesu mußten mit harten Zeiten rechnen, denn dieser Paulus war nicht der einzige, der so dachte.
Bald danach wurde die Jesusgemeinde in Jerusalem verfolgt. Wer zu Jesus gehörte, war seines Lebens nicht mehr sicher. Viele flüchteten aus der Stadt, in andere Städte oder Dörfer. Manche gingen sogar ins Ausland. Und überall, wohin sie kamen, erzählten sie von Jesus.

100. Es kommt auf das Vertrauen an

Jesus war ein Jude, und auch seine ersten Jünger waren Juden. Doch Jesus ist für alle Menschen gekommen. Er hat seine Jünger in alle Länder geschickt. Sie haben sich nicht gleich auf den Weg gemacht. Sie mußten erst lernen, was zählt: Nicht das Volk, nicht die Hautfarbe, einzig das Vertrauen. Der Glaube.
Hör die Geschichte von einem Äthiopier, der nach Jerusalem kam und Jesus fand. Sicher hast du schon einmal von einem Minister gehört. Minister sehen etwas von der Welt. Sie reisen in fremde Länder, sie schließen Verträge ab, sie handeln Geschäfte aus. Doch hast du je von einem Minister gehört, der auf die Reise ging, weil er Gott suchte? Und genau das tat ein Minister aus Äthiopien. Er reiste nach Jerusalem, weil er wissen wollte, wer der wahre Gott

ist und wie man ihm recht dient. Er hatte gehört, daß man ihm in Jerusalem Auskunft geben könne.
Der Minister wird bei den jüdischen Lehrern viel über Gott erfahren haben. Aber alles, was er hörte, galt nur für die Juden. Ein Fremder mußte ausgeschlossen bleiben. Er gehörte ja nicht zu dem Volk, mit dem Gott Freundschaft halten wollte. Die jüdischen Lehrer werden ihm auch davon erzählt haben, daß Gott einen Retter versprochen hatte. Aber auf den müsse man noch warten, sagten sie.
Der Minister kam nicht viel weiter. Darum stieg er in seine Kutsche und machte sich auf die Heimreise. Unterwegs las er in einer alten Buchrolle. Die hatte er in Jerusalem gekauft. Das Buch des Propheten Jesaja.
Er las in seiner Kutsche. Es war wie ein Rätsel: Von einem Mann, der geopfert wird. Wie ein Opfertier. Und dieser Mann wehrt sich nicht. Er läßt alles mit sich geschehen ... Wie soll man dies Wort des Propheten verstehen? Und dazu, wenn man ein Fremder ist? Der Minister aus Äthiopien las laut. Und da sah er einen Mann, der lief neben seinem Wagen her. Der Mann hörte, was der Minister las, und fragte: „Verstehst du auch, was du da liest?" „Nein! Wie kann ich es verstehen, wenn niemand mir das Wort erklärt. Vielleicht kannst du mir helfen? Steig auf und fahr ein Stück mit mir." Der Mann, den der Minister getroffen hatte, war Philippus, einer der Freunde Jesu. Und Philippus erzählte dem Fremden von Jesus. Zum Schluß sagte er: „Er ist der Retter. Man braucht nicht mehr auf ihn zu warten. Er ist Gottes Sohn. Er hat sein Leben gegeben, am Kreuz. Damit die Menschen, alle Menschen Gottes Freunde werden können. Ein jeder kann sein Jünger werden, wenn er ihm nur vertraut. Und wer zu ihm gehören will, der wird ins Wasser getaucht. Getauft."
Das war eine gute Nachricht für den Minister. Gerade darum war er ja auf die Reise gegangen. Als sie an einer Wasserstelle vorbeifuhren, sagte er: „Hier ist Wasser. Warum kann ich nicht gleich getauft werden?" Die beiden stiegen aus der Kutsche, und Philippus taufte den äthiopischen Minister auf den Namen des Vaters und des Sohnes und des heiligen Geistes.

Voll Freude reiste der Minister in seine afrikanische Heimat zurück. Er kannte jetzt das Geheimnis des Prophetenbuches. Und wer weiß, wie vielen Menschen er die gute Nachricht weitererzählt hat.

101. Von Land zu Land

Erinnerst du dich daran, wie Stephanus für Jesus gestorben ist? Damals war ein junger Mann dabei: Paulus. Er wollte Gesetzeslehrer werden und studierte bei einem berühmten Lehrer. Er wollte für Gott kämpfen. Und weil er glaubte, Jesus habe unrecht gehabt, darum glaubte er auch, die Jünger Jesu seien Irrlehrer. Und er verfolgte sie mit allen Mitteln. Er reiste von einer Stadt zur anderen, um die Leute, die zu Jesus hielten, aufzuspüren und sie anzuzeigen, damit man sie von ihrem Glauben abbringen oder bestrafen konnte.

Einmal war Paulus unterwegs nach Damaskus. Auch dort wollte er die Christen suchen, um sie gefesselt nach Jerusalem zu bringen. Doch bevor er nach Damaskus kam, ist dem Paulus ein Licht aufgegangen. Plötzlich. Überwältigend. Christus ist ihm begegnet. Da hat Paulus begriffen: Wer für Gott kämpfen will, der muß für Jesus Christus kämpfen. Paulus kam nach Damaskus. Er suchte die Christen. Aber nicht, weil er sie anzeigen und gefangennehmen wollte, sondern weil er selbst ein Christ werden wollte. Seine Feinde sollten seine Freunde werden. Du kannst dir vorstellen, daß die Christen ihm anfangs nicht geglaubt haben. Sie kannten Paulus den Christenverfolger zu gut. Doch als er in die Synagoge ging und dort öffentlich sagte, daß Jesus Christus der Retter, der Sohn Gottes ist, da mußten sie ihm glauben.

Paulus wollte nicht in Jerusalem bleiben. Er wollte in die fremden Länder ziehen, die gute Nachricht in der ganzen Welt bekannt machen. Wochen- und monatelang reiste er von einer Stadt zur anderen mit Freunden wie Silas, Markus, Lukas oder Timotheus. Nie blieben sie lange an einem Ort. Es gab so viele Städte, in denen man nichts von Jesus gehört hatte. Überall wohnten jüdische Geschäftsleute. Überall gab es Synagogen. Überall sprachen sie von Jesus. Aber auch die Fremden hörten, wie sehr Gott die Menschen liebt. Viele wollten nicht mehr ohne Jesus leben. Sie ließen sich taufen. Bald gab es viele große und kleine Christengemeinden.

Einmal hatte Paulus einen merkwürdigen Traum: Drüben, auf der anderen Seite des Meeres, stand ein Mann und rief ihm zu: Komm

herüber! Das war für Paulus ein Zeichen. Er stieg mit Silas auf ein Schiff und fuhr Richtung Griechenland. Nach Europa. Paulus ging vom Schiff und kam in die Stadt Philippi. Bald fanden sie Freunde, die ihnen vertrauten. Bald gab es Christen in Philippi. Aber es gab auch andere, mißtrauische Leute. Sie wollten von den Fremden nichts wissen. Paulus und Silas wurden angezeigt und ins Gefängnis geworfen. Doch sie verloren den Mut nicht. Und Gott hat sie nicht im Stich gelassen. Darüber erzählt Lukas: Paulus und Silas sangen mitten in der Nacht im Gefängnis fröhliche Gotteslieder. Da plötzlich gab es ein Erdbeben. Die Mauern wankten. Die Fesseln zersprangen. Die Türen gingen auf. Der Gefängnisverwalter war entsetzt. Er wußte, daß er es mit dem Leben bezahlen mußte, wenn er seine Gefangenen entkommen ließ. Darum wollte er Selbstmord begehen. Doch Paulus sprach ihm Mut zu. Und nun wollte der Gefängnisverwalter alles wissen über Gott und über Jesus. Und noch in derselben Nacht ließ er sich mit seiner ganzen Familie taufen. Es war ein Fest für alle. Und am Morgen wurden die beiden Missionare freigelassen.
Paulus hat seine ersten Tage in Europa nicht vergessen. Später, als er in einem anderen Gefängnis saß, schrieb er in einem Brief an die Christen in Philippi:
„Ihr seid der Ruhm meiner Arbeit. Ich bete oft für euch, dann bin ich froh und dankbar. Bleibt auch ihr froh und dankbar; ganz gleich, was geschieht. Gott wird für euch sorgen. Ich danke euch für alle Hilfe, die ihr mir gegeben habt. Ich hoffe auf ein Wiedersehen. Paulus."

102. Eine Stadt voller Götter

Ich weiß nicht, ob du auf dem Land wohnst oder in einer kleinen Stadt. Vielleicht wohnst du auch in einer großen Stadt. Dann kannst du dir kaum vorstellen, wie es ist, wenn einer, der bisher nur auf dem freien Land gelebt hat, zum erstenmal in eine Weltstadt kommt. Er ist überwältigt. So viele Menschen und Häuser und Straßen und Plätze hat er noch nie auf einmal gesehen. So erging es dem Paulus, als er nach Athen kam, in die Hauptstadt von Griechenland. Paulus war ganz Auge. Er konnte nicht genug sehen. Eines fiel ihm gleich auf: Überall in der Stadt waren Heiligtümer, Altäre und Bilder aufgestellt; darauf standen die Namen der verschiedensten Götter. Da gab es einen Gott des Himmels, einen Gott des Wassers und einen der Erde; einen Gott der Natur, der Schönheit, des Handels, der Liebe, des Krieges, des Friedens und noch viele andere. Und auf dem Berg, der ganz Athen überragt, stand ein großartiger Tempel. Dieser Tempel gehörte der Pallas Athene, der Göttin der Weisheit. Sie selbst stand da, aus Elfenbein geschnitzt; die Göttin, die eine weiße Eule in der Hand trägt.

Paulus sah Hunderte von Göttern. Sie alle wurden verehrt. Und man mußte wissen, an welchen Gott oder an welche Göttin man sich zu wenden hatte, wenn man etwas erbitten wollte. Und Paulus konnte schwer ertragen, daß Menschen an diese vielen Götter glaubten. Er wußte ja – und auch die Athener konnten es wissen –, daß das nur Bilder waren. Menschen hatten sie gemacht. Wie sollten solche Bilder helfen können?

Paulus ging in die Synagoge von Athen und sprach dort zu den Juden und ihren Freunden. Aber er ging jeden Tag auch auf den großen Markt. Dort kamen die Weisen zusammen. Dichter, Professoren, Redner und Studenten versammelten sich um Paulus. Sie waren neugierig und wollten hören, was Paulus zu sagen hatte. Du mußt wissen, daß die Athener viel Spaß am Diskutieren hatten. Sie nahmen Paulus mit auf einen höher gelegenen Platz, neben dem großen Tempel. Dort sprach Paulus zu ihnen: „Athener! Ich sehe, ihr seid fromm. Ich habe eure Götterbilder gesehen. Und einmal sah ich einen Sockel, auf dem kein Bild stand. Darauf war geschrieben: Einem unbekannten Gott. Von diesem unbekannten Gott will ich euch erzählen. Er ist der Gott, der Himmel und Erde geschaffen hat. Er wohnt nicht in Tempeln. Er ist nicht aus Gold oder Silber, nicht aus Stein oder Holz. Nicht die Menschen haben ihn gemacht, sondern er hat die Menschen erschaffen. Und er liebt sie. Das wissen wir von seinem eigenen Sohn. Jesus ist in die Welt gekommen. Doch die Menschen haben ihn umgebracht. In Jerusalem. Gott aber hat ihn auferweckt. Er lebt."

Als sie hörten, was Paulus über die Auferstehung sagte, begannen einige ihn auszulachen und zu verspotten. Es gab in Athen nur eine Handvoll Menschen, die sich dem Paulus anschlossen und Christen wurden. In dieser Stadt, in der man glaubte, die Weisheit gepachtet zu haben, waren es nicht viele.

103. Eine Protestkundgebung in Ephesus

In Athen hat Paulus mit echten und eingebildeten Weisen diskutiert. Ihnen ging es um das Reden, nicht um das Glauben. Darum hatte Paulus wenig Erfolg in Athen. Als er nach Ephesus kam, hatte er es mit einer anderen Gruppe zu tun. Denen ging es um das Geld.

Ephesus war damals eine bekannte Stadt. Dort gab es eine große Sehenswürdigkeit: den berühmten Tempel der Artemis. Das war eine Göttin, die in ganz Asien ihre Anhänger hatte. Viele kamen nach Ephesus, um den Tempel der Artemis zu besuchen. Und den Silberschmieden von Ephesus konnte das nur recht sein. Sie machten kleine Bilder von der Göttin und kleine silberne Tempelchen, die verkauften sie an die Pilger. Die kleinen Figuren waren sehr beliebt, jeder wollte sich eine nach Hause mitnehmen. Und die Silberschmiede machten ihr Geschäft dabei.

Doch dann kam Paulus mit zwei Freunden nach Ephesus. Und bald konnte man hören, der fremde Prediger greife die Artemis an. Er sage, Götter, die man mit Händen mache, seien keine Götter. Der wahre Gott sei lebendig. Und es gab in Ephesus Leute, die dem Paulus Glauben schenkten. Immer mehr kamen, um ihm zuzuhören. Fast konnte man meinen, sie würden ihre Artemis vergessen. Das merkte ein Silberschmied. Er hieß Demetrius, und er machte sich nicht nur Gedanken über das, was vorging, er wurde aktiv. Er rief alle Silberschmiede und ihre Arbeiter zusammen und sagte: „Männer! Ihr wißt, womit wir unser Geld verdienen. Mit den Bildern von Artemis und ihrem Tempel. Doch in letzter Zeit merkt ihr selber, daß dieser Paulus immer mehr Leute an sich zieht. Darunter leidet nicht nur unser Geschäft, sondern auch der Ruf der großen Göttin Artemis!“ Da wurden die Männer wütend. Sie riefen laut: „Groß ist die Artemis von Ephesus!“

Sie packten die beiden Freunde, die mit Paulus gekommen waren, und schleppten sie in das Freilichttheater. Dort wollten sie eine große Protestversammlung abhalten. Es liefen viele Leute zusammen. Doch die meisten wußten nicht genau, was los war. Die einen schrien dies, die anderen das.

Da schickten die Juden den Stadtschreiber Alexander nach vorn. Er sollte eine Rede halten. Erst wollte die Menge den Stadtschreiber niederschreien, aber schließlich konnte er sich Gehör verschaffen. Er sagte: „Männer von Ephesus! Überall in der Welt weiß man, daß wir die Artemis verehren und daß ihr Bild vom Himmel gefallen ist. Seid nicht so wütend. Diese zwei Männer haben nichts getan, das verboten ist. Wenn aber Demetrius und die anderen Silberschmiede etwas gegen die Christen vorzubringen haben, dann sollen sie vor Gericht gehen und nicht solch einen Aufruhr veranstalten. Sonst könnten die Römer noch glauben, er richte sich gegen sie. Und dann wehe uns. Deswegen: Alle nach Hause!"
Das war das Ende der Protestversammlung, die mit so viel Schwung begonnen hatte. Sicher werden viele Silberschmiede enttäuscht nach Hause gegangen sein. Vielleicht werden einige von ihnen auch nachgedacht haben: All die Göttinnen, die von Menschen gemacht sind, können dir nicht helfen. Wenn aber Jesus der Sohn Gottes ist, so wie Paulus und seine Freunde es sagen, kann er dir helfen. Wenn du zu ihm hältst, wirst du ein anderer Mensch. Ob man das nicht versuchen sollte?

104. Durch Stürme – nach Rom

„Mitten auf dem Meer überraschte uns ein Sturm. Das Schiff wurde einfach mitgerissen. Wir zogen die Segel ein und ließen uns treiben. Der Sturm dauerte an. Am folgenden Morgen warfen wir die Ladung über Bord; am dritten Tag warfen wir die Schiffsausrüstung ins Meer. Wir hatten die Hoffnung aufgegeben. Da rief Paulus die Mannschaft zusammen und sagte: ‚Männer, laßt den Mut nicht sinken. Keiner von uns wird sein Leben verlieren. Unser Schiff wird kentern. Wir werden auf einer Insel stranden. Das hat mir heute nacht ein Engel Gottes gesagt. Ich vertraue ihm.'
Wir trieben schon die vierzehnte Nacht auf dem Meer hin und her. Da merkten die Matrosen, daß Land in der Nähe war. Und weil sie fürchteten, das Schiff könnte auf Klippen festlaufen, warfen sie vier Anker. Als es Morgen wurde, sahen wir das unbekannte Land

und versuchten, das Schiff am Ufer auflaufen zu lassen. Doch es blieb in einer Sandbank hängen. Der Bug bohrte sich in den Sand. Das Heck wurde von der Brandung zerbrochen. Diejenigen, die schwimmen konnten, sprangen zuerst über Bord. Die anderen klammerten sich an Schiffstrümmer. So kamen alle heil an Land. Als wir in Sicherheit waren, erfuhren wir, daß wir auf der Insel Malta waren."

So erzählt Lukas in seinem Buch „Die Apostelgeschichte" vom stürmischen Leben des Paulus. Paulus hatte nicht immer Erfolg. Es gab Leute, die ihn haßten. Er wurde verhaftet, er wurde gegeißelt und mißhandelt, man wollte ihn steinigen, ihn töten. All das überstand der Apostel. Denn Gott wollte, daß Paulus mit dem Evangelium Jesu Christi bis nach Rom komme.

Paulus gründete viele Christengemeinden. Und auch mit diesen Gemeinden ging nicht immer alles gut. Da gab es Fragen, Streit und Zweifel. Paulus schrieb seinen Gemeinden Briefe. In ihnen gab er Rat und Trost.

Und auch mit den Aposteln, die in Jerusalem geblieben waren, hatte Paulus es nicht immer leicht. Er kam von einer Reise nach Jerusalem zurück. Er brachte Geld für die Armen und wollte Bericht erstatten. Als die Christen in Jerusalem hörten, wie viele Menschen Paulus auf den Namen Jesu Christi getauft hatte, freuten sie sich. Aber einige wurden eifersüchtig. Sie dachten: Bisher hat nur das Volk der Juden im Freundschaftsbund Gottes gelebt. Sollen wir nun die Freundschaft Gottes mit den vielen Fremden teilen? Müssen diese Leute aus fremden Ländern nicht alle so leben, wie wir Juden es gewöhnt sind? Sie mußten erst lernen, was es bedeutet, daß Gott keinen Unterschied macht zwischen den Völkern, weil er alle Menschen zu seinem Fest einladen will.

Die jüdischen Lehrer aber wollten Paulus verhaften und verurteilen. Wie Jesus. Sie klagten ihn wegen Aufruhrs an. Paulus wurde verhört und im Gefängnis festgehalten. Da sagte er: „Ich bin ein römischer Bürger. Ich habe ein Recht darauf, mich vor dem Kaiser in Rom zu verteidigen." Dagegen konnten sie nichts sagen, denn jeder römische Bürger hatte dieses Recht. Nach langem Warten wurde Paulus auf ein Schiff gebracht, das nach Italien fahren sollte. Doch das Schiff strandete vor der Insel Malta. Erst nach einigen Monaten konnte man mit einem anderen Schiff weiterfahren. Und in Rom mußte Paulus zwei Jahre auf seinen Prozeß warten. In dieser Zeit hatte er ein wenig Freiheit. In Rom erzählte er vielen Menschen von Jesus.
Paulus. Apollos. Petrus. Silvanus. Titus. Timotheus. Thomas. Philippus. Und viele andere. Sie alle sind in die Welt gezogen, um Menschen zu gewinnen. Für Jesus. Und ihre Nachfolger tun dasselbe. Heute noch. Von Land zu Land. Von Ort zu Ort. Von Mensch zu Mensch. Von Herz zu Herz.

105. Eine neue Welt

Am Anfang haben die Jünger aus dem Gedächtnis erzählt, was sie von Jesus gehört und was sie mit ihm erlebt hatten. Auch die Menschen, die Jesus begegnet sind, haben ihn nicht vergessen. Doch es kamen neue Christen dazu. In fremden Ländern. Und die ersten Jünger sind gestorben. Andere haben weitergesagt, was sie von ihnen gehört hatten. Und weil man nichts von dem, was Jesus gesagt und getan hat, vergessen wollte, darum hat man die Predigten der Jünger und ihrer Nachfolger aufgeschrieben. Die vier Evangelien: das Buch des Matthäus, das Buch des Markus, das Buch des Lukas und das Buch des Johannes. Du findest sie alle vier im Neuen Testament. Dort findest du auch das zweite Buch des Lukas, „Die Apostelgeschichte", in dem er von Petrus und von den Reisen des Paulus erzählt. Auch die Briefe, die Paulus und andere Apostel an ihre Gemeinden und an ihre Freunde schrieben, findest du im Neuen Testament.

Das letzte Buch, das im Neuen Testament steht, ist anders. Ein Schüler des Evangelisten Johannes – er selber hieß auch Johannes – hat es geschrieben. Damals war er auf der Insel Patmos in Verbannung. Die Christen wurden nämlich im ganzen Römischen Reich verfolgt.
Johannes erzählt nichts davon, wie es war, als Jesus durch die Dörfer zog. Er erzählt nichts von seinem Sterben und von Ostern. Er schreibt von dem Geheimen, das unsichtbar nach Ostern angefangen hat. Durch Jesus Christus. Johannes schaut, wie Gott siegt. Er schaut, wie Christus König wird. Er schaut, wie die Menschen ihm dienen. Er schaut eine neue Welt Gottes. Und weil man all das, was er sieht, mit gewöhnlichen Augen nicht sehen kann, darum heißt sein Buch „Offenbarung". Und weil das, was er sieht, nicht in unsere Welt paßt, sondern zur neuen Welt Gottes gehört, darum kann Johannes nur in Bildern reden. Manchmal rätselhaft. Schwer. Oft auch schön. Überwältigend. So daß du gleich in dieser neuen Welt Gottes leben möchtest. Einmal schreibt er:
„Ich sehe einen Wolkenhimmel. Und langsam kommt eine Stadt von dort herab auf die Erde. Wie von einer unsichtbaren Hand gehalten. Die Stadt sieht aus wie Jerusalem. Und doch anders. Neu. Voller Glanz und Diamanten. Die Tore sind aus Perlen und die Straßen aus Gold. In dieser Stadt gibt es keinen Tempel mehr. Gott selbst ist da. Diese Stadt braucht keine Sonne und keinen Mond. Gottes Herrlichkeit strahlt so hell, daß alles Licht wird. Da ist ein Thron, von dorther fließt ein klarer Strom. Und da ist das Lamm ... Eine sonderbare Stadt. Eine selige Stadt. Eine Stadt, nach der man sich sehnt. Denn die Menschen sind glücklich in dieser Stadt. Gott selbst wohnt ja unter den Menschen. Er selbst wischt jede Träne aus ihren Augen. Es gibt keinen Tod mehr, keine Trauer. Keine Klage, kein Leiden. Das ist die neue Welt Gottes."
Wer nichts von Jesus weiß, kann vieles in der Offenbarung des Johannes nicht verstehen. Doch wer zu Jesus hält, der weiß, wer mit dem Lamm gemeint ist. Er weiß: Die Stadt, die vom Himmel her auf die Erde kommt, das ist die neue Welt Gottes. Die ganze Welt wird verwandelt. Ein Paradies. Und Gott ist so nah bei den Menschen, wie man es vom Anfang, von Adam und Eva erzählt. Du

kannst dir denken, daß die Christen, die damals im Römischen Reich verfolgt wurden, oft in der Offenbarung des Johannes gelesen haben. Du kannst dir denken, daß die Bilder von der neuen Erde Gottes und von seinen glücklichen Menschen sie getröstet haben. Du kannst dir denken, daß sie oft gebetet haben:

„Komm doch bald, Herr Jesus, komm bald!“
Und wer es hört oder liest, der bete:
„Komm doch bald, Herr Jesus, komm bald!“

Verzeichnis der Bibelstellen

Altes Testament

Neues Testament

Zu dem Buch „Meine Bilderbibel“ sind 4 Diaserien für den Einsatz in Kindergarten, Grund- und Sonderschule erhältlich.
Der Inhalt dieser Serien entspricht dem Zielfelderplan und den Rahmenrichtlinien der Länder für den Religionsunterricht in der Grundschule.
Für die Arbeit im Kindergarten wurde die Auswahl der Themen auf den „Trierer Plan“ abgestimmt.
Zu den einzelnen Bildern werden dem Pädagogen 3 Textvarianten an die Hand gegeben, die es ihm ermöglichen die Inhalte der Situation seiner Schulklasse bzw. dem Alter der Schüler anzupassen.

Der Gott der hilft. Diaserie zum Alten Testament
10 Farbdias, Textheft, Bestell-Nr. 62826
Inhalt: Josefsgeschichte, Herausführung aus Ägypten

Jesus gibt sein Leben. Diaserie zum Neuen Testament
8 Farbdias, Textheft, Bestell-Nr. 62907
Inhalt: Einzug in Jerusalem, letztes Abendmahl,
Tod und Auferstehung Jesu

Jesus bleibt bei uns. Diaserie zum Neuen Testament
9 Farbdias, Textheft, Bestell-Nr. 62915
Inhalt: Auferstehung, Erscheinung, Pfingstereignis, Mission

Jesus hilft den Menschen. Diaserie zum Neuen Testament
10 Farbdias, Textheft, Bestell-Nr. 62893
Inhalt: Wunderheilungen Jesu

Calig Verlag München,
Schuhstraße 4, 3200 Hildesheim